Achtung
Das Öffnen dieses Buches kann heftige küchenerotische Krampfanfälle auslösen. In solchen Notsituationen konsultieren Sie bitte sofort Ihren Arzt, Apotheker oder einen erfahrenen Koch wie mich.
Der Autor

Matthias Kaiser

Neues vom GRÜNKOHL CASANOVA

Satiren, Anekdoten und Rezepte aus den Küchen unserer Großmütter

MIT KARIKATUREN VON NEL

art de cuisine

Inhalt

Herausgeber: Matthias Kaiser
Texte und Fotografie: © Matthias Kaiser, Erfurt
Karikaturen: © Nel
Aquarelle: © Karl-Heinz Vogeley
Gesamtgestaltung: Gerd Haubner, Erfurt
Schriften: Caslon BE und Big Caslon
Papier: Profigloss 150 g/m²
Herstellung: Druckhaus Gera GmbH

ISBN 978-3-9811537-4-3
Printed in Germany

Rezeptübersicht

ERSTES KAPITEL

Hors d'œuvre

Leben Sie Ihren Traum

oder

Nichts ist so verlässlich wie das Unerwartete!

»Leben Sie Ihren Traum«, forderte uns der Chef des Notaufnahmelagers im unterfränkischen Hammelburg im Herbst 1989 auf, als er uns in eine »hoffentlich glücklichere Zukunft« verabschiedete. Anschließend drückte er uns mit gönnerhafter Geste vierhundert D-Mark Startkapital und zwei olivgrüne Frotteehandtücher als »Erinnerungsstücke an diese turbulenten Tage des politischen Umbruchs« in die Hand, auf denen der Bundesadler aufmerksam nach eventuellen Feinden der Republik Ausschau hielt. Salutierte und verschwand in der Offiziersmesse.

Das Geld war schnell verbraucht, und auch die Handtücher haben längst die Motten gefressen. Ich kann mich noch gut an sie erinnern: Zuletzt sind sie mir über den Weg gelaufen, als meine Kinder vor zehn Jahren einen Taubenschiss auf der Windschutzscheibe unseres Auto wegwischten. Geblieben ist die Erinnerung an eine Zeit, in der unser Wunsch, zukünftig in selbstbestimmter Freiheit zu leben, anfangs auf eine harte Bewährungsprobe gestellt wurde.

Womit ich mich keineswegs darüber beschweren möchte, dass wir während unserer »Gespräche« mit neugierigen Schlapphutträgern wochenlang zu viert auf sechs Quadratmetern hausen mussten. Auch nicht, dass man uns mit Kantinenessen beköstigte, für das man die Köche noch heute strafrechtlich verantwortlich machen müsste. Schwamm drüber – Amnestie – immerhin war es unser freier Wille. Was wir jedoch damals bei unseren Überlegungen, von Ost nach West zu wechseln, völlig außer Acht gelassen hatten, war der Umstand, dass wir mit der Überschreitung territorialer Grenzen auch das vertraute Terrain unserer Thüringer Essgewohnheiten gegen eine Ernährung getauscht hatten, die auf Grund der technischen Möglichkeiten der altbundesdeutschen Nahrungsmittelindustrie schon damals größtenteils ihre Unschuld verloren hatte. Während also nebenan Gleichgesinnte davon träumten, wie sie sich von ihrem ersten selbstverdienten Geld ein Frühstück bei McDonald's leisten würden, suchte ich in Bad Hersfeld, wohin es uns verschlagen hatte, als erstes einen Fleischer, der einen Schweinekamm aus bäuerlicher Zucht anbot, aus dem ich »originale« Thüringer Rostbrätl schneiden konnte, mit denen ich dann regelmäßig meine Sehnsucht nach Thüringen stillte. Denn glauben Sie mir, ich habe es am eigenen Leib verspürt: Nicht nur die Liebe, sondern auch das Heimweh geht durch den Magen. Letztlich war es auch dieser Geschmack der Heimat, der uns Anfang der Neunziger bewog, wieder zurück nach Thüringen zu ziehen. Ein Entschluss, den ich nie bereut habe, denn ich zog in eine Region, in der fragwürdiges Convenience- und Büchsenessen historisch besehen chancenlos sind. Leider folgen immer mehr Thüringer solchen falschen Propheten, die damit hausieren, dass frisch gekochtes naturbelassenes Essen für Otto Normalverbraucher unerschwinglich wäre. Und biologisch erzeugte Lebensmittel nur einer Minderheit vorbehalten wären, die über ausreichend liquide Mittel verfügt. Was ich so nicht akzeptieren kann. Vielmehr verstecken sich hinter solchen Behauptungen oft nur Trägheit und Oberflächlichkeit und – was weitaus schlimmer ist – Profitgier. Eine solche Meinung zu äußern, würde Menschen degradieren, die sich tiefgefroren oder gebüchst ernähren. Sie auszugrenzen, würde durch den Grabenstaat Deutschland nur eine neue Furche ziehen. Eigentlich ist es mit dem industriell gefertigten Essen, wie allenthalben: Es kommt auf die Menge an, die man seinem Körper zumutet. »Ein wenig Schlangengift hilft gegen Krampfadern«, erklärte mir meine Großmutter – der kräftige Biss einer giftigen Natter dagegen könne tödlich wirken. Leider sind die

Gründe tiefgründiger, als dass ein Satiriker sie en passent auf die Schippe nehmen dürfte.

Fangen wir beim Frühstück an. Vermissen Sie morgens nicht auch manchmal eine frisch gebrühte Tasse Kaffee und ein knuspriges Brötchen mit Omas Marmelade oder mild geräucherter Gutsleberwurst? Sie wären kein normaler Mensch, würden Sie diese Frage mit »Nein« beantworten. Doch wie sieht die traurige Realität aus? Bestenfalls gönnen Sie sich ein paar hastig eingeworfene Cornflakes, garniert mit einer Tablette gegen zwangsläufig auftretendes Sodbrennen. So ein richtig ausgedehntes Frühstück wird heute kaum noch zelebriert. Ist ja manchmal auch eine Zeitfrage. Und natürlich eine Frage der Phantasie, denn so ein ausgedehntes Frühstück kann ganz schnell zu ungeplanten zwischenmenschlichen Kontakten führen, die den Frühstückenden Zeit und Raum vergessen lassen.

»Leben Sie Ihren Traum«, habe ich als Titel über die Einleitung gestellt. Wenn keine Zeit am Morgen ist, dann eben virtuell. Meine Vorstellung von einem richtigen Frühstück, geht mir seit Jahrzehnten ähnlich wie ein musikalischer Ohrwurm nicht mehr aus dem Sinn. »Mein Frühstück« hing nämlich als Kunstdruck in unserem Wohnzimmer über dem Esstisch und war für uns Kinder die erste Begegnung mit der Erotik: Es war die Reproduktion des Gemäldes von Édouard Manet »Frühstück im Grünen«. Wobei mir bis heute ein Rätsel ist, wie dieses Bild in den Fünfzigern des letzten Jahrhunderts die prüden Ansichten meiner prüden Großmutter väterlicherseits unbeschadet überstanden hat, denn immer, wenn sie uns besuchte, befürchtete ich auf Grund ihrer ablehnenden Mimik, sie würde es in der Luft zerreißen. Energie dazu besaß sie im Überschuss. Jedenfalls immer dann, wenn ich mich zum Frühstück niedersetzte, bohrten sich meine Augen förmlich in dieses Gemälde.

Nichts ist so verlässlich wie das Unerwartete!

Eines Tages fasste ich den Entschluss, mir genau dieses Bild auch über meine Anrichte zu hängen. Und da ich nichts von Kunstdrucken halte und mir sicherlich die finanziellen Mittel fehlen, um das Original, das heute im »Musée d'Orsay« in Paris hängt, käuflich zu erwerben, bat ich einige Freunde und Bekannte, es mit mir nachzustellen. Auf der Suche nach einer annähernd gleichen Kulisse wurden wir nahe Reifenstein im Eichsfeld fündig und nach einigen Tagen der Vorbereitung – es mussten Kostüme genäht und zwei junge Damen gefunden werden, die bereit waren, sich hüllenlos zu zeigen – haben wir dort die Szene nachgestellt. Jetzt hängt es in meinem

Wohnzimmer und die ersten Wünsche nach einer Reproduktion wurden schon realisiert. Nicht der einzige Traum, den ich im Herzen trug und den ich fotografisch umsetzte.

Als Kind träumte ich davon, Rübezahl zu fangen und mit ihm mit einem langen Strick um den Hals im Triumphmarsch in den Kindergarten einzuziehen. Dieser Traum endete mit der Pubertät. Als die Wogen des Lebens nicht mehr ganz so hoch schlugen, abends mit einem anderen guten Freund ein kleines intimes Gelage veranstaltet hatte: Horst Krause. Diese Kinder und sein Kater veranlassten mich, dieses Bild nachzustellen.

Noch ein Beispiel: In der 11. Klasse sprachen wir über das Barock im Allgemeinen und über Rembrandt im Speziellen. Diese Epoche verströmte eine Lebenslust, die mich begeisterte. Vor allem die üppigen Festtafeln, an denen sich nicht minder üp-

erinnerte ich mich wohl wieder meines Traumes, dachte aber, für seine Realisierung sei ich zu alt. Außerdem: Wo finde ich einen Rübezahl, der seinem Namen Ehre macht? Bis ich den Enkelkindern meiner Freunde Hans und Ilona begegnete und …

pige Damen in Evakostümen labten, sprühten vor Erotik. Dieses Bild hängt inzwischen ebenfalls in einem prächtigen Goldrahmen über unserem Esstisch. Sollte ich weitere Bilder auf große Leinwände drucken lassen – und glauben Sie mir, ich habe noch einige Träume fotografiert, die als digitale Reserve auf ihre Vergrößerung warten – muss ich irgendwann auf Miniaturbilder umsteigen oder Ausschau nach einem größeren Wohnzimmer halten.

»I have a dream«, hat Martin Luther King am 28. August 1963 den Menschen zugerufen und damit einen Meilenstein der Menschenrechtsbewegung gesetzt. Auch ich habe mit der Umsetzung einiger Traumbilder in reale Fotografie Meilensteine gesetzt wirken. Eine Hoffnung, die berechtigt scheint, denn ich bin beim Schreiben und Fotografieren strikt den Anweisungen des Gelehrten Erasmus von Rotterdam gefolgt, der vor fast 550 Jahren in seiner Sammlung antiker Sprüche vorschlug:

Tuum tibi narro somnium – Ich erzähle Dir Deinen eigenen Traum!

Ihr *Matthias Kaiser*

… für mein Wohlbefinden, wenn auch manchmal über weite Umwege. Denn nicht immer bin ich dort gelandet, wo ich Sie eigentlich hinführen wollte. Dies gilt fürs Erinnern und Aufarbeiten der eigenen Geschichte ebenso wie fürs Kochen: Nichts ist so verlässlich wie das Unerwartete! Ich würde mich freuen, könnte ich mit diesem Buch bei Ihnen Ähnliches be-

Als Kind träumte ich davon, Rübezahl zu fangen und mit ihm mit einem langen Strick um den Hals im Triumphmarsch in den Kindergarten einzuziehen. Dieser Traum endete mit der Pubertät.

Das Geheimnis »englischer« Erntedank-Kekse

Elsbeth*, das Enfant terrible unserer in Pflichterfüllung erstarrten Familie, war nicht nur die einzige Schwester meines Vaters, sondern auch meine Lieblingstante. Und dass nicht nur, weil sie mich mitten in der tiefsten innerdeutschen Eiszeit zu ihrem 70. Geburtstag in jene uralte Stadt mit dem imposanten Dom eingeladen hatte, in der einst ein gewisser Konrad Adenauer für viele Jahre als Oberbürgermeister wirkte.

Eine Einladung – oh Wunder – der ich damals völlig überraschend und sicherlich nur durch die Nachlässigkeit eines Mitarbeiters des Ministeriums des Inneren bei der Bearbeitung meines Ansinnens folgen durfte – wenn auch ohne Ehefrau und Kinder. Soweit ging die Schludrigkeit im Arbeiter- und Bauern-Staat nun wieder nicht.

Nein, meine Zuneigung zu Elsbeth war mehr als nur das Resultat verwandtschaftlicher Pflichterfüllung. Sie war das Ergebnis wunderbarer, wenn auch sporadischer Begegnungen, bei denen es ihr stets gelang, in meine von rigiden Vorschriften und Gehorsamkeit geprägte Kindheit, mutmachende Signale für mein späteres Leben zu senden.

Noch während des Zweiten Weltkrieges war Elsbeth dem Ruf der Liebe und ihrem frisch angetrauten Ehemann in ein rheinländisches Provinznest gefolgt. Ein Glück, das leider nur wenige Jahre später ein jähes Ende fand. Plötzlich war Elsbeth Witwe, was sie aber zum Anlass nahm, ihr geordnetes bürgerliches Leben völlig umzukrempeln. Sie zog nach Köln, wo sie sich von der bescheidenen Erbschaft in der Innenstadt ein noch bescheideneres Kneipchen kaufte. Elsbeth schuftete Tag und Nacht, brachte den Laden in kürzester Zeit auf Vordermann und gönnte sich bis auf die Sonntagnachmittage keine freie Stunde. Die verbrachte sie regelmäßig auf der Galopprennbahn Köln-Weidenpesch, wo sie eines Tages auch Peter kennenlernte. Ein charmanter, international erfahrener Jockey, dem der Herrgott so unglaublich große abstehende Ohren geschenkt hatte, dass in der Wettszene lange Zeit das Gerücht kursierte, er verfüge über das artistische Geschick, mit diesen XXL-»Hörgeräten« seinen Pferden auf den letzen Metern eines Rennens soviel Frischluft zuzuwedeln, dass diese fast immer gewannen. Ein grandioses Doping – vielleicht sogar das Geheimnis seiner ungezählten sportlichen Erfolge. Mit diesem talentierten Herrn Peter und einigen seiner Kollegen aus der reitenden Zunft tauchte Elsbeth dann auch jedes Jahr einmal in ihrer alten Heimat auf. Solange ich mich zurückerinnern kann, fand dieser Besuch stets an dem Wochenende im Herbst statt, an dem wir das Erntedankfest feierten – also am Sonntag nach Michaeli (29. September), so wie es der Alte Fritz im Jahre 1773 in seiner Ordnungswut angeordnet hatte.

Wenn Elsbeth bei uns in Mühlhausen einflog, kam Leben in unsere biedere Hütte und der Duft der großen weiten Welt erfüllte, wie ein frisch geöffnetes Westpaket, unser Haus bis in den letzten Winkel. Alle Familienmitglieder grinsten plötzlich wie die Honigkuchenpferde und über die sonst so oft von Alltagsstress ergrauten Gesichter legte sich ein Hauch von Morgenröte. Einerseits lag das daran, dass Elsbeth für jedermann ein kleines Geschenk mitbrachte, was hauptsächlich aber dem Umstand zu verdanken war, dass sich Tantchen im Laufe der Jahre von einer schüchternen Thüringer Landpomeranze zu einer Rheinischen Frohnatur entwickelt hatte, die ständig zu Scherzen aufgelegt war.

* Der Vorname wurde aus Rücksicht auf den innerfamiliären Frieden unwesentlich geändert!

Ja, Tante Elsbeth hatte sich so gravierend verändert, dass ein Außenstehender nie vermutet hätte, dass sie unserer erzkonservativen Familie entstammen könnte. Nur in einem Punkt hielt sie standhaft an ihren Wurzeln fest: Sie war evangelisch geblieben. Eine Entscheidung, die aus heutiger Sicht auf wenig Interesse stoßen wird. Vor 40 oder 50 Jahren indes, in einer Stadt wie Köln, in der die Bürger den Katholizismus so ernsthaft praktizierten, dass sie bei Verfehlungen gegen dessen religiöse Glaubensgrundsätze sogar – wie 1837 geschehen – ihren Erzbischof verhaften ließen und zur Verantwortung zogen, ein vor allem für die Karriere nicht ganz ungefährlicher Affront.

Doch vorweg: Elsbeth bestand selbst diese Prüfung mit Bravour und als sie vor einigen Jahren im gesegneten Alter von 84 Jahren verstarb, gaben der in Köln inzwischen als Kultfigur verehrten Thüringer Protestantin Hunderte rheinländische Katholiken das letzte Geleit.

Andererseits war Elsbeth alles andere als eine fromme Betschwester. Dabei waren es eigentlich nur einige wenige moralische Fixpunkte, an denen sie sich orientierte und einige in ihrer Erziehung verankerte Gewohnheiten, von denen sie sich zeitlebens nicht trennte. So, wie die Gepflogenheit, mich während ihrer Visiten an den jeweiligen Samstagnachmittagen gemeinsam mit meinen Brüdern in das evangelische Pfarramt von St. Petri zu begleiten, um dort unsere Naturalien für das bevorstehende Erntedankfest abzuliefern. Natürlich sortierte mein Großvater Erich immer nur das Beste aus, was unser Garten hergab: die Kohlrabi zart, die Äpfel rotbäckig, die Birnen saftig und die Zwetschgen garantiert wurmfrei.

Als Kind stellte ich mir dann jedes Mal während des Erntedank-Gottesdienstes dieselbe Frage, was eigentlich nach dem Fest mit dem ganzen Obst und Gemüse geschehe. Eine Frage, die ich eines Tages auch Tante Elsbeth stellte.

Die lächelte nur und begann spitzbübisch aus der Bibel zu zitieren: »Seht die Vögel unter dem Himmel an: sie säen nicht, sie ernten nicht, sie sammeln nicht in die Scheunen und der himmlische Vater ernährt sie doch.« (Matthäus, 6, Vers 25–34)

Obwohl ich damals ihre Antwort eigentlich nicht richtig einzuordnen wusste, nickte ich zustimmend, ja, deutete diesen Bibelspruch auf meine eigenwillige Art, denn unser damaliger Pfarrer hieß Erwin Vogel. Pfarrer Vogel war von Gestalt eine perfekte Kopie des Herrn Luther, ähnelte er doch jenem Gemälde von Lucas Cranach dem Älteren, das auf jenen Fleißkärtchen abgebildet war, die unser Dekan Heise während der Christenlehre-Stunde für besondere Leistungen verteilte. Jedenfalls sah er nicht aus, wie ein Veganer. Und jedes Jahr diese Unmenge Grünzeug … Doch der Pfarrer konnte sich stets darauf verlassen, dass irgendein Schäfchen aus der Herde seiner Gläubigen zu guter Letzt den Gabentisch noch mit einem Karnickel oder fetten Huhn komplettieren würde. Gemeinsam mit diesem Luther-Double trugen wir unsere Gaben auch immer zum Altar, wo schon allerhand andere Vegetaria darauf warteten, gottgefällig drapiert zu werden. Dort stellte ich häufig betrübt fest, dass nicht alle Spender die Messlatte hinsichtlich der Qualität ihrer Gaben so hoch anlegten, wie Opa Erich. Viele Äpfel waren verschorft, die Pflaumen matschig und an manchem steinharten Kürbis haben sich sicherlich später ganze Schwärme

nichtsäender und erntender Vögel die Schnäbel krumm gepickt. Nur Pfarrer Vogel übersah diese Mängel großzügig und lobte pauschal alle Gaben über den grünen Klee. Ließ ein Halleluja nach dem anderen erschallen und wetzte in Gedanken wohl schon Messer und Gabel. Beim Abschied faltete er dann artig die Hände über seinem prächtigen Bäuchlein und wartete demütig auf die obligatorische Einladung zum Erntedank-Kaffeeklatsch, zu dem Elsa bei jedem ihrer Besuche Freunde, Bekannte und natürlich auch den Pfarrer für den nächsten Nachmittag zu uns nach Hause einlud. Auch der weitere Ablauf folgte einem festen Ritual:

Nach einem ausgiebigen Abendessen ließen unsere Gäste gemeinsam mit meinen Eltern in »Eisenhardt's Lokal« – wie es Elsbeth auszudrücken pflegte – »eine Kölsche Kuh fliegen« und sicherten damit dem Wirt ein weiteres Jahr sorgenfreien Einkauf im Intershop.

Während das leichtgewichtige Rennbahnpersonal in den frühen Morgenstunden begann, seinen Rausch auszuschlafen, kümmerte sich Tante Elsbeth in der Küche um die Kulinaria für das Erntedankfest. Dazu zählte neben je einem runden Blech Apfel- und Zwetschgenkuchen vor allem ein Mühlhäuser Geschmink – ein Auflauf aus Lamm, Kartoffeln und Birnen –, das sie soweit vorbereitete, dass es nach dem Kirchgang nur noch in der Backröhre aufgewärmt werden musste.

Obwohl meine beiden Großmütter am Herd jenen Grad der Meisterschaft erreicht hatten, der noch heute rückwirkend wahre Ovationen der Begeisterung auslöst, das Geschmink meiner Tante Elsbeth war so köstlich, dass es selbst mir niemals gelang, es auch nur annähernd so perfekt zu kochen wie sie. Während man Peter und seine Freunde ausschlafen ließ, machten wir uns kurz nach Neun auf den Weg zur Kirche. Wie gewohnt, wurde der Gottesdienst selbst allein schon wegen der Vorfreude auf das Mittagessen für mich zur Qual – eine, die aber belohnt wurde. Denn eine knappe Stunde später zogen Schwaden von köstlichem, mit Kümmel und Knoblauch gewürzten Lammauflauf durchs Haus.

Nach einem kleinen Mittagsschläfchen fanden sich gegen 16 Uhr nach und nach die festlich gekleideten Kaffeegäste im Wohnzimmer ein. Mein Vater quälte uns mit seinen Heintje- oder Peter-Alexander-Schallplatten oder noch einen Foltergrad härter … ließ Freddy Quinn verzweifelt nach dem Jungen röhren, der doch bitte bald wieder kommen solle. Sonst verlief alles in Bahnen, die allgemein als bürgerlich eingestuft werden konnten. Währenddessen verteilte Elsbeth kleine Taschenrutscher, in denen rubinroter Edelkirschlikör glänzte, und nach und nach entledigten sich die Herren der Jacketts – einige sogar ihrer Krawatten.

Plötzlich Ruhe. Gespannt schauten alle zu, wie Elsbeth eine dunkelblau-goldfarben lackierte Blechbüchse öffnete, deren Aufschrift verriet, dass in ihr feinste englische Kekse schlummerten. Feierlich, wie Königin Elisabeth die II. bei der Ordensverleihung, reichte sie nun jedem Anwesenden einen solchen und nachdem jeder – wie immer außer uns Kindern – den seinigen in der Hand hielt, führten sie alle gemeinsam ehrfürchtig wie eine Hostie die britannische Backware in den Mund. Andächtiges Schweigen untermalte die feierliche Zeremonie. Nachdem mit Kaffee und Edelkirsch nachgespült worden war, wiederholte sie diesen Akt und alle genossen weiterhin schweigsam. Der erste, der aus der Rolle fiel, war Pfarrer Vogel: »Hosianna, diesmal hat doch tatsächlich einer ein lebendiges Spanferkel spendiert«, quiekte er freudig und seine glänzenden Augen rollten dabei so euphorisch, als sähe er es schon im Backofen schmurgeln. »Oh Heilige Dreifaltigkeit, oh Heilige Mutter Gottes, hoffentlich finde ich einen, der es gottgefällig schlachtet«, wünschte er inständig und tänzelte hartnäckig zwischen evangelischem und katholischem Terminus, wie ein Profiboxer von der Links- in die Rechtssauslage.

Onkel Ferdinand, allenthalben wegen seines karrierefördernden Kirchenaustritts in den Fünfzigern von uns nur »Der Heide« genannt, warf die Arme in die Höhe und jubelte: »Lieber Gott, dass ich das noch erleben darf… danke… danke… danke…«

Und seine neben ihm sitzende, sonst so wortkarge Ehefrau Susanne, der ein außereheliches Verhältnis mit dem ihr gegenüber sitzenden Heinz B. nachgesagt wurde, trällerte verzückt: »Hallöhchen, ihr lieben wilden süßen Teufelchen, lasst euch umarmen.« Dabei ruderte sie ähnlich enthusiastisch mit ihren dünnen Ärmchen wie einst Don Quichotte beim Kampf gegen die Windmühlen.

Jetzt holte Elsbeth zum entscheidenden Schlag aus und verteilte den Rest der Kekse unter der Festgemeinde. Großvater Erich, sonst die Personifikation buddhistischer Selbstbeherrschung, riss gierig die leere Büchse an sich, schüttelte die Krümel in seine Innenhand und leckte diese mit spitzer Zunge so genüsslich auf, wie wir Kinder damals unser Waldmeister-Brausepulver.

Reaktionen, die mich vermuten ließen, dass Engländer wunderbare Bäcker sind und überhaupt – nur englische Kekse zusammen mit Edelkirschlikör den einzig stilvollen Rahmen für eine würdevolle Erntedankfeier bilden. Und ich schwor mir, dass ich an dem Tag, an dem ich erwachsen bin und über genügend Geld verfüge werde, mir als erstes englische Kekse leisten würde! Als die ersten anzüglichen

Wenn Elsbeth bei uns in Mühlhausen einflog, kam Leben in unsere biedere Hütte…

Witze die Runde machten, mussten wir Kinder wie immer das Feld räumen.

Am nächsten Morgen – montags blieb unser Fleischerladen geschlossen – schwärmten am Frühstückstisch alle, wie unvergesslich das Erntedankfest doch wieder mal gewesen sei. Dann entschwand Elsbeth samt Gefolge in Richtung Köln. Viele Erntedankfeste folgten und erst sehr spät begann ich zu ahnen, dass die ausgelassene Fröhlichkeit der Runde sicherlich nicht allein der britischen Backkunst zu verdanken war. Die Gelegenheit, Elsbeth zu fragen, was ihre Kekse so unwiderstehlich macht, fand sich indes nie.

Irgendwann verließ ich Mühlhausen, meine Eltern starben und Elsbeth durften wir sogar ohne Visa besuchen. Kurze Zeit nach dem Tod von Tante Elsbeth drückte mir meine Kusine einen dicken Briefumschlag in die Hand. »Von meiner Mutti extra für dich. Sie wusste, wie gern du kochst und bäckst.«

Im Umschlag befanden sich drei in feinstem Sütterlin geschriebene Rezeptbücher. Gedankenverloren blätterte ich in den Geheimnissen der Tante.

Plötzlich stutzte ich: Erntedank-Kekse!

»Man verwende auf 1 Kilo Mehl 100 g getrocknete Hanfblätter, ohne Stiele, ganz fein im Mörser zerstoßen! Achtung: bei Besuchen in Thüringen nur die halbe Menge verwenden!!!

»Mühlhäuser Geschmink«

Rezept für 5 Personen

ZUTATEN:

6–7 mittelgroße Kartoffeln
½ TL Kümmel
1 Lammkeule
(ca. 700–800 g schwer ohne Knochen)
2 Knoblauchzehen
5 festkochende Birnen

ZUTATEN FÜR DEN FOND:

2 mittelgroße Möhren
¼ Sellerieknolle
1 mittelgroße Zwiebel
1 Kräutersträußchen
1 TL Kümmel
2 Stück Knoblauchzehen
3 Blatt Lorbeer
1 Nelke
Salz, Pfeffer, Muskat
ca. 5 Liter Wasser

ZUBEREITUNG:

Lammkeule in kaltem Wasser ansetzen; langsam erhitzen, aufsteigendes Eiweiß abseihen; Möhren, Sellerie und die Zwiebeln sowie die Gewürze hinzufügen und auf kleiner Hitze fast gar ziehen lassen. In der Zwischenzeit die Kartoffeln schälen und in fingernagel-große Würfel schneiden. Diese dann in kaltes Wasser legen, damit sie nicht anlaufen. Knoblauch schälen und in feine Scheiben schneiden.
Bei den Birnen den Blütenansatz entfernen und waschen. Die fast fertige Lammkeule aus dem Fond ausstechen und diesen durch ein Spitzsieb abpassieren und auffangen.
Von den Kartoffeln nun das Wasser abgießen und diese in eine Keramik- oder Tonauflaufform geben, so dass der Boden bedeckt ist.
Dann etwas von dem ½ TL Kümmel und den Knoblauchscheiden darüber verteilen.
Mittig die Lammkeule platzieren und schichtweise Kartoffelwürfel, Knoblauch und Kümmel weiter einsetzen, bis die Lammkeule vollständig mit Kartoffelwürfeln umgeben ist.
Dann den nochmals abgeschmeckten Fond aufgießen, bis die Kartoffeln bedeckt sind. Dieses dann in einen vorgeheizten Ofen bei 180 °C (Ober- und Unterhitze) ca. 1 Stunde lang schieben. Danach Kontrolle der Weichheit des Fleisches.
Zuletzt die 5 Birnen auf die Kartoffeln legen. Eventuell nochmals Fond nachgießen und je nach Garstufe des Fleisches weitere 20–30 Minuten in den Ofen schieben.
Nach Beendigung des Backprozesses sollten die obere Kartoffelschicht knusprig und die Birnen zart-schmelzend sein.
Die abgegebene Stärke der Kartoffeln bindet den aufgefüllten Fond. Dadurch bildet sich eine sämige Sauce.

ZUR GESCHICHTE:

Dieses Gericht war früher ein »Arme Leute Essen« der Bauern, welches sie früh am Morgen richteten, bevor sie auf das Feld zur Arbeit gingen. Auf dem Wege zu ihren Feldern brachten sie die Geschirre mit dem noch rohen »Geschmink« zu den ortansässigen Bäckern in die Backstube. Dieser stellte das »Geschmink« in den noch heißen Backofen und auf dem Heimweg nach vollbrachter Arbeit gingen die Bauern beim Bäcker wieder vorbei und nahmen das fertige Essen mit nach Hause zum Abendessen.

☺

Für die Veröffentlichung eines Haschischplätzchen-Rezepts fehlt mir die Courage einer Elsbeth. Interessierte können aber nach Voranmeldung jederzeit einen Blick in ihre einmalige Rezeptsammlung werfen.

Heimatliebe ohne Kalorienbegrenzung

Es ist wie verhext! Immer wenn mich der Heißhunger packt, dann vorwiegend auf solche Speisen oder Getränke, die in meinem Haushalt momentan nicht greifbar sind. Worauf stets dasselbe paradoxe Spiel folgt: ab auf den Einkaufszettel mit den Appetizern und anderentags besorgt. Spätestens dann jedoch, wenn all das, wofür sich meine Geschmacksnerven gestern noch zerrissen haben, appetitlich vor mir liegt, weicht mein zuvor unstillbares Verlangen einer tiefen lukullischen Depression.

»Deine verrückten Appetiterchen erinnern mich stark an meine Schwangerschaften«, konstatiert dann nicht selten meine Frau. Die muss es nach vier Geburten eigentlich wissen. Bei einem über Sechzigjährigen ist das aber sicherlich schon von Natur aus schlicht auszuschließen.

Besonders während der Adventszeit überfallen mich solche Attacken in schönster Regelmäßigkeit. Meistens dann, wenn ich um des häuslichen Friedens Willen der Bitte meiner Familie folge und den Alltag etwas ruhiger angehen lasse und bei flackerndem Kerzenlicht einige meiner Begegnungen mit dem »Guten Geschmack« Revue passieren lasse. Reminiszenzen, die mit steigendem Alter immer mehr in Richtung Kindheit abdriften. Plötzlich werden Erinnerungen an Düfte, Aromen und Gerüche in mir geweckt, die aus dem Nichts heraus jene Intensität erreichen, die letztlich in solchen geschilderten Anfällen von Begierde münden. Dann werde ich zum Spielball meiner kulinarischen Sehnsüchte und rekapituliere die Höhepunkte meines kaloriengeschwängerten Lebenslaufes, erinnere mich wehmütig an eine Zeit, in der unsere Nahrung weder durch Geschmacksverstärker, künstliche Aromen oder Konservierungsstoffe verunreinigt war; gedenke der unverfälschten Königsberger Klopse; erinnere mich an einzigartige Nudelsuppen und saftige Riesenschnitzel, geschnitten aus den Keulen von Schweinen, die ihr Dasein auf sonnenüberfluteten Wiesen fristen durften; teile deftige Tomatensaucen mit derselben Inbrunst, wie einst Moses das Rote Meer, auf fingerdicke buttergeschwängerte Makkaroni; schwelge in Stößen von herz- und magenerwärmenden Eierkuchen; und – nicht zuletzt in bewährter Thüringer Tradition – stürze ich mich mutig auf Berge üppiger Blechkuchen, die so kaloriengeschwängert sind, dass selbst die kraftstrotzenden rotwangigen Landfrauen aus Bruegel's bäuerlichen

Oma Nelly – Quelle meine Liebe zur Kochkunst

Sittengemälden Mühe hätten, nicht unter ihrer Last zusammenzubrechen.

Doch nicht genug, kristallisieren sich in diesen mystischen Momenten aus einem walpurgisnachtähnlichen Nebel plötzlich jene Menschen heraus, die in meiner Kindheit den Grundstein für mein lebenslanges Geschmacksempfinden gelegt haben. Jedem dieser Zaubermeister ordne ich sein ganz spezielles Odeur oder ein besonders leckeres, von ihm kreiertes Gericht zu und schwelge so lange in virtueller Völlerei – ja … bis sich endlich jenes unwiderstehliche Verlangen einstellt, das allgemein als Appetit bezeichnet wird. Und schließlich die eingangs geschilderte unerklärliche Appetitlosigkeit ihren Lauf nimmt …

Doch zurück zu meinen Visionen:

Allen voran erscheint mir in solchen Momenten natürlich meine über alles geliebte Großmutter Nelly – sozusagen die Quelle meiner Liebe zum Essen und Lehrmeisterin einer Kochkunst, mit der sie zu Lebzeiten Triumphe feierte. Dann, natürlich mit gehörigem Abstand, rufe ich die zahlreichen anderen Köchinnen und Köche aus meiner Geschmacks-Ahnengalerie ab, die meinen Weg zum Gourmet mit wohlschmeckenden Appetitshäppchen ebneten. Hier indes besondere Persönlichkeiten zu präferieren, ist schier unmöglich, denn sicherlich geht es mir, wie vielen anderen Mitmenschen, die die Erfahrung machen mussten, dass weit in die Vergangenheit zurückreichende, scheinbar unerreichte köstliche Erlebnisse allein durch schlichtes Vergessen einen weitaus höheren Grad der Glorifizierung erreichen, als lukullische Gipfelstürmereien neueren Datums. Bewiesen ist jedoch, dass so, wie bei den meisten Menschen, auch für meine Essgewohnheiten die Weichen in frühester Kindheit gestellt wurden.

Schon im Strampelanzug wurden also die Neigungen geweckt oder Antipathien erzeugt, die – sieht man mal von entwicklungsbedingten meist pubertären Geschmacksschwankungen ab – bis heute meinen täglichen Umgang mit Nahrung bestimmen.

Und dabei bekenne ich mich freimütig selbst zu solchen Vorlieben, gegen die Ernährungswissenschaftler oder Diätassistentinnen – nicht selten sogar zu Recht – Sturm laufen. Doch immer öfter kommt mir der Verdacht, dass hier nicht meine Gesundheit, sondern mein Geldbeutel im Mittelpunkt ihrer Fürsorge steht, denn mittlerweile wird scheinbar jedes Lebensmittel verteufelt, das nicht von der globalen Lebensmittelmafia »veredelt« wurde. Rigoros werden dabei die bewährten Regeln des maßvollen Umgangs mit Lebensmitteln außer Acht gelassen, denn die erlauben schon mal den reuelosen Genuss von etwas kräftigeren Delikatessen ohne das verlogene Prädikat »Light«. Eben nur in Maßen. Gezielte Attacken gegen eine naturnahe Lebensweise, die jedoch einen gestandenen Thüringer bestenfalls so lange verunsichern, bis ihn ein rauchender Bratwurstgrill oder ein duftendes Stück Schmantkuchen zum Zulangen zwingen. Seinen Drang zur kräftigen Kost kann man mit nichts, auch nicht mit dubiosen Warnungen unterdrücken. Die Resistenz gegen allzu gesunde Kost steckt in seinen Genen. Wie anders sonst hätte er als Spezies auch sonst überleben können?

Es ist gut so, dass es noch immer Omas, Mütter und engagierte Hobbyköche gibt, die durch bewusste Brauchtumspflege auf unseren Tellern dafür sorgen, dass wir bei unserer Ernährung einen klaren Kopf behalten. Doch gutes, unverfälschtes Essen hält nicht nur allein unseren Körper fit, sondern ist auch einer der elementarsten Bausteine zur Bildung von Herzenswärme. Und allen Diätisten zum Trotz – je deftiger eine Mahlzeit, desto friedvoller der Gesättigte. Oder glauben Sie wirklich, dass unsere sprichwörtliche Thüringer Gastlichkeit das Resultat von vakuumverpackten Beutelsuppen ist?

REZEPT DER HERZBLUTKÜCHE:

Süße Eierkuchen

Rezept für 4 Personen

ZUTATEN:

4 Eier
350 ml Milch
50 ml Mineralwasser
250 g Mehl
60 g flüssige Butter
2 EL Sonnenblumenöl
1 Prise Salz
1 Vanilleschote
3 EL Zucker

ZUBEREITUNG:

Die 4 Eier mit dem Zucker schaumig schlagen und anschließend die Milch sowie das Mineralwasser – macht den Teig locker – dazu geben. Das gesiebte Mehl vorsichtig einrühren und alles zu einem glatten Teig verrühren.

Eine Prise Salz, die nicht mehr heiße ausgelassene Butter und das Mark einer Vanilleschote hinzufügen. Danach den Teig durch ein feines Sieb gießen und für mindestens eine Stunde ruhen lassen.

Anschließend den Teig nochmals verrühren. Eventuell – wenn er zu sehr gequollen ist – mit etwas Milch verdünnen.
Beschichtete Pfanne mit Öl auspinseln, Pfanne schwenken, damit sich das Öl gleichmäßig verteilt und bei mittlerer Hitze langsam braten. Mit einem Pfannenwender wenden und beide Seiten goldbraun braten.

Dazu angedickte heiße Kirschen mit richtig viel Schlagsahne.

Süße Eierkuchen

Der Charme von alten Küchen

ZWEITES KAPITEL

Geflügel

Entartetes

Wären Enten auch nur im Entferntesten so schlau wie Füchse, würden sie Anfang des Herbstes blitzschnell entmaterialisieren, heißt von der Bildfläche verschwinden, denn dann naht die Zeit, in der fast jede Begegnung mit einem Menschen in einer Katastrophe en(t)det. Wenn es nämlich draußen anfängt, ungemütlich zu werden, entdecken viele Erdenbürger plötzlich, dass der Verzehr eines solchen Vogels aus der Familie der Gänsevögel ihre Körper und Seelen auf das Prächtigste von Schlaffheit und Trübsinn entschlacken kann, was besonders in Richtung Weihnachten die Sterblichkeitsrate dieser gefiederten Leckerbissen in schwindelerregende Höhen schraubt.

Ein entsetzliches Trauma, das in Mitteleuropa außerdem durch die dramatische Entwicklung der Familienstrukturen verschärft wird, denn während früher in kinderreichen Großfamilien die Geburt des kleinen Jesu meistens mit dem Braten eines oder mehrerer Gänschen gefeiert wurde, greifen Singles oder Zwei-Personen-Haushalte zwangsläufig häufiger zur handlicheren Ente.

Dazu kommt, dass viele Kochshows ihr Publikum in die Raffinessen der französischen »Nouvelle Cuisine« entführen, in der Enten wegen ihres delikaten und entfetteten Fleisches einen ähnlichen Kultstatus genießen, wie in der Deutschen Küche Schnitzel, Eisbein und Schweinshaxen, was in wahren Massakern ausartet. Doch während beispielsweise das vergleichbare numerisch völlig irrelevante Aussterben der gelb-schwarz gestreiften mittelasiatischen Wüstenwanderheuschrecke weltweite Proteste auslöst, ja, deutsche Grünenpolitiker zu entfesselten innenpolitischen parlamentarischen Attacken veranlasst, wird das millionenfache Sterben der Enten schlichtweg ignoriert. Noch nicht einmal der B.U.N.D. pro-

testiert und der mahnt selbst den Tierschutz an, wenn irgendjemand Omas altes Nähkästchen mit einem Holzwurmmittel behandelt.

Das ist nicht nur völlig entmutigend, sondern beweist auch, dass Enten keine Lobby besitzen. Während sogar Gänse unter dem Schutz des Heiligen St. Martin stehen, sind Enten scheinbar vogelfrei, denn niemand ergreift ihre Partei. Schlimmer noch, ein Ornithologenkongress in China, der sich mit dem Wildenten-Vogelzug beschäftigte, endete mit einem Festschmaus in einem der renommiertesten Entenhäuser Pekings, das auch ich einmal besucht habe. Eine Erinnerung, die so nachhaltig war und mich nach meiner Rückkehr aus China dazu veranlasste, meine Freunde zu einem Peking-Enten-Essen einzuladen, bei dem ich mit meiner chinesischen Kochkunst prahlen wollte, was in einer mittleren Katastrophe endete.

Um die ganze Tragweite der Erniedrigung zu verstehen, der ich mich noch dazu freiwillig unterwarf, muss man jedoch einiges über die Peking-Ente wissen. Die Peking-Ente, so wie sie heute präsentiert wird, ist ein Produkt einer weit über 1000-jährigen Speisenkultur. Sie war in China stets ein kaiserliches Gericht, wird mit Andacht verzehrt und nicht so sinnlos in sich reingestopft, wie wir dies mit unserem Federvieh tun. Ihr Geschmack wurde über die Jahrhunderte immer wieder dem Zeitgeist angepasst, das heißt, dem Gaumen des jeweilig herrschenden Kaisers. So füllte man beispielsweise in der Zeit der mongolischen Dynastien die Enten mit gehacktem, deftig gewürztem Hammelfleisch.

Oberstes Ziel der Zubereitung einer Ente »à la Peking« ist es indes, die Entenhaut optimal dünn und knusprig zu braten, denn sie ist die eigentliche Delikatesse. Zu diesem Zweck wird vor dem Braten Luft zwischen Haut und Muskelfleisch geblasen. Um Schlupflöcher zu vermeiden, wird die Ente deshalb durch ein kleines Loch unterm Flügel ausgenommen. Früher griffen die Köche fürs Aufpumpen zur Luftpumpe – heute sollten eigentlich filigranere Methoden, zum Beispiel Kompressoren, zum Einsatz kommen. Doch ich hab' da so meine Zweifel. Die Köche im Reich der Mitte hängen schon sehr an der Tradition. Für mein geplantes Enten-Schaukochen war es also günstig, dass wenigstens mein jüngster Sohn noch Fahrrad fährt. Entweder war es meine fehlende Erfahrung mit Peking-Enten oder der Umstand, dass es mit gefrorenen Flugenten nicht so richtig klappt –, jedenfalls verpasste ich wohl den Druckpunkt und das von mir an allen erdenklichen Stellen zugenähte Prachtexemplar von Ente, welches ich am Vortag noch kräftig mit geschmolzenem Malzzucker mariniert hatte, zerplatzte mit dumpfem Knall, und tausend Stückchen rohen Entenfleisches klebten wie goldgelbes Lametta in jedem Winkel meiner Küche. Meine geladenen Gäste konnten sich

das Lachen nicht verkneifen und selbst meine Frau interpretierte prustend vor Lachen »Neunundneunzig Luftballons …« Eigentlich mag ich ja beide – Martina und Nena – doch in diesem Augenblick wünschte ich beide dahin, wo der Kuckuck ruft. Womit ich es bewenden lassen möchte.

Längst beschränkt sich die Begeisterung für knusprige Enten nicht mehr ausschließlich auf die frostige Jahreszeit. Mittlerweile erfreuen sich Enten auf allen Kontinenten rund ums Jahr größter Beliebtheit. Bei soviel Sympathie für die Enten ist es auch kein Wunder, dass die vielgeliebten Gänsevögel auch in der volkstümlichen Symbolik gern verwendet werden. Den unbegrenzten Reichtum symbolisiert beispielsweise ein 1947 von Carl Barks für die Walt-Disney-Studios gezeichneter Comic-Erpel namens Dagobert Duck; umgangssprachlich nennt man eine Falschmeldung in der Presse Zeitungsente; Fritz Stamer taufte 1928 sein raketenangetriebenes Flugzeug Lippisch-Ente; Oma Nelly ließ während ihrer gefürchteten Kaffeeklatsche nicht selten eine hochprozentige Kalte Ente kreisen und mein Freund Wilfried Goosmann, ein Ruhrpottler der alten Schule, schwärmt noch immer von den Dribbelkünsten eines Ente Lippens, der bei Rot-Weiß Essen mit seinen watschelnden Solis auf Rechtsaußen Fußballgeschichte schrieb.

Diese Aufzählung könnte ich erst nach Stunden been(t)den, doch als Koch und freimütig bekennender Entenliebhaber, möchte ich der Ente in erster Linie meine kulinarische Huldigung machen.

In der Küche ist sie der unumstrittene Star alles Geflügelten und hat selbst in Mitteldeutschland der Gans längst den Rang abgelaufen, was wohl vordergründig dem veränderten Essverhalten der Menschen entspricht, denn die frühere Küchenweisheit: »Die Ente ist ein närr'sches Viech – für einen zuviel und für zwei zuwenig«, ist der gesundheitsbewussten Kalorienzählerei zum Opfer gefallen. Wobei: Einige kräftige Esser aus meinem Freundeskreis pfeifen nach wie vor auf die Warnungen der Diätärzte und entmaterialisieren so ein »hohles« Tier ratzfatz in einem Ritt.

Übrigens: Einen meiner besten Freunde, den leider nicht mehr unter uns weilenden Horst Köthe, ein Zahntechniker par excellence und hervorragender Tischtennisspieler, lernte ich Anfang der 1970er Jahre beim Entenessen kennen.

Regelmäßig trafen wir in uns jener Zeit an den Wochenenden in der Mühlhäuser »Hubertusklause«. Er, weil er vis-a-vis wohnte; ich, weil ich damals gerade in einer Phase der familiären Umorientierung en(t)dete. Die Hubertusklause war anno dazumal ein stark frequentiertes Restaurant, das für seine gute Küche gerühmt wurde. Einer der kulinarischen Glanzpunkte des Kochs Siegfried Adler war seine Bauernente, zu der er Thüringer Klöße und Rotkohl servierte. Einer solchen Versuchung konnte selbst der asketisch aussehende Horst Köthe nicht entkommen. Der aß übrigens während unserer über zwanzig Jahre währenden Freundschaft mittags nur unter Protest etwas anderes als Schnitzel, Gulasch oder … Ente. Ganz schön Entartet.

Seine Leidenschaft für dieses Tier ging sogar so weit, dass er sich eigens einen Grill der Marke »Mühleg« zulegte und seine Gattin Ursel dazu vergatterte, mindest zweimal wöchentlich drei Entchen zu grillen.

Bauernente mit Dörrobstsemmelfüllung

ZUTATEN:

1 Bauernente ca. 2,5 kg
Salz, weißer Pfeffer aus der Mühle
1 Apfel, 2 Zwiebeln, ½ Knolle Sellerie
Beifuß, Rosmarin

FÜR DIE FÜLLUNG:

5 altbackene Semmeln
Salz, weißer Pfeffer aus der Mühle
1 Päckchen Trockenfrüchte
1 Zwiebel, Petersilie
Innereien der Ente (Leber, Magen, Herz)
¼ l heiße Milch, 4 Eier

ZUBEREITUNG:

Den Ofen auf ca. 160 Grad vorheizen. Die Flügelknochen der Ente und den Hals klein hacken und in einem Bräter bräunen lassen. Das vorgeputzte und klein geschnittene Wurzelwerk und den Apfel dazu geben und mit anbräunen.
In der Zwischenzeit die Ente säubern, trocknen, mit Salz und Pfeffer aus der Mühle würzen.
Die Semmeln klein schneiden, mit Salz, Pfeffer und Muskat würzen. Die heiße Milch und die Eier dazu geben und gut vermengen.
Die Trockenfrüchte, Petersilie, Zwiebeln und Innereien klein schneiden – in Butter anschwitzen und auf die Semmelfüllung geben, gut vermengen.
Die Semmelfüllung in die Ente füllen und gut zunähen. Die vorbereitete Ente auf das Wurzelgemüse geben. Mit ½ Liter Wasser auffüllen und ca. 1½ Stunden bei 160 Grad braten. Die letzten 10 Minuten den Ofen auf 180 Grad hoch heizen. Ab und zu mit Bratensaft übergießen. Nach dem Braten die Ente auslösen und das Fleisch warm stellen.
Die Knochen klein hacken und nochmals in den Bräter geben und ca. 15 Minuten mitkochen. Die Soße abpassieren und mit Speisestärke abziehen.

Entensülzchen mit Himbeervinaigrette

ZUTATEN:

1 Entenbrust

MADEIRAGELEE:

6 EL Madeira
4 Blatt eingeweichte, gut ausgedrückte Gelatine
Salz

Geflügelkraftbrühe mit Madeira erhitzen, Gelatine darin auflösen, salzen, kalt stellen

1 Karotte
1 Lauchzwiebel
1 Stück Staudensellerie
½ rote Paprikaschote

ZUBEREITUNG:

Die Entenbrust von Sehnen und restlichen Blutgefäßen befreien. Von beiden Seiten mit Salz und Pfeffer würzen. Öl in einer Pfanne erhitzen und die Brust mit der Fleischseite in das heiße Öl legen und ca. 2 Minuten braten. Anschließend auf die Hautseite legen und im Rohr bei 160 Grad ca. 8 Minuten fertig braten. Die Brust erkalten lassen.

Die erkaltete Brust in Würfel schneiden. In der Zwischenzeit das Gemüse putzen und in gleich große Würfel schneiden. In gesalzenem, kochendem Wasser die Gemüsewürfel blanchieren und anschließend in Eiswasser abschrecken. Fleischwürfel und Gemüsewürfel zu gleichen Teilen mischen, in eine Form geben und das noch flüssige Madeiragelee übergießen. Über Nacht im Kühlschrank kalt und fest werden lassen.

Himbeervinaigrette:

ZUTATEN:

3 EL Traubenkernöl oder Distelöl
1 EL Himbeeressig
1 EL Geflügelfond
1 Spritzer Zitronensaft
Salz, weißer Pfeffer aus der Mühle
frische Himbeeren

ZUBEREITUNG:

Die Zutaten in einen Becher geben und mit dem Zauberstab gut durchmixen. Die Himbeeren in die Vinaigrette legen und eine halbe Stunde ziehen lassen.

Canard à la orange – Ente mit Orangen

ZUTATEN:

1 Ente ca. 1,6–2,0 kg
4 Zwiebeln, 2 Möhren
¼ Sellerieknolle
1 Stange Lauch
2 Lorbeerblätter
5 Pimentkörner
5 Wacholderbeeren
½ l Orangensaft

FÜR DIE FÜLLUNG:

2 Äpfel
3 mittelgroße Zwiebeln
2 TL gerebbelter Majoran
Muskatnuss
1 kleines Bund Petersilie
2 Zweige frischer Majoran
schwarzer Pfeffer und Salz

FÜR DIE SAUCE:

80 g brauner Rohrzucker
4 EL Rotweinessig
Saft einer Zitrone
2 ungespritzte Orangen
2 EL Orangenlikör
40 g Butter
1 frische Peperoni

ZUBEREITUNG:

Ente innen und außen gut waschen, mit Küchenpapier trocken reiben. Mit Salz und Pfeffer einreiben. Mit einer Füllung aus zwei grob gewürfelten Äpfeln, 3 grob gehackten Zwiebeln, 2 TL gerebbeltem Majoran, zwei Strich Muskatnuss, 1 kleinen Bund Petersilie, einigen Blättchen gezupften Thymian, Salz, im Mörser frisch gestoßenem Pfeffer füllen und mit Zahnstochern verschließen.
Ente in einem gusseisernen Bräter in etwas Öl goldbraun anbraten. Herausnehmen und in dem Bratenfett die grob gehackten Zwiebeln, die ebenfalls grob gewürfelten Möhren, Sellerieknolle und den in Stücke geschnittenen Stängel Lauch anbraten.
Die Ente auf das zusammengeschobene angebratene Wurzelgemüse setzen und mit der Brustseite nach oben in die auf 200 °C heiße Backröhre schieben. Nach ca. 30 Minuten etwa 400 ml heißen Geflügelfond und ½ Liter Orangensaft angießen. Rund 50 Minuten bei ständigem Übergießen mit dem Bratensaft weiter garen. Danach Ente herausnehmen; Keulen und Brustfilets herausnehmen und die Karkasse klein hacken. Den Bratenfond durch ein Sieb gießen.

Den Zucker bei mittlerer Hitze karamellisieren und mit dem Bratenfond und dem Essig ablöschen. Die zerkleinerten Knochen hinzufügen und alles ca. 30 Minuten köcheln lassen und nochmals durch ein feines

Sieb schütten. Mit einer Suppenkelle vorsichtig das überschüssige Fett abschöpfen. Den Bratensaft mit Pfeffer und Salz abschmecken, die in sehr feine Streifen geschnittene Schale einer Orange zusammen mit den Orangenfilets und einer ganzen Peperoni – verleiht Ihrer Sauce eine raffiniert-spritzige Note – hinzufügen. Mit dem Orangenlikör nochmals abschmecken und mit in Wasser aufgelöster Speisestärke vorsichtig binden. Zur Verfeinerung einen EL kalte Butter unterrühren.

Der Gänsebraten
oder Wachtel mit Hausmusik

Repetitio mater sudiorum est
(Wiederholung ist die Mutter des Bemühens)

Gänsebraten? – Hatte der Kaiser doch schon im Grünkohl-Casanova I. Zweiter Aufguss? Igitt!

Sie haben Recht, liebe Leser, doch das Kochbuch – oder wie immer man dieses mit satirischen Anekdoten gespickte Brevier auch nennen sollte – also das Kochbuch eines Thüringers ohne Gänsebraten, ist wie eine Luxus-Kreuzfahrt in einem Ruderboot – anstrengend und viel zu spartanisch. Also ran an dieses Kapitel, denn vor allem die Bilder mit meinen als Gänse jagenden Freunden, die übrigens mit diversen Ersatzgänsen mehrfach wiederholt werden mussten, ähnelt einer Reise auf der »Queen Marie II«.

Außerdem sollten Sie diese Gänseabhandlung auch als Aufforderung zur Wiederholung werten, denn nur: »Usage rend maître«, sagte der berühmte elsässische Koch Marc Haeberlin, als ich seine Gänseleberpastete lobte. Außerdem beflügelte kein anderes Tier die Phantasie der Schriftsteller und Dichter so sehr wie die Gans. Vor allem jene, die hungrig auf Dachböden herumlagen und von festlich gedeckten Tafeln träumten. Und setzten damit eine Tradition fort, die vor tausenden Jahren begann.

Schon in Stein gemeißelte Hieroglyphen aus der ägyptischen Frühzeit behaupten nämlich Stein auf Bein, dass die Urgottheit »Geb« aus einem »Ei des Schnatterns« geschlüpft sei. Ihm zu Ehren wurde fortan die Gans als göttliches Geschenk verehrt und geopfert. Auch ägyptische Priester wussten natürlich, was schmeckt.

Eine Verehrung, der sich die antiken Griechen nahtlos anschlossen. Mit ein wenig Sexappeal garniert, spielen Gänse auch in ihrer Mythologie eine tragende Rolle und trösten in der griechischen Mythologie die auf ihren Gatten Odysseus wartende Penelope, die sich eine 20-köpfige Herde dieses Federviehs als Spielgefährten während ihrer Strohwitwenschaft hielt. Wie sie das genau anstellte, ist nicht überliefert.

Kaum begann der Glanz der griechischen Weltmacht zu verlöschen, betrat der nächste »Global Player« die Weltbühne und ließ Heerscharen von Gänsen auftreiben.

Der alte Plinius beispielsweise, seines Zeichens Senator unter drei Cäsaren und berühmt für seine detaillierte Schilderung des Vesuv-Vulkanausbruchs im Jahre 79 n. Ch., dem auch Pompeji zum Opfer fiel, dieser Plinius also war für seine Vorliebe für Gänse aus dem Gebiet der Moriner – was heute territorial in etwa dem nordfranzösischen Departement Pas-de-Calais entspricht – bekannt. Eine Vorliebe, die er mit Julius Cäsar teilte, von dem gemunkelt wurde, er hätte diesen Landstrich nur unterworfen, weil ihm die Gänse dieser Region so ausgezeichnet mundeten. Eine Kritik, die ich trotz tief schürfender Recherchen nicht bestätigen kann, die aber nichtsdestotrotz auf Wahrheit beruhen könnte, denn es gab in der Geschichte sicherlich Feldzüge, die aus weniger schmackhaften Anlässen geführt wurden.

Wissenschaftlich lückenlos für die Nachwelt dokumentiert wurde jedoch, dass riesige Gänseherden als lebendige Steuerschuld aus dem Norden nach Rom getrieben und dort verspachtelt wurden.

Bis auf jene stattlichen Exemplare jedenfalls, die man als Wachen auf der Engelsburg, auf dem Kapitol oder anderen strategisch wichtigen Plätzen in-

Himmlische Gänseliebhaber

nerhalb Roms postierte, wo sie die Einwohner durch ihr Geschnatter vor nachts heranschleichenden Feinden warnen sollten.

Eine Alarmanlage, die prächtig funktionierte. Genauer gesagt bis zum Jahre 388, als die Kelten Rom belagerten. Anfangs verhinderten auch damals die Gänse mehrfach erfolgreich den Einmarsch der Gegner, was übrigens bis ins kleinste Detail von den römischen Geschichtsschreibern niedergeschrieben wurde, in denen die Wachsamkeit der Gänse über den grünen Klee gelobt wird. Die Schmach indes, dass die Kelten letztlich trotz der wachsamen Gänse Rom brandschatzten und plünderten, wird dagegen nur am Rande erwähnt.

Später, im mittelalterlichen Europa, dienten Gänse auch weiterhin als gängiges Zahlungsmittel zur Begleichung der Steuerschulden. Vielleicht kümmerte sich deshalb selbst Karl der Große persönlich darum, dass die Gänsemast in seinem Reich nicht vernachlässigt wurde. Avancierte damit zum Vorbild für andere Staatenlenker, wie beispielsweise den »Alten Fritz« oder Walter Ulbricht, die ebenfalls mehr oder weniger erfolgreich Einfluss auf die Landwirtschaft ihrer Länder genommen haben. Sicherlich nicht ganz uneigennützig, denn es gab wohl keine Gesellschaftsordnung, in der ein knusprig gebratenes Gänschen nicht geschätzt wurde und zum Standardrepertoire einer jeden festlichen Tafel gehörte.

Den Gänsevogel abgeschossen haben jedoch findige Klosterbrüder, die auf der Basis dubioser Theorien den Beweis erbrachten, dass Ringelgänse aus dem Holz von Bäumen entstammten und deshalb fleischlos seien. Jahrhunderte lang wurden sie deshalb als Fastenspeise aufgetischt.

Nur in China, dem Land der Enten, wird um die Gans wenig lukullisches Federlesen gemacht. Dort symbolisiert die Gans übrigens die eheliche Treue. Fragen Sie mich bitte nicht warum. Möglicherweise, weil Gänse zeitlebens monogam leben. Unter Umständen auch, weil Chinesen auf geflochtenen Bastmatten nächtigen und sich nicht, wie verweichlichte Europäer, in daunengefüllten Federbetten räkeln. Was bei über einer Milliarde Chinesen natürlich den Bedarf an Gänsen nochmals drastisch reduziert. Doch das alles sind Spekulationen. Tiefgreifendere Nachforschungen in das Verhältnis zwischen Gänsen und Chinesen würden mich zu weit von meinem eigentlichen Anliegen entfernen, denn neben einer flüchtigen geschichtlichen Aufarbeitung des Gänse-Mythos versuche ich natürlich zu ergründen, warum allein der Gedanke an einen leckeren Gänsebraten die meisten Menschen so unglaublich glücklich macht.

Besonders frage ich mich, warum der jährliche Gänsefetischismus ausgerechnet während der Weihnachtzeit zur Blüte reift. Sicherlich nicht, weil sich die ganze Welt noch immer solidarisch mit den Engländern über jene Weihnachtsgans freut, welche der

Legende nach Weihnachten 1588 just in dem Augenblick von Elisabeth I. verspachtelt wurde, als ein Bote freudetrunken verkündete, dass die spanische Armada untergegangen und Philipp II. damit besiegt sei. Bei aller Völkerfreundschaft, das veranlasst heutzutage selbst die überzeugtesten Fans der britischen Monarchie kaum mehr zu Freudensprüngen.

Überzeugender klingt da schon die Begründung, dass Gänse relativ problemlos gezüchtet und gemästet werden können und machte es deshalb in der Vergangenheit auch weniger begüterten Erdenbürgern möglich, sich einen köstlichen Braten zu gönnen. Außerdem brauchen Gänse keine weitläufigen Stallungen. Im Gegenteil – je enger sie zusammengepfercht wurden, desto fetter wurden sie.

Und da die Gänse ihr Idealgewicht gerade kurz vor Weihnachten erreichten – noch dazu in einer Jahreszeit, wo zugefüttert werden musste, weil die Natur in den wohlverdienten Winterschlaf fällt – wurden und werden alljährlich riesige Gänseherden kurz vor dem Fest der Liebe auf die Schlachtbank geführt, um wenig später unterm festlich geschmückten Tannenbaum entweder mit der Familie oder mit Freunden verspeist zu werden.

Nachdem zu guter Letzt tief gekühlte Klare oder würzige Kräuterschnäpse für eine reibungslose Verdauung sorgen, machen schließlich auch die guten alten Geschichten, Anekdoten und nicht zuletzt die Märchen die Runde, mit denen Generationen von Gänsen Denkmäler gesetzt wurden. Angesiedelt zwischen Dichtung und Wahrheit erwachen dann plötzlich zwischen den abgenagten Knochen der Gehuldigten die Geschichten um Goldene Gänse, werden liebreizende Gänsemägde angehimmelt, wird von gebratenen Gänsen berichtet, die sich im Schlaraffenland auf Zinntellern räkeln, wird vor schlitzohrigen Gänsekillern wie Füchsen und Landstreichern gewarnt und von Festgelagen geschwärmt, bei denen knusprige Gänsebraten die Hauptrollen spielen.

Auch ich verfalle dann regelmäßig jenem Rausch, in dem die Menschen friedfertig sind und in dem stets die Guten siegen, lasse mich von Grimm & Co. in die Welt von unschuldigen Königskindern entführen und vergesse für Momente alle Mühsal und

Himmlische Gänsejäger

alles Leid dieser Welt. Dazu ein zwei Gläschen gut gelagerten Rotweins, ein »Stille Nacht« gesummt und ich sehe, wie die himmlischen Heerscharen für mich ein Gänschen jagen. Leider jedoch macht selbst der leckerste Gänsebraten nicht alle Zeitgenossen so friedfertig.

Auch meine Wohnungsnachbarin, eine bekennende Vegetarierin, scheint weihnachtsgans-resistent. Als sie am Martinstag – da braten wir immer ein Probegänschen – bei uns klingelte, um sich über den Bratenduft einer Viereinhalb-Kilo-Hainichgans des Landwirtes Winfried Müller zu beschweren, der schnurstracks aus meinem offenen Küchenfenster in ihre fleischlose Chlorophyllküche zog, ähnelte sie mehr einem biblischen Racheengel, als einer um den Weihnachtsfrieden bemühte Gänsebratenaktivistin. Alle meine Versuche, ihr ein wenig vom Mythos eines Gänsebratens zu vermitteln, schlugen fehl.

Ähnlich erging es meinem Schulfreund Siegbert, früher ein brillanter Versicherungsvertreter, der jedoch bedingt durch längere Krankheit nie wieder Arbeit fand und seit einem Jahr Hartz IV bezieht.

Zwangsläufig fehlte ihm damit auch das Geld für das gewohnte idyllische weihnachtliche familiäre Gänsebratengelage mit Hausmusik. Sein Versuch indes, die Agentur für Arbeit an den Ausgaben zu beteiligen, endete kläglich. Als dieser begnadete Verkäufer, der früher seiner Klientel Policen aufschwatzen konnte, in denen versprochen wurde, Mühlsteine unter Wasser gegen Feuer zu versichern, seinem Sachbearbeiter nämlich zu erläutern begann, wie negativ sich das Fehlen einer Weihnachtsgans auf sein Verhältnis zu Gesellschaft und Familie auswirken würde, antwortete dieser nur lakonisch:

»Wenn's für eine Gans nicht reicht, kaufen Sie sich eben eine Wachtel.« Da war selbst Siegbert sprachlos und er schlich wie ein geprügelter Hund von dannen.

Am selben Abend versuchte ich ihn aufzuheitern. Drückte ihm mein bestes Wachtelrezept in die Hand – mit Pistazien-Farce gefüllte Wachtel an karamellisierten Rotwein-Schalotten – eine kulinarische Eierhandgranate, für die er zugegebenermaßen beim Nachkochen viel Geschick und Zeit investieren musste. Über beides verfügt er jedoch aus oben geschildertem traurigen Anlass mehr als über Geld. Doch mal positiv betrachtet: Wachteln sind für alle,

Viele Thüringer lassen sich gern mit einer gebratenen Wachtel hinter dem Ofen hervorlocken. Da muss man – analog zur Stadt Hameln – schon tief in die Trickkiste greifen…

denen eine Gans zu opulent ist, eine echte Alternative. Doch immer wieder kamen wir auf das Thema Gänsebraten zurück und in einem Anfall von Mitleid erzählte ich ihm, dass mir meine Gänse wie von den Engeln gesandt vorkommen. Da bekam er feuchte Augen. »Macht mir auch Angst, wenn ich mir vorstelle, dass acht Leute um sechs dürre Wachteln herumsitzen und ›Vom Himmel hoch da komm ich her‹ singen«, schluchzte er wehleidig.

Da habe ich ihn und seine Familie spontan zum Essen eingeladen. Musste das eigentlich nur noch meiner Frau verklickern.

Gebratene Wachteln

Mit Pistazien-Farce gefüllte Wachtel an karamellisierten Rotwein-Schalotten

Ein Truter in der Kleinkunstbühne

Leider besucht uns Horst Krause viel zu selten, denn er verwandelt mit seinem handfesten Humor innerhalb von Minuten unsere Wohnung in eine Kleinkunstbühne und macht aus uns begeisterte Zuschauer. Dabei hat »Hotte«, wie er von seinen Freunden genannt wird, mit Siebzig eigentlich ein Alter erreicht, in dem sich unsere Großväter schon längst ihre morschen Knochen an einem Kachelofen wärmten und nur aufstanden, um ihre übersäuerten Mägen mit einem Haferschleim zu besänftigen. Hottes Durchschlagkraft lässt jedoch nichts zu wünschen übrig, weshalb er auch weiterhin seine Paraderolle im »Polizeiruf 110« des rbb als Dorfsheriff Horst Krause spielen darf.

So, wie er dort auftritt, besteht auch nicht die Gefahr, dass man ihn, wie seinen ehemaligen Kollegen Horst Tappert, vor jedem Dreh für ein paar Tage unters Sauerstoffzelt legen muss, um ihn aufzuschönen.

Nein, Hotte Krause, der in einer seiner eindrucksvollsten Rollen in der Tragikkomödie »Schultze gets the blues« als Vorruheständler nach Amerika reist, um an den Wurzeln des Blues sein Akkordeon zu schwingen, dieser Krause ist kein mühsam aufgepäppeltes quotenbringendes Zugpferd, sondern ein kräftiger Hengst, der während seiner Drehs durchaus ab und zu auch mal ausschlägt. Wer ihn kennt, weiß, dass diese Vitalität zuvorderst seiner gesunden Einstellung zur Ernährung geschuldet ist, denn der Hotte liebt es deftig! Deshalb steht meine Familie auch Kopf, wenn Hotte anruft, um mit Hilfe einer seiner bewährten »Thüringer Kalorienkuren« seinen Tank aufzufüllen. Nur, in Hottes »Tank« passen Portionen, deren Zubereitung eine solche Hektik auslöst, wie in der Zeit, als wir in unserem »Vierpfennighaus« bei Tambach-Dietharz noch russische Reisegruppen zu beköstigen hatten. Einen Vorteil jedoch hat so eine »(T) Kour de Calorie« von Krause: Er weiß ganz genau, was ihm schmeckt.

Bei russischen, Pardon, sowjetischen Reisegruppen, konnte man sich da nie sicher sein, ob man deren Gusto trifft, denn nur selten wussten wir vorher, aus welcher Region die Gäste angereist waren.

So war das Kochen im Zeichen der Deutsch-sowjetischen Freundschaft immer ein Drahtseilakt, der entweder mit einer Abmahnung durch die Abteilung Inneres oder einer Auszeichnungsreise zu den Wirkungsstädten Lenins enden konnte.

Krauses Vorstellungen von Nahrung hingegen sind gradlinig. Geprägt durch die westpreußische Küche der Mutter ist er ein unkomplizierter »Allesfresser«, der es vom Schwein ebenso liebt, wie vom Rind oder vom Schaf. Ganz besonders hat es ihm Fisch angetan.

Bei seiner letzten Vorankündigung jedoch fragt er mich doch allen Ernstes, ob ich schon einmal Truter gemacht hätte. Als ich ihm erklärte, dass Truthähne, also Puten, für mich in der Adventszeit genau denselben Stellenwert besitzen, wie für meine Tante Elsbeth Marzipanbrote, Lebkuchen oder Dominowürfel, hörte ich durchs Telefon, wie der Krause lustvoll aufstöhnte. »Ja, dann besorg mal Truthahn. Vor allem zwei Kilo Mägen. Ich will dir mal eines meiner Lieblingsrezepte vorführen: Putengulasch auf ungarische Art – einfach himmlisch.« Ich hörte via Telefon, wie ihm der Zahn tropfte.

Meisterkoch Krause in meiner Küche, das konnte ja heiter werden. Allein die Vorstellung, wie er neben mir steht und mit einem großen Messer Putenmägen zerschnippelt, ohne jemanden dabei ernsthaft zu verletzen, trieb mir den kalten Schweiß auf die Stirn. Und wo, bitteschön, sollte ich auf die Schnelle frische Putenmägen herbekommen? Bei den großen Großmärkten ebenso Fehlanzeige, wie bei den Discountern. Plötzlich erinnerte ich mich an eine Begegnung mit einer charmanten Dame, die ich während der Grünen Tage auf der Messe Erfurt kennengelernt hatte. Sie war aus … ich kam nicht drauf … und hat mir ein Scheibchen Putenschinken und ein daumengroßes Stück Putensalami zur Verkostung über die Theke gereicht. Kurzer Smalltalk, »…

schmeckt ganz nett …«, und weiter Richtung Ascharaer Unstrut-Knacker. Da weiß man, was man hat. Irgendwo in meinem Büro mussten sogar noch eine Visitenkarte und ein Flyer rumkullern. Wen interessieren schon Produkte, die auf der Speisekarte eines Thüringers nicht zu den üblich Verdächtigen zählen. Dann hatte ich doch tatsächlich die Visitenkarte gefunden: »Gönnataler Putenspezialitäten« – Rettung in höchster Not.

Als ich anrief, meinen Namen nannte und mich nach der Möglichkeit erkundigte, noch heute im Hofladen – hatte ich im Prospekt gelesen – frische Putenmägen zu erwerben, hörte ich, wie am anderen Ende meine Ansage amüsiert für die anderen Mitarbeiter leise nachgeäfft wurde: »Da ist ein Kaiser aus Erfurt dran, der fragt doch tatsächlich, ob wir Putenmägen hätten.« Aus dem Hintergrund verlangte die Stimme einer Dame nach dem Hörer. »Sind Sie der Kaiser, der bei uns am Stand in der Erfurter Messe war?« Als ich bejahte, verabredeten wir uns für den Nachmittag, nur da sei sie noch im Betrieb, denn seit einigen Monaten habe sie als Chefin abgedankt und die Geschäfte in die Hände ihres Sohnes gelegt. Woraus ich schlussfolgerte, dass ich mit Frau Dr. Christel Lüdke sprach, die den Betrieb vor zwanzig Jahren gegründet hatte.

Altengönna?

Navigation eingestellt – Richtung Jena.

Im Büro warteten auf mich und meine Frau zwei gut aufgelegte »Lüdkes« und ein imposanter Berg aus gestapelten halben Brötchen, die alle mit Gönnataler Putenwurst und -schinken belegt waren.

Beim Essen erfuhr ich, wie sich die Gastwirtstochter aus dem benachbarten Nerkewitz entschloss, 1990 einen Betrieb zu gründen, der ausschließlich Putenspezialitäten produziert. Nicht einfach in einer Region, wo Putenfleisch bis zur Wende kaum eine nennenswerte Lobby hatte und das Verhältnis zwischen Verbrauchern und Erzeugern noch oft durch Vorurteile getrübt wurde, die aus einer Epoche stammen, als Puten in tierunwürdigen Verhältnissen gehalten wurden und man die Wurst nach Rezepturen herstellte, die der Hausschlachtung entlehnt waren.

»Als die LPG vor dreißig Jahren begann, im Gönnatal Puten zu mästen, bewegte man sich im Niemandsland. Erst als sich 1990 die Gönnatal agrar e.G. gründete, konnten Erfahrungen gesammelt werden, die man in westlichen Ländern mit der Zucht von Puten gemacht hatte. Diese Agrargenossenschaft ist sozusagen bis heute das Flaggschiff, in dessen Wind wir segeln. Sie füttern die Puten, die wir verarbeiten. Übrigens mit Getreide, das auf den umliegenden Feldern angebaut wird. Das bürgt für Qualität. So ganz »nebenbei« liefert das Mutterunternehmen aber auch die Energie aus einer eigenen Biogasanlage und bestellt auf anderen logistischen Ebenen, um mal den bäuerlichen Sprachschatz zu bemühen, den Acker, auf dem wir erfolgreich säen und ernten können.“

Ich biss in ein mit Putenmortadella belegtes Brötchen. Wüsste ich es nicht besser, hätte ich gewettet, Bologneser Fleischer hätten sie aus schierem Schweinefleisch im Mutterland dieser italienischen Delikatesse hergestellt.

Auch die übrigen Sorten auf der Aufschnittplatte hatten keinerlei Ähnlichkeit mehr mit dem faden Putenaufschnitt, den meine Frau vor einigen Jahren aus Neugier gekauft hatte. Der sah nach dem Auspacken nicht nur wie ein Schuhkarton aus, den jemand versehentlich unter die Höhensonne gestellt hatte, sondern schmeckte auch so. Putenaufschnitt: Nein, danke, schworen wir damals. Nie wieder!

Wie gut, dass Hotte mit seinem ausgefallenen Wunsch mich wie einen verirrten Ski-Langläufer zurück in eine Spur setzte, die ich wohl weiter verfolgen werde.

Mit Hotte jedenfalls habe ich anderentags gekocht: Er seinen – nennen wir das Gericht aus Respekt vor dem köchelnden Mut des Polizeioberwachtmeisters – »Putenmagengulasch nach Junggesellenart« und ich einen gefüllten Putenrollbraten, der meine Familie derart begeisterte, dass mich mein Weg zukünftig ganz sicher öfter mal nach Altengönna führen wird.

Ungarisches Putenmagen-Gulasch »à la Junggeselle Krause«

Rezept für 4 Personen

ZUTATEN:

1,2 kg gut gereinigte Putenmägen – dazu Mageninnenwand unter fließendem Wasser zwischen dem Daumen und einem kleinen Messer festklemmen und vom Magenmuskel abziehen.

800 g Zwiebeln
3 Knoblauchzehen
2 TL Paprikapulver edelsüß
50 ml Sonnenblumenöl
2 EL Tomatenmark
1,2 l Geflügelfond
½ Chilischote
1 rote Paprika
0,2 l Rotwein
½ TL Zucker
2 Lorbeerblätter
Salz, frisch gemahlener schwarzer Pfeffer
abgeriebene Schale von ½ Zitrone.

ZUBEREITUNG:

Trocken getupfte Putenmägen in 2–3 Zentimeter große Stücke schneiden und wenn nötig, portionsweise in einer schweren Kasserolle von allen Seiten anbraten.
Fleisch herausnehmen und in dem Öl die in feine Ringe geschnittenen Zwiebeln goldbraun anrösten. Dabei den Zucker karamellisieren lassen. Zuletzt die in Streifen geschnittene rote Paprika und den in Salz zerriebenen Knoblauch und das Tomatenmark hinzufügen und mit dem Paprikapulver bestäuben. Die Hälfte des Geflügelfonds anschütten. Zweimal einreduzieren lassen, jeweils nachgießen und den restlichen Fond und den Rotwein hinzufügen. Das angebratene Fleisch in die Kasserolle geben, mit Pfeffer, etwas Salz, den Lorbeerblättern, der fein geschnittenen Peperoni und der geriebenen Zitronenschale würzen und bei mittlerer Hitze eine gute Stunde schmoren lassen.
Vorsichtig mit etwas in kaltem Wasser aufgelöster Kartoffelstärke binden.
Dazu hat der Hotte ein Risotto zubereitet. Hervorragend passen würde aber auch ein Kartoffel-Selleriepüree und dazu ein mit Dill, saurer Sahne, Zitronensaft und einer kräftigen Prise Zucker angemachter grüner Salat.

Gefüllter Putenrollbraten

Rezept für 4 Personen

ZUTATEN:

1 kg Putenbrust, Pfeffer, Salz

Für die Farce:
300 g Hähnchenbrust
300 ml Sahne
Salz, Pfeffer, Muskat
4 Noriblätter (getrocknete Algen)

Für die Sauce:

Geflügelkarkassen	*1 Thymianzweig*
Öl zum Anrösten	*1 Rosmarinzweig*
je 150 g Staudensellerie	*1 l Geflügelfond,*
und Karotten	*5 cl Madeira*
200 g Zwiebeln	*20 ml Noilly Prat*
1 Stange Lauch	*100 g Butter*
30 g Tomatenmark	*weiße Pfefferkörner, Salz*

ZUBEREITUNG:

Putenbrust von Haut, Sehnen und Äderchen befreien, halbieren und der Länge nach mit mehreren Schnitten aufschneiden und plattieren. Auf eine hitzebeständige Frischhaltefolie legen. In der Zwischenzeit die Hähnchenbrust in Streifen schneiden und anfrieren. Diese nach ca. einer Stunde mit der feinsten Scheibe durch einen Fleischwolf drehen und in einer Küchenmaschine (Kutter) mit der Sahne fein mixen (kuttern), durch ein feines Sieb streichen. Erst nach dem Kuttern die Farce würzen, da sonst das Geflügeleiweiß gerinnen könnte. Wer Lust auf optische Experimente hat, kann blanchierte breite Möhrenstreifen zwischen zwei Schichten legen und diese mit Farce bestreichen, die Sie mit Rote-Bete-Saft oder Spinat eingefärbt haben.
Dann auf die plattierten Putenbrüste ein Noriblatt (getrocknete Algenblätter) legen und dieses mit Farce dünn bestreichen. Danach den Putenrollbraten so wie eine Roulade in die Frischhaltefolie rollen. Diese Rolle nochmals in Aluminiumfolie einwickeln und in etwas Salzwasser bei ca. 80 Grad Celsius behutsam pochieren.

Sauce:
Die zerkleinerten Geflügelkarkassen in Öl goldgelb anrösten, aus dem Fett nehmen und darin das grob gewürfelte Gemüse anrösten. Dann das Tomatenmark dazugeben, ebenfalls anrösten, mit etwas Geflügelfond ablöschen, mindestens dreimal einreduzieren lassen. Danach die Kräuter, die Gewürze zugeben und mit dem restlichen Fond, dem Noilly Prat und etwas Wasser auffüllen.
1½ Stunden köcheln lassen, durch ein feines Sieb passieren und bis auf ¼ l einreduzieren lassen.
Mit Madeira abschmecken und mit eiskalter Butter montieren.

Fräulein Feigenspan und die Truthähne

Obwohl Fräulein Feigenspan rein optisch keine Augenweide war, fühlte ich mich vom ersten Augenblick unserer Bekanntschaft zu ihr hingezogen. Was wohl vor allem darin begründet war, dass sie mich für jede der regelmäßigen Frei-Haus-Lieferungen mit feinsten Thüringer Fleisch- und Wurstwaren aus unserer Metzgerei, die ich jeden Freitag bei ihr abliefern musste, stets mit einem derart opulenten Trinkgeld belohnte, dass ich für kurze Zeit sogar vermutete, sie stamme aus jener wohlhabenden hanseatischen Kaufmannsfamilie, deren von einem gewissen Thomas Mann erzählte Saga ich heimlich als Zwölfjähriger unter der Bettdecke gelesen hatte.

Doch weit gefehlt, Fräulein Feigenspan war weder reich, noch stammte sie aus nennenswert vermögenden bürgerlichen Verhältnissen. Ganz im Gegenteil. Sie war eigentlich eine mittellose pommersche Kriegswaise, der jedoch das Glück widerfuhr, kurz nach dem Zweiten Weltkrieg von einem kinderlosen Eisenwarenhändlerehepaar adoptiert zu werden. Was sie ihren Wohltätern mit unermüdlichem Fleiß und einer Selbstaufopferung dankte, die an Nibelungentreue erinnerte. Eine Dankbarkeit, durch die sie vor allem in der pflegeelterlichen Eisenwarenhandlung zu einer unverzichtbaren Vertrauensperson avancierte. Doch nicht genug, dass sie Nägel portionierte, Schrauben komplettierte und Stacheldraht aufrollte, versorgte Fräulein Feigenspan auch einen für innerstädtische Verhältnisse relativ weitläufigen Garten, der hinter dem imposanten Geschäftshaus bis zur nahen Unstrut verlief.

Womit man ihr eine Last aufgebürdet hatte, die heutige Fräuleins in sofortige »Burnout-Starre« versetzen würde. Denn während solche innerstädtischen grünen Inseln in unserer Zeit eigentlich nur noch der Erholung dienen und deshalb mit pflegeleichtem Rasen und bestenfalls mit einem Kräuterbeet begrünt werden, nutzten die Menschen damals jeden Quadratmeter, um die spärlichen landwirtschaftlichen Angebote durch eigene Ernteerträge aufzubessern. So ähnelten solche Grundstücke folgerichtig mehr Bauernhöfen, als Parkanlagen und dufteten auch so, denn neben dem Anbau von Kartoffeln, Runkeln und Gemüse mästeten die Menschen selbst in den morschesten Schuppen Haustiere.

Auch die Familie des Eisenwarenhändlers betätigte sich als Stadtagrarier und züchtete auf ihrem Grundstück Geflügel. Natürlich eine weitere Aufgabe für Fräulein Feigenspan, wofür ich ihr meinen jugendlichen Respekt zollte; wusste ich doch aus eigener Erfahrung, was sie da zu leisten hatte, denn auch mir wurde schon von Kindesbeinen an die ehrenvolle Aufgabe zuteil, mehrere hundert familieneigene Hühner zu füttern, pflegen und … auszu-

Helena Marie Emde freut sich schon auf »ihren« Weihnachtsputer

misten. Nur unter dem Aspekt dieser ornithologischen Seelenverwandtschaft betrachtet, wird der Außenstehende vielleicht auch begreifen, wie eng uns der Vorfall aus dem Jahre 1964 freundschaftlich zusammenschweißte. Wie jedes Jahr lieferte ich auch damals am Gründonnerstag Fleisch und Wurst für das Osterfest. Nur bekam ich für meine Dienstleistung damals nicht das übliche stattliche Trinkgeld, sondern einen Pappkarton mit Löchern in die Hand gedrückt. Wie immer in Zeitnot, wünschte mir Fräulein Feigenspan viel Erfolg bei der Aufzucht und ließ mich überdies völlig perplex stehen.

Natürlich kannte meine Neugier keine Grenze und nur einen Straßenzug weiter, hob ich in einem Hausgang vorsichtig den Deckel vom Karton, um mein Geschenk zu beäugen. Was ich jedoch sah, verwirrte mich außerordentlich, denn aus einem Strohbett blinzelten mir drei halbnackte verängstigte Vogelkücken entgegen, die ähnlich hässlich aussahen, wie die Gänsegeier, die unser Nachbar Bauer Rudolph seit einigen Jahren in seinem Garten für den Zirkus »Busch« züchtete. Ich wusste wirklich nicht, was das zu bedeuten hatte. Sollte mir hier ein Bär aufgebunden werden?

Völlig verwirrt war ich fast geneigt, den Karton im nahen Stadtgraben auszusetzen und die drei Hässlinge wie Moses der Gnade der Fluten anzuvertrauen. Schließlich jedoch siegte die Sympathie zu Fräulein Feigenspan über meine niederen Instinkte. Ich schleppte die Vogelscheuchen also nach Hause und präsentierte sie meinem Großvater Erich. Dieser sonst recht besonnene Fleischermeister zeigte sich plötzlich hoch entzückt und befahl mir die Vögel unter jene Grude im Stall zu verfrachten, unter denen sich seit ein paar Tagen rund vierhundert Kücken wärmten.

Dann folgte ein Vortrag über die Artenvielfalt von Gottes Schöpfung im Allgemeinen und über Truthähne im Besonderen, denn bei meinem Geschenk handelte es sich um diese damals in der DDR noch wenig gezüchteten Spezies dieser Hühnervögel. Am Ende musste ich kleinlaut zugeben, dass selbst ein versierter Jung-Geflügelzüchter wie ich, immer noch dazu lernen konnte.

Der Rest der Geschichte ist schnell erzählt: Die Tiere, fortan in unserer Familie nur noch Puten genannt, entwickelten sich prächtig und zwei von ihnen ersetzten Weihnachten – von meinem Großvater Erich ausgebeint und mit kräftigem Schweinemett gefüllt – die sonst übliche Festtagsgans.

Heute gehört Putenfleisch so selbstverständlich zu unserem Ernährungssortiment, wie Schweine, Rinder, Gänse, Enten und Hühner, und besonders Menschen mit der Neigung zu Hüftspeck sehen in protein- und nährstoffreicher Pute einen von Gott gesandten gesunden Ersatz für andere weniger kalorienbewusste Fleischsorten.

Doch trotz aller Freude über die heilbringende Wirkung der Pute gibt es noch immer Zeitgenossen, die dieses Geflügel meiden, wie der Teufel das Weihwasser. Was sicherlich auch darin begründet liegt, dass ihnen irgendeinmal Putengerichte vorgesetzt wurden, bei denen sich ihre Geschmacksnerven verkrampften. Das ist nicht weiter verwunderlich, denn viele Köche lernen Putengerichte als Fertigprodukte kennen, auf deren Zubereitung sie keinen Einfluss haben. Sie wissen nicht, dass solche Convenience ihren Geschmack und ihre Konsistenz hauptsächlich durch den Einsatz chemischer Hilfsmittelchen erreichen und niemand hat ihnen erklärt, dass der Umgang mit Putenfleisch ähnliches Fingerspitzengefühl verlangt, wie die Pflege der ersten zarten Liebesbande.

Obwohl besonders wir Thüringer auf eine lange Truthahntradition zurückblicken können, wie mir Frau Dr. Lüttge, die Geschäftsführerin der Gönnertaler Putenspezialitäten GmbH in der Nähe von Jena, versicherte und damit auf eine in Arnstadt ausgestellte Rechnung aus dem Jahre 1560 anspielte. Dort forderte ein Wirt für die Bewirtung einer Hochzeitsgesellschaft unter anderem die Bezahlung von 150 Truthähnen. Auch, wenn vielleicht dieser oder jener Truthahn im Magen eines hungrigen Kochs oder Kellners verschwand, eine beeindruckende Stückzahl, die zeigt, wie beliebt dieser Vogel war.

Mit der Leidenschaft der Nord-Amerikaner für diesen Vogel können wir Mitteleuropäer jedoch nicht Schritt halten. Allein zu ihrem diesjährigem Erntedankfest am letzten Donnerstag im November, dem »Thanksgivin-Day«, der erstmals von den Neusiedlern im 16. Jahrhundert begangen wurde und 1863 von Präsident Abraham Lincoln zum Nationalfeiertag erklärt wurde, verputzten die Amerikaner rund 50 Millionen Truthähne.

Was sich sicherlich auch auf den mit 40 kg Putenfleisch doch recht beachtlichen Durchschnittsverbrauch je Ami und Jahr auswirkt. Gesamtverbrauch 2007: 312 Millionen Kilo Truthahnfleisch. Übrigens entspricht das dem Gesamtgewicht der Bevölkerung Singapurs. Im Vergleich dazu nehmen sich die 6,1 kg Pute pro Bundesbürger doch noch sehr bescheiden aus.

Unterschiedlich auch die Größe der Tiere: In den USA schätzt man sie besonders, wenn sich ihr Gewicht der 20-Kilo-Grenze nähert. Dann erst verströmt vor allem der Truter (männliches Tier) nach Ansicht der Patrioten den unbändigen Pionierduft der Vorfahren, was immer sie damit auch andeuten wollen. Jedenfalls spielen die Tiere auch symbolisch eine übergeordnete Rolle im Leben des amerikanischen Volkes. Sicherlich auch der Grund dafür, dass die erste Mahlzeit auf dem Mond von Armstrong und Aldrin ein Truthahnbraten war. Wenn auch einer aus der Tube. Hier zählt nicht der Geschmack, sondern die Tat. Die Liebe zum Truthahn zeigte sich übrigens auch in dem überlieferten Wunsch des Gründervaters Benjamin Franklin, anstelle eines Weißkopfadlers, das amerikanische Wappen mit einem Truthahn zu schmücken. »Ist doch viel stattlicher als ein Adler«, erklärte er allen Ernstes.

Im Thüringischen Gönnertal dagegen werden die weiblichen Tiere in der 16. Woche mit rund 10 kg, die männlichen in der 19. Woche, zwischen 16 und 19 Kilo, geschlachtet. Das Fleisch ist milder und fordert die Intelligenz und das Einfühlungsvermögen des Kochs oder der Hausfrau.

Putenrolle meines Freundes Christian Heumader

Seit dreißig Jahren feiert der Mühlhäuser Gastronom Willi Frank unvergleichliche Erfolge mit seiner Putenbrustrolle. Sein Rezept, das er vor einigen Jahren seinem Sohn André bei der Betriebsübergabe sozusagen als Aussteuer mit auf den Weg gab, ist so simpel genial, dass auch nicht ganz so geübte Hausfrauen bei seiner Umsetzung eigentlich nichts falsch machen können.

Gefüllte Putenbrust nach Art des Landhauses Frank in Mühlhausen mit Gemüseallerlei

Rezept für 5 Personen

ZUTATEN:

1 kg Putenbrust

Für die Füllung:
3 Möhren
1 kleiner Selleriekopf
200 g grüne Bohnen
5 Noriblätter (jap. Seetangblätter)

Zutaten für die Farce:
300 g Hähnchenbrust
300 ml Sahne
Salz, Pfeffer, Muskat

Zutaten für die Panade:
500 g feines Paniermehl
500 g Mehl
5 Eier
2 L Sonnenblumenöl zum Frittieren

Zutaten für das Gemüse:
1 Broccolikopf
1 mittelgroßer Blumenkohl
1 mittelgroße Zucchini
3 Möhren
5 mittelgroße Champignons
200 g grüne Bohnen
je 1 gelbe, grüne und rote Paprika
200 g Schwarzwurzeln
100 g Butter
Salz, Pfeffer, Zucker

ZUBEREITUNG:

Putenbrust in fünf ca. 200 g schwere Schnitzel schneiden und plattieren. In der Zwischenzeit die Hähnchenbrust in Streifen schneiden und anfrieren. Das Gemüse für die Füllung waschen, putzen und in gleichmäßig große Stifte schneiden (ca. 0,5 cm Kantenlänge).
In brodelndem Salzwasser blanchieren und im Eiswasser abschrecken.
Dann die angefrorenen Hähnchenstreifen durch einen Fleischwolf mit der feinsten Scheibe drehen; nochmals anfrieren und in einem Küchenmixer mit der Sahne fein pürieren. Erst danach die Masse würzen, da sonst das Geflügeleiweiß gerinnen könnte.
Dann die plattierten Putenbrustschnitzel auf dem Tisch ausbreiten, darauf ein Noriblatt legen und dieses mit Farce dünn bestreichen. Auf das untere Drittel abwechselnd die Gemüsebalken setzen. Danach das Putenschnitzel einrollen und wie eine Roulade schließen.
Diese Roulade dann im Mehl wälzen, durch das Ei ziehen und im Paniermehl panieren. Anschließend in Sonnenblumenöl bei 180 °C ca. 15 Minuten frittieren.
Das geputzte, in verschiedene Formen tounierte und blanchierte Gemüse mit Butter, Zucker und Salz glasieren. Zur Verfeinerung ein Hauch Muskat hinzugeben.
Dazu reichen die Franks in ihrem Restaurant eine frisch aufgeschlagene Sc. Hollandaise.

Achims fruchtiger Putenspieß

ZUTATEN:

500 g Putenbrust
2 kleine rote Zwiebeln; 8 Backpflaumen ohne Stein; 8 getrocknete Aprikosen;
100 g durchwachsener geräucherter Bauchspeck;
1 TL Currypulver, Pfeffer, Salz, 2 EL Olivenöl, 50 g Sonnenblumenöl

ZUBEREITUNG:

Die Putenbrust in gleichmäßige Würfel schneiden und mit dem Currypulver und dem Olivenöl marinieren. Zwiebeln und Bauchspeck in 8 gleichmäßige Scheiben schneiden. Mit dem Speck beginnend und endend die Zutaten abwechselnd auf vier Holzspieße stecken und kurz vor dem Braten mit Pfeffer und Salz würzen. In Sonnenblumenöl bei milder Hitze braten.
Dazu passt hervorragend ein Chicoréesalat mit Orangen- und Apfelstücken.

Putenspieß à la Achim Köhler

Putenkeulen

Das Sofa im Taubenschlag

Frieder bring mich moa zwo, dra Täubche mit nunder in de Kich! Oaber richtig oalte!« Immer, wenn Tante Gerdi ihren Friederich beauftragte, einigen betagten Tauben an die Federn zu gehen, weil sich aus den »oalten« eine besonders kräftige Brühe kochen ließ, wussten wir Kinder, dass wir zwei, drei Monate später von irgendjemandem zur Taufe eingeladen wurden. Tauben wurden nämlich bei Gerdi und Frieder entweder im Frühling geschlachtet, um jung und fett in der alten Küchengrude zu enden oder wenn ein weibliches Wesen aus unserem Verwandten- oder Bekanntenkreis ein Baby bekommen hatte.

So wie Tante Herta für ihre grandiosen Weihnachts-Schittchen berühmt war; Tante Elsbeth für ihre wunderbaren Erntedankplätzchen geliebt wurde und der »Heide« Ferdinand für seine prachtvollen Erdbeeren gelobt, so konnte sich jede junge Mutti darauf verlassen, dass Tante Gerdi statt mit Blumen mit einem Töpfchen ihrer unübertrefflichen Tauben-Wöchnerinnensuppe zur Niederkunft gratulierte. Sonst jedoch blieben Frieders Tauben von unüberlegten Attacken gegen ihr Leben verschont; denn für den hart arbeitenden Zimmermann waren sie befreundete Kumpels und keine anonymen Fleischlieferanten.

Wenn ich jetzt auf meine friedvolle Kindheit zurückblicke, wird mir erst richtig bewusst, dass die Tauben für Frieder außerdem seelsorgerische Pflichten erfüllten, denn immer dann, wenn er sich über irgendetwas oder irgendjemanden geärgert hatte, verzog er sich knurrend auf den Dachboden. Dort rauchte er dann auf seinem ausgedienten Chaiselongue eine seiner berüchtigten »Puck« und während er seine gefiederten Freunde einnebelte, begann er halblaut vor sich hinzugrübeln. Der heimische Taubenschlag war für Frieder also dasselbe, wie für einen von Neurosen geplagten Psychopaten das berühmte Freud'sche Sofa. Welchen Frust sich der Frieder bei solchen Sitzungen von der Seele redete, kann ich nicht einschätzen und wird auch niemals das Licht der Öffentlichkeit erblicken, denn anders als Psychiater, machen sich Tauben keine Notizen. Schon gar keine gerichtsverwertbaren. Das macht Tauben zu perfekten Geheimnisträgern. Selbst, wenn sie gefoltert werden, gurren sie nur und schweigen. Man kann Tauben nicht foltern! Wer so etwas denkt, kennt das wahre Leben nicht.

Vor einigen Jahren entdeckte ich zu meiner Überraschung auf einer Speisekarte einer bekannten Waldgaststätte am Rennsteig »Tauben Straßburger Art«. Neugierig bestellte ich eine Portion.

»Fräulein« – eine Anrede, die ich übrigens nur benutze, wenn ich stinksauer bin – »Fräulein, was bitte soll das sein?«, fragte ich sie zwanzig Minuten später zornig und deutete bissig auf den von ihr servierten Teller, auf dem zwei schwarze Briketts lagen, die scheinbar unter die Räder eines Südthüringer Schulbusses geraten waren.

»Das sind die von Ihnen bestellten Täubchen Straßburger Art«, konterte sie im Brustton einer beleidigten Prinzessin, die nicht vorhatte, mich zum »Gast des Jahres« zu küssen. »Eine internationale Delikatesse. Kennen Sie als Thüringer sicher nicht. Hätten sich vielleicht besser ein Rostbrätl bestellen sollen.«

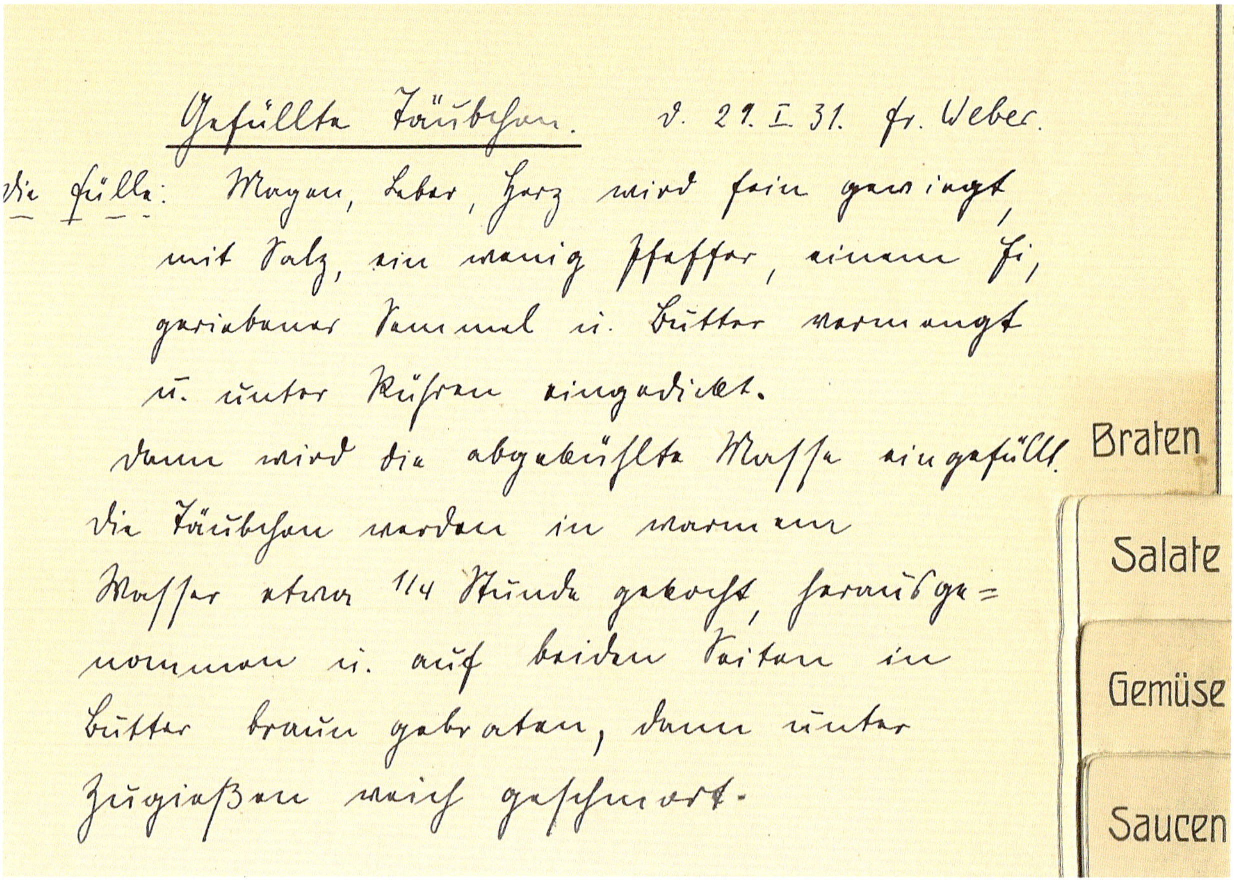
Gefüllte Täubchen. d. 29. I. 31. Fr. Weber.

Die Fülle: Magen, Leber, Herz wird fein gewiegt, mit Salz, ein wenig Pfeffer, einem Ei, geriebener Semmel u. Butter vermengt u. unter Rühren eingedickt.
dann wird die abgekühlte Masse eingefüllt.
Die Täubchen werden in warmem Wasser etwa 1/4 Stunde gekocht, herausgenommen u. auf beiden Seiten in Butter braun gebraten, dann unter Zugießen weich geschmort.

»Fräulein«. Mein Ton wurde schärfer und ich ließ das »R« so gefährlich rollen, dass sie eigentlich hätte gewarnt sein müssen. »Fräulein, nicht nur, dass scheinbar Ihr Koch nicht weiß, wie Tauben Straßburger Art zubereitet werden, hat er sich mit diesem Essen eines Vergehens schuldig gemacht, für das er sich eigentlich vor dem Internationalen Gerichtshof in Den Hag verantworten müsste.«

Jetzt flogen die Fetzen und während einer handfesten Auseinandersetzung wurde ich von einem ausgestopften Rasselbock am Hinterkopf getroffen. Ich rächte mich stilvoll und veröffentlichte die Kritik in meiner sonnabendlichen Kolumne, worauf der Fall nach gegenseitigen Anzeigen vor dem Amtsgericht verhandelt wurde. Im Stile einer griechischen Tragödie schilderte ich, mit welcher kulinarischen Straftat ein völlig gefühlskalter Koch das Denkmal des Friedensboten schlechthin vom Sockel gestoßen hatte. Als ich dann sogar noch einige heimlich geschossene Fotos vorlegen konnte, auf denen dokumentiert war, wie zwei verwelkte Petersilienstängel als Ölzweigersatz für Gottes Bereitschaft zur Versöhnung herhalten mussten, verurteilte der Richter die Gastwirtin – das Fräulein – zur Zahlung eines Strafgeldes von 500 Euro … an den örtlichen Tierschutzverein. Über meine Beule stand übrigens im Urteil kein Wort.

Doch zurück zu Onkel Frieder.

Wenn der nach einer seiner Taubensitzungen wieder auf der Bildfläche erschien, stank er wohl fürchterlich nach billigem Tabak, war aber zumeist von einer Ruhe beseelt, die ihn eigentlich für Aufgaben prädestinierte, die weit über das Erwartungsprofil eines Zimmermanns hinausgingen.

Einer der Gründe, warum die Tauben beim Menschen so beliebt sind, ist also die Tatsache, dass Tauben mit unendlicher Geduld zuhören können, obwohl sie natürlich vor rund zehntausend Jahren bestimmt nur domestiziert wurden, um den Speisezettel zu bereichern. Ich glaube kaum, dass unsere Vorfahren damals überhaupt wussten, was für intelligente Tiere sie da eigentlich über dem Feuer grillten. Weil Tauben bekennende Pazifisten sind, wurden sie als Überbringer wichtiger Nachrichten

auch militärisch ausgebeutet. Vor der Erfindung des Telegrafen war der Einsatz von Brieftauben praktisch die einzige Möglichkeit Botschaften schnell von A nach B zu übermitteln. Zahlreiche Beispiele zeigen, wie wichtig Tauben waren: In der Republik Genua errichtete man sogar Taubentürme, in denen Tauben gezüchtet wurden, die rund ums Mittelmeer zum Einsatz kamen. Es war übrigens eine Taube, welche die Nachricht vom Sieg über Napoleon in der Schlacht von Waterloo am 18. Juni 1815 an die britische Regierung überbrachte.

Über die Rolle von Tauben in den Weltkriegen wurden Bücher geschrieben und Spielfilme gedreht und als im Jahre 2004 die englische Prinzessin am Rande des Londoner Hyde Parks ein Denkmal zu Ehren der gefallenen »Tierischen Helden« des Zweiten Weltkrieges einweihte, gedachte man auch der 200 000 Brieftauben, die im Nachrichtendienst ihre Pflicht erfüllt hatten. Viele von ihnen starben den Heldentod.

Kleine Randbemerkung: Die Schweizer Armee versetzte erst 1996 ihre Brieftauben in den endgültigen Ruhestand und entließ sie in den zivilen Luftraum. Ob die damals 30 000 ausgemusterten »Selbstproduzierenden Kleinflugköper«, wie sie in der Amtssprache genannt wurden, wirklich in voller Bataillonsstärke einem Züchterverein übergeben wurden, darf angesichts der Sparsamkeit der Eidgenossen bezweifelt werden. Rennpferde des kleinen Mannes, Botschafter des Friedens … Die Liste der liebenswerten Attribute unserer gefiederten Freunde ist lang. Was mich jedoch nicht davon abhält, in ihnen auch das zu sehen, wofür sie ursprünglich gezüchtet wurden: Leckere Tiere, die wir durchaus ohne Reue und schlechtes Gewissen verzehren dürfen. Vorausgesetzt, sie werden respektvoll und fachgerecht zubereitet. Dafür ist bei mir immer noch Tante Gerdi ein leuchtendes Vorbild.

Auch, wenn sie Verständnis für das innige Verhältnis ihres Frieders zu seinen Tauben hatte, am Ende landeten sie alle in ihrem Kochtopf. Noch heute macht bei unseren Familientreffen das Gerücht die Runde, einige von den Anwesenden verdanken ihre Existenz einzig der Tatsache, dass ihre Mütter im Wochenbett scharf auf ein Taubensüppchen von Gerdi waren.

In diesem Sinne: Esst Taubensuppe und schlagt den neunmalklugen Demografen ein Schnippchen.

Taube Straßburger Art, angerichtet auf einer Keramikplatte von Marion Walter

Variation von Taube und Feldhase in Morchelessenz

ZUTATEN:

Taubenbrüstchen im Nussbiskuit

4 Taubenbrüstchen schier
(ausgelöst und ohne Knochen)
1 Nussbiskuit
3 EL Geflügelfarce
4 große Spinatblätter blanchiert

Törtchen von der Taube

4 Taubenschenkel
100 g Hähnchenbrustfilet
50 g Kräuterpüree (Kerbel, Estragon, Petersilie, Bärlauch)
Salz, weißer Pfeffer
1 grünes blanchiertes Lauchblatt
150 ml Sahne

Feldhase und Feldhasenkoteletts

1 Feldhasenrücken mit Knochen
2 EL Geflügelfarce
4 blanchierte Spinatblätter
1 Zweig Rosmarin

Morchelessenz

Knochen vom Feldhasen
6 EL Wurzelgemüse
(Schalotten, Möhren, Lauch, Sellerie, Petersilienwurzel)
2 EL Pflanzenöl
1 EL Tomatenmark
½ l Geflügelfond
100 ml roter Portwein
100 ml Madeira
2 Lorbeerblätter
Wacholderbeeren
Rosmarin
4 EL getrocknete Morcheln
200 ml Portwein

ZUBEREITUNG:

Taubenbrüstchen im Nussbiskuit

Den Nussbiskuit auf die Länge der auseinander gespreizten Taubenbrüstchen zuschneiden. Mit der Geflügelfarce bestreichen und die blanchierten Spinatblätter auflegen. Nun die von allen Seiten gewürzten Taubenbrüstchen auf die Spinatblätter geben. Den Biskuit mit den Taubenbrüstchen aufrollen, in Klarsichtfolie einwickeln und nochmals mit Alufolie fixieren und ca. 20 Minuten bei 90 °C im Wasserbad pochieren.

Variation von Taube und Feldhase

Törtchen von der Taube

Aus den Taubenschenkeln, dem Hähnchenbrustfilet, Salz, Pfeffer und Sahne eine Farce erstellen. Eine Hälfte der Farce mit dem Kräuterpüree vermischen. Nun einen Metallring mit dem blanchierten Lauchblatt an der Ringwand auslegen und abwechslungsweise die zwei Farcen einfüllen. Gut mit Klarsichtfolie einwickeln. Mit Alufolie bedecken und im Wasserbad bei 90 °C 20 Minuten pochieren.

Feldhasenrücken und Feldhasenkoteletts

Den Rücken auf einer Seite ganz auslösen. Auf der anderen Seite die einzelnen Koteletts mit einem kleinen, spitzen Messer auslösen. Die Koteletts würzen, mit etwas Farce einstreichen und mit Spinatblättern einwickeln. Die Koteletts nur in heißer Butter gar ziehen lassen. Den ausgelösten ganzen Rücken in heißem Öl anbraten. Rosmarinzweig dazugeben und im Rohr bei ca. 160 °C 10 Minuten garen.

Morchelessenz

Aus den Zutaten eine Wildsoße herstellen. Die getrockneten Morcheln in Portwein einweichen. Eine Stunde vor dem Servieren die eingeweichten Morcheln und den Morchel-Portweinfond in die Soße geben und ziehen lassen.

Taubenkotelett mit Wirsing und Trüffel à la Marc Haeberlin

Ein Taubengericht für fortgeschrittene Feinschmecker

Ob in der klassischen Landküche oder in der »Haute Cuisine« – Tauben sind ein fester Bestandteil der französischen Küche.
Während meiner Streifzüge durch die Küchen Frankreichs hatte ich das außerordentliche Vergnügen, dass mir Marc Haeberlin höchstpersönlich ein Taubenkotelett zubereitete, das sich unlöschbar in mein kulinarisches Gedächtnis eingebrannt hat, wie das Brandeisen in das Fell eines Jungbullen. Heute ist Marc Haeberlin nicht nur einer der besten Köche der Welt, der bei Paul Bocuse, Gaston Lenôtre, den Gebrüdern Troisgros und nicht zuletzt bei seinem Vater Paul Haeberlin in die Lehre gegangen ist, sondern ein aufgeschlossener Zeitgenosse ohne Starallüren.
Als hochdekorierter Ritter der französischen Ehrenlegion führt er die »L'Auberge de l'ill« in dritter Generation.

ZUTATEN:

2 junge Haustauben
2 EL Portwein; 1 EL Cognac
400 cm² Schweinenetz, (24 Stunden in kaltem Essigwasser wässern)
4 große blanchierte Wirsingblätter
30 g Perigord-Trüffel
4 dünne Scheiben Gänsestopfleber,
50 g flüssige Butter zum Bestreichen
Salz und Pfeffer

Farce:
80 g Schweineschnitzelfleisch
80 g Hühnerbrust
40 g rohe Gänseleber
1 Ei, 1 Schalotte, 20 g Butter,
Salz und Pfeffer

Gefüllter Wirsing:
1 Wirsing
1 Karotte in feine Streifen geschnitten,
100 g Sellerie und 1 Lauchstange in feine Würfel geschnitten
30 g Butter zum Braten

Trüffelsauce:
30 g rohe Gänseleber
60 g Butter, 4 klein gehackte Taubenkarkassen
2 EL Öl, 1 Karotte in nussgroßen Stücken,
40 g Sellerie und 1 Stange Lauch und
1 Schalotte in Stücke geschnitten,
1 EL Tomatenmark, 1 dl Portwein,
5 dl Rotwein,
5 dl Geflügelfond,
1 kleiner Perigord-Trüffel gehackt

Marc Haeberlin und einer seiner Jünger

ZUBEREITUNG:

Farce:
Schweinefleisch, Hühnerbrust und Gänseleber zweimal durch eine feine Scheibe des Fleischwolfes drehen.
In einer Schüssel das Ei und die in Butter gedünstete Schalotte untermengen und würzen.

Taubenbrüstchen:

Brüstchen vom Knochen lösen und enthäuten; Keulen abtrennen und ca. 10 Minuten in kochendem Wasser blanchieren.
Brüstchen mit Salz und Pfeffer würzen. Mit Portwein und Cognac beträufeln und zehn Minuten marinieren.
Das Schweinenetz mit Küchenpapier trocknen, auf 20 cm x 20 cm ausbreiten und ein wenig Farce in der Mitte verteilen.
Das blanchierte Wirsingblatt ohne Stiel auf die Farce legen. Auf die eine Hälfte die Taubenbrust, dann eine Scheibe Trüffel und eine Scheibe Gänseleber schichten. Zwischen Gänseleber und Trüffel die vorblanchierte Keule drapieren, so dass der Knochen aus dem Schweinenetz ragt. Mit der zweiten Hälfte des Wirsingblattes einschlagen, mit Farce bestreichen und in das Schweinenetz wickeln.
Die Koteletts auf einem geölten Blech mit flüssiger Butter bestreichen und im Ofen bei 200 Grad Celsius ca. 13–14 Minuten braten. Herausnehmen und rund 15 Minuten in Aluminiumfolie ruhen lassen.

Gefüllter Wirsing:

Vier große Blätter vom Wirsing blanchieren. Das Herz in feine Streifen schneiden und ca. 10 Minuten in Salzwasser kochen.
Die Karotten, die Sellerie- und Lauchwürfel in Butter dünsten und würzen. Das Wirsingblatt auf eine Klarsichtfolie legen, das Gemüse in die Mitte füllen, so dass ein kleiner Ball entsteht. Alles 10 Minuten dünsten lassen.

Trüffelsauce:

Die Gänseleber mit der Gabel zerdrücken und mit der gleichen Menge Butter vermengen. Gut kühlen und anschließend in walnussgroße Stücke schneiden. Die Taubenkarkassen in Öl anrösten; das Gemüse ein wenig mitrösten und dann das Tomatenmark hinzufügen. Mit Rotwein und Portwein ablöschen. Ca. 1,5–2 Stunden langsam köcheln lassen. Dabei immer wieder mit dem Geflügelfond auffüllen. Zuletzt durch ein sehr feines Sieb passieren, aufkochen. Den Trüffel mit etwas Butter anbraten und mit dem restlichen Portwein ablöschen und in die Sauce geben. Diese mit den kalten Gänseleberstücken aufmontieren.

Oben: »Hansele« der Lieblingsvogel von Madam Marie als Wachposten auf dem Dach der Auberge.

Unten: Aquarell von Jean-Pierre Haeberlin, 2011

Rechte Seite, oben: Plauderei mit Madam Marie, der guten Seele der Haeberlins.

Rechte Seite, unten:
Auch im hohen Alter noch ein Gentleman bis in die Haarspitzen: Jean-Pierre Haeberlin und eine seiner charmanten Serviererinnen. Als ich ihm 2008 erstmals begegnete, war er ein Fremder, als ich ihn in diesem Jahr erneut traf, waren wir gute alte Bekannte. Zum Abschied schenkte er mir das Aquarell mit der Ansicht des romantischen Gasthauses der »L'Auberge de l'Ill«.

Dreierlei von der Taube

(Röllchen mit Thüringer Rotwurst, Keulchen und gebratene Brust) mit Rahmwirsing und Püree von der Süßkartoffel

Röllchen mit Thüringer Rotwurst:
6 Stück Taubenbrust mit einem Schmetterlingsschnitt versehen und leicht plattieren, dabei aufpassen, dass die Fettschicht der Brust intakt bleibt.
Die Innenseite der Brüste mit 60 g Geflügelfarce bestreichen. Auf die Farce 6 Blatt Spinat legen, auf den Spinat 60 g Thüringer Rotwurst, die vorher in dicke Bolzen geschnitten wurde, legen, würzen mit Salz und Pfeffer.
Die Brüste zusammenrollen und erst in Klarsichtfolie und anschließend in Aluminiumfolie einrollen. Bei 60 °C ca. 35 min pochieren, anschließend auswickeln und in etwas Öl anbraten. Vor dem Servieren in Scheiben schneiden.

Taubenkeulchen:
6 Stück Taubenkeulchen vom Oberschenkelknochen befreien. Den Unterschenkelknochen abputzen. An die Stelle, wo der Oberschenkelknochen war, mit einem Spritzbeutel etwas Fleischfarce spritzen. Das Keulchen mit Hilfe von Klarsichtfolie und Aluminiumfolie in Form bringen und bei 70 °C ca. 50 min pochieren. Die Folie entfernen, würzen mit Salz und Pfeffer, ringsherum mit etwas Öl scharf anbraten.

Taubenbrust:
3 Stück Taubenbrust mit Salz und Pfeffer würzen, mit etwas Öl anbraten und im vorgeheizten Backofen bei 200 °C ca. 8 min rosa braten.

Geflügelfarce:
60 g Hähnchenbrust im Mixer mit 60 g Sahne, die man nach und nach dazugibt, mixen, würzen mit Salz und Pfeffer.

Dreierlei von der Taube, Rezept Claus Alboth

Madeirajus:
100 g Butter in kleine Würfel schneiden und einfrieren. 2 Stück Schalotten schälen und in feine Würfel schneiden, anschwitzen, ablöschen mit 100 ml Madeira und mit 50 ml Rotwein auffüllen, alles bis auf ein Drittel einkochen, anschließend mit 250 ml Kalbsfond von den Kalbsbacken auffüllen und noch einmal um ein Drittel einkochen.
Zum Schluss die eiskalte Butter unterrühren.

Rahmwirsing:
½ kg Wirsing in feine Streifen schneiden und in siedendem Salzwasser weich kochen, anschließend in Eiswasser abschrecken, damit der Wirsing seine schöne grüne Farbe behält. Die Weißweinsauce aufkochen und den Wirsing dazugeben, mit Salz und Muskat abschmecken.

Weißweinsauce:
3 Stück Schalotten in Würfel schneiden und in etwas Butter anschwitzen, mit 80 ml Weißwein und 40 ml Noilly Prat ablöschen und einkochen lassen. 150 ml Creme fraiche und 150 ml Sahne dazugeben. Langsam bis zur gewünschten Konsistenz einkochen.

DRITTES KAPITEL

Kalb

Dekadentes Kalbsgeschmäckle

Nach kurzer nachwendlicher Kaufrauschphase, in der ich mich vom unübersehbaren Angebot überrollen ließ, wälze ich mittlerweile jegliche Art des Shoppings auf meine Familie ab. Einerseits, weil mich das ermüdende Schlangestehen und die um sich greifende Unfreundlichkeit lustlosen Verkaufspersonals zu sehr an die leidige Zeit der sozialistischen Handelskultur erinnert, andererseits, weil auf Schritt und Tritt versucht wird, mir Dinge anzudrehen, die überhaupt nicht auf meinem Einkaufszettel stehen. Und das so geschickt, dass ich bei jeder noch so kleinen Besorgung so tölpelhaft darauf hereinfalle, wie unser Dackel »Larry« auf die Leckerli, mit denen wir ihn zu erziehen versuchen.

Erst vor drei Wochen fiel ich wieder auf einen solchen Trick herein, als mir von einem panflötenuntermalten einschmeichelnden Lautsprecherstimmchen suggeriert wurde, dass Vollmilch-Schokoladenmänner der derzeitige Renner und eigentlich die beste Medizin zur Beruhigung unseres Nervenkostüms sind. Da sie außerdem sehr preiswert angeboten wurden und ich obendrein die Geschäftsleitung nicht im Regen stehen lassen wollte – immerhin hatte man aus Sorge um die Gesundheit seiner Kunden mehrere Paletten davon geordert – legte ich ein halbes Dutzend dieser in Stanniol verpackten sahnigen Tranquilizer in meinen Korb und eilte beschwingt nach Hause, wo mich meine Frau ähnlich beschimpfte, wie einst Xanthippe ihren Gemahl Sokrates.

Zu ihrer Ehrenrettung gebe ich jedoch zu, dass ihr Zorn berechtigt war, denn nicht nur, dass die Schokoladenweihnachtsmänner in den Osternestern, nach denen wir einen Tag später unsere Enkel suchen lassen wollten, völlig deplaziert wirkten. Aus Freude über meinen günstigen Kauf hatte ich auch die Farbe und die Abziehbilder vergessen, mit denen meine Martina die Ostereier dekorieren wollte. Da sich dieser Vorfall kurz vor der Schließung zutrug und Sonderangebote, wie jedes Kind weiß, vom Umtausch ausgeschlossen sind, lästerte meine sonst so sanftmütige Gemahlin, dass ich wenigstens dem Verkaufspersonal ein frohes Osterfest beschert hätte.

Einziger Lichtblick – als unsere Enkel anderentags statt der erhofften Ostereier Weihnachtsmänner fanden, begann es stilecht zu schneien. Ein Ausrutscher, wie er nur passieren kann, wenn man vergisst, auf seine biologische Uhr zu achten, was besonders die Lebensmittelindustrie schamlos ausnutzt, denn sie macht mit unserer Orientierungslosigkeit richtig Kasse. Verkauft uns beispielsweise im Dezember frische Erdbeeren, im November Spargel und rund um das Jahr chemisch aufgemotzten Salat, genmanipulierte Gurken und völlig geschmacklose Tomaten, womit nicht nur die Regeln der Natur auf den Kopf gestellt werden, sondern uns Menschen auch jene Freude genommen wird, die die profane Sättigung erst zur sinnlichen Lust macht.

Wer von uns Älteren erinnert sich nicht mit Wehmut daran, mit welchem Glücksgefühl wir früher den ersten grünen Salat aßen oder wie die erste selbst geerntete Gurke gerecht in der Familie aufgeteilt wurde. Sakrale Handlungen, die längst auf dem Altar des uniformen Genusses geopfert wurden.

Andere Gaumenfreuden indes, die den Geschmack meiner Kindheit prägten, fielen schlicht dem Vergessen anheim, weil sie während der sozialistischen Mangelwirtschaft einfach von unseren Speisezetteln gestrichen oder gegen Ersatzstoffe ausgetauscht wurden. Davon eine Rangliste zu erstellen, wäre nicht nur ermüdend, sondern angesichts unwiederbringlicher Geschmacksverluste obendrein so deprimierend, dass ich nicht gewillt bin, Ihnen eine solche seelische Qual zuzumuten.

Einige Erzeugnisse jedoch, denen die »Räte von Handel und Versorgung« einst den Garaus gemacht haben, feierten in der freien Marktwirtschaft eine fulminante Wiederauferstehung. Großartiges Beispiel: der Spargel. In der real existierenden Knappheit von den Handelsobersten als dekadent verschrien, wurde er tonnenweise heimlich über die Grenze gekarrt, wo man ihn für Devisen fast verschleuderte. Seit der Wende jedoch fand er trotz seines respektablen (und ohne Frage gerechtfertigten) Preises schnell wieder den Weg in unsere Kochtöpfe – und, was weitaus wichtiger ist – auch den Weg in unsere Herzen. Eine Sympathiebekundung, von der andere landwirtschaftliche Produkte nur träumen können, denn trotz aller Bemühungen der Landwirtschaft führen sie in den neuen Bundesländern noch ein stiefmütterliches Dasein.

Einem solchen Erzeugnis möchte ich hier meine Aufwartung machen – dem Kalbfleisch!

Von zahlreichen Thüringer Speisekarten und aus den mitteldeutschen Fleischtheken fast völlig verbannt, kann an Hand der Geschichte des Kalbfleisches belegt werden, wie schwer es ist, einmal verinnerlichte Ressentiments zu deaktivieren.

Ohne mich auf wissenschaftliche Ursachenforschung begehen zu wollen, vermute ich, dass alles damit begann, dass die neu gegründeten LPGen Tierproduktion Anfang der 1960er Jahre angewiesen wurden, jedes Kälbchen zu einer prämierten Milchkuh oder zu einem preisgekrönten Exportochsen aufzupäppeln, was durch gezielte Fehlinformationen erreicht wurde, die belegen sollten, warum es kein Kalbfleisch gab. Eine Strategie, deren Auswirkungen schon recht bald im Gastgewerbe und zwangsläufig auch in der damaligen Kochbuchliteratur ihren Widerhall fanden.

Da brutzelten die Falschmünzer der sozialistischen Speisekultur von Stund an ihre Wiener Schnitzel statt aus Kalbsoberschalen aus Schwein; verwendeten für das aus der klassischen französischen Küche bekannte edle Kalbs-Ragout oder Blanchet gegen jede Regel der internationalen Küche Pute, Hähnchen, Schwein oder sogar Karnickel; man nannte das neue Kunstprodukt kurzerhand Würzfleisch.

Und, um dem Frevel die Krone aufzusetzen, deckten diese Totengräber der bürgerlichen Küche über Kalbshaxen, Kalbsnierenbraten oder Kalbsbries sogar den Mantel der handelspolitischen Diskretion. Ganz zu schweigen von solch ausgefallenen Spezialitäten wie glacierter Kalbskopf, gefüllte Kalbsfüße, englisch gebratene Kalbsnierchen oder auch die einfache Kalbsleber, die einfach ignoriert wurden. Kalbsbries beispielsweise, eine Delikatesse ersten Ranges, landete in den letzten Jahren der geschmacksbeschnittenen Republik im Erfurter Schlachthof nachweislich im Hunde- oder Katzenfutter, womit es diesen unverfrorenen Handlangern der unikaten Versorgung gelang, innerhalb der Grenzen der DDR bei der Mehrheit der Verbraucher den in Jahrtausenden gewachsenen feinen Kalbsgeschmack dermaßen in Misskredit zu bringen, dass er nach und nach fast völlig in Vergessenheit geriet.

Nur die Köche der Interhotels und einige kochbeseelte Organisationstalente der HO und des Konsum bereiteten auch weiterhin Kalb zu und dieses teilweise so brillant, dass noch heute Gäste davon schwärmen. Doch nicht genug, dass mit solchen und ähnlichen Maßnahmen unsere Essgewohnheiten beeinflusst wurden, löschte man mit der Verteufelung und Verbannung einzelner Produkte unweigerlich auch Rituale und Bräuche, die eng mit ihrer Erzeugung und besonders auch mit ihrer Nutzung verbunden waren, aus den Köpfen der Menschen. Traditionen, die ich gemeinsam mit meiner Familie bis heute mit derselben Intensität pflege, wie das von Tante Elfriede ererbte klapprige Klavier, auf dem sie

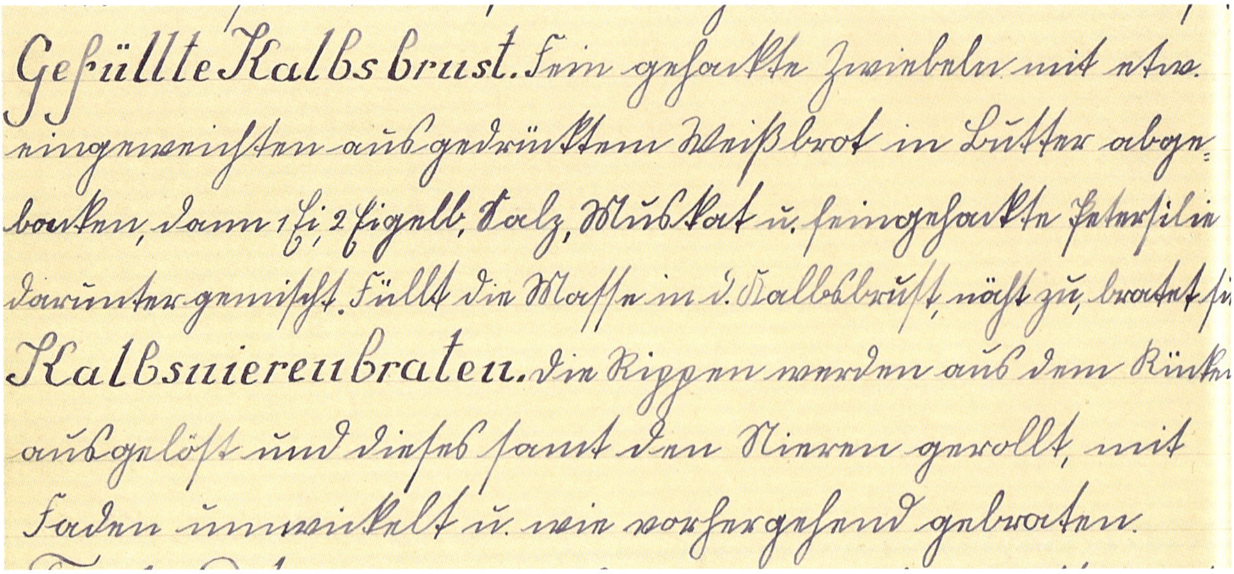
Gefüllte Kalbsbrust. Feingehackte Zwiebeln mit etwas eingeweichten ausgedrückten Weißbrot in Butter abgebacken, dann 1 Ei, 2 Eigelb, Salz, Muskat u. feingehackte Petersilie darunter gemischt. Füllt die Masse in d. Kalbsbrust, näht zu, bratet sie

Kalbsnierenbraten. Die Rippen werden aus dem Rücken ausgelöst und dieses samt den Nieren gerollt, mit Faden umwickelt u. wie vorhergehend gebraten.

angeblich zur Hochzeit meiner Eltern zur Polonaise aufgespielt hat. Vor allem die zahlreichen Ratschläge meiner Großmutter Nelly beherzige ich treu und brav. Die bestand beispielsweise darauf, dass der sonntägliche Mittagstisch immer voll besetzt war, denn vor allem dann, wenn sie ihre verführerischen Braten auftrug, duldete sie keine Reste.

»Braten wird durchs Aufwärmen nicht besser, wie Kartoffelsuppe oder Sauerkraut«, notierte sie einst in feinstem Sütterlin an den Rand ihres Rezeptbuches und unterstrich das säuberlich. Ein Juwel der bürgerlichen Kochbuchliteratur, das ich wie meinen Augapfel hüte.

So ist es auch nicht verwunderlich, dass Nellys Regeln bis heute für mich noch immer das Maß aller Dinge sind. Auch ihrer Anweisung, sonntags genügend Esser an meiner Tafel zu versammeln, folge ich in aufrichtiger Gastfreundschaft. Auf dem Speiseplan stehen dann natürlich auch regelmäßig deftige Kalbsbraten. Besonders in der jetzigen Jahreszeit, wo an jeder Ecke frischer Spargel lockt und auf dem Markt die ersten neuen Kartoffeln angeboten werden, ist Kalbfleisch mehr als nur ein Essen, sondern ein appetitlicher Frühlingsbote, bei dem man richtig zulangen kann, denn Kalbfleisch gehört zum Gesündesten, was uns die Natur schenkt.

Gefüllte Kalbsbrust

Rezept für 4 Personen

ZUTATEN:

1,5–1,7 kg Kalbsbrust (beim Metzger Ihres Vertrauens bestellen, der schneidet Ihnen auch eine fachgerechte Tasche für die Füllung in das Fleisch)

Für die Füllung: 150 g Kalbshackfleisch, 60 g gewürfeltes Toastbrot ohne Rinde (wahlweise, wer es deftig liebt: 60 g Laugenbrezel), 1 fein gewürfelte mittelgroße Zwiebel, 2 gehackte Knoblauchzehen, 2 Eier, 30 g Butter, 100 ml Milch, 1 kleines Bund gehackte Petersilie, 2 TL Schnittlauchröllchen, Salz, frisch gestoßener schwarzer Pfeffer.

ZUBEREITUNG:

Die fein gehackte Zwiebel, den Knoblauch und die Weißbrot- oder Laugenbrezelwürfel in der Butter rösten und die Milch angießen. Vom Herd ziehen, mit Salz und Pfeffer und je nach Geschmack mit einem Strich Muskatnuss würzen. Die Kräuter, Eier und das Kalbshackfleisch mit der Masse vermengen und in die vorher mit Salz und Pfeffer innen und außen gewürzte Kalbsbrust füllen.
Die Tasche mit Küchengarn zunähen und mit Garn das Fleischstück in »Form« binden.

Das Fleisch in einem gusseisernen Bräter mit 50 g Sonnenblumenöl von allen Seiten mit 200 g klein geschnittenem Gemüse (Möhren, Sellerie, Lauch, Zwiebeln) goldgelb anbraten. Das Fleisch herausnehmen. Zwei Esslöffel Tomatenmark einarbeiten und mehrmals mit etwa 0,3 l Weißwein ablöschen und einreduzieren lassen.
Zuletzt 0,5 Liter Kalbsfond zugießen und in einer vorgeheizten Röhre bei 140 Grad Celsius ca. 2 Stunden garen lassen. Dabei mehrmals mit Bratensaft übergießen. Nach zwei Stunden die Kalbsbrust herausnehmen und in Alufolie eingewickelt warm stellen. Bratenfond passieren, Fett abschöpfen und einreduzieren lassen.
Großmutter Nelly fügte der Sauce einen Esslöffel Johannisbeergelee hinzu, würzte noch einmal mit einigen frischen Majoranblättchen und zwei, drei Salbeiblättern und band die Sauce mit in kaltem Wasser verrührten Mehl und Stärke ab.
Vorsicht beim Schneiden der Kalbstbrust. Von Vorteil wäre eines jener scharfen Tranchiermesser, die früher ein unverzichtbares Utensil in jeder Küche waren.
Als Beilage empfehle ich neue Kartoffeln, Stangenspargel mit Semmelkrumen in Nussbutter und einen Grünen Salat, der mit saurer Sahne, Öl, Zitronensaft und reichlich Zucker angemacht ist.

Gefüllte Kalbsbrust

Kalbsfrikassee »à la Nelly«

Rezept für 6 Personen

Bei diesem Gericht beweist sich, wie verlässlich und fachlich kompetent Ihr Fleischerfachgeschäft wirklich ist, bei dem Sie einkaufen!

ZUTATEN:

1 Kalbszunge (etwa 300 g)
350 g Kalbslende
(wer's mag: 300 g Kalbsbries)
Möhre, 50 g Sellerie,
je 300 g weißer und grüner Spargel
500 g Steinchampignons
0,2 l Weißwein
1 Zwiebel
1 Lorbeerblatt
1 Thymianzweig
1 Nelke, Salz
frisch gestoßener weißer Pfeffer
1 Prise Zucker
⅛ l Sahne
3 EL Schmant
3 EL geschlagene süße Sahne
1 Zitrone

ZUBEREITUNG:

Die Kalbszunge völlig bedeckt mit kaltem Wasser aufsetzen und aufkochen lassen. Schaum abschöpfen und die mit dem Lorbeerblatt und der Nelke gespickte Zwiebel sowie die Möhre und den in grobe Würfel geschnittenen Knollensellerie hinzufügen. Für ca. eine Stunde bei schwacher Hitze köcheln.
In der Zwischenzeit das vom Fleischer schon gesäuberte Kalbsbries in lauwarmem Wasser wässern und gegen Ende der Garzeit der Zunge zusammen ungefähr 20 Minuten mit der Zunge noch garen lassen. Zunge und Bries herausnehmen und häuten; den Sud durch ein feines Sieb passieren.
Weißen Spargel ganz, grünen Spargel nur am Ende schälen und in etwas Salzwasser mit Zucker und 1 EL Butter nicht zu weich garen lassen.
Champignons säubern, vierteln und in 30 g Butter andünsten. Mit Salz und Pfeffer würzen.
Die Kalbslende in Würfel schneiden und diese in etwas Sud ca. 5 Minuten bei schwacher Hitze pochieren. ½ Liter Sud zum kochen bringen und einreduzieren lassen. Schmant, Sahne, restliche Butter, einen kräftigen Schuss Weißwein und den Saft einer Zitrone hinzufügen, evtl. noch eine Prise Zucker.
Die gewürfelte Zunge, das in nussgroße Stücke geschnittene Bries, die pochierte Kalbslende, die Champignons, die Spargelstücke zur Sauce hinzugeben. Etwas nachwürzen und die geschlagene süße Sahne darunter heben. Im Topf servieren!
Dazu empfehle ich einen Kartoffelschnee oder Risotto.

Kalbsfrikassee

Wiener Schnitzel

Rezept für 4 Personen

ZUTATEN:

4 Kalbsschnitzel aus der Oberschale à 160 g,
Salz, frisch gestoßener schwarzer Pfeffer,
2 Eier, 50 g Mehl,
200 g nicht zu fein gemahlene Semmelbrösel,
3 EL geschlagene süße Sahne,
150 g Butterschmalz,
4 Zitronenscheiben,
4 Sardellenringe mit Kapern

ZUBEREITUNG:

Die Schnitzel einzeln zwischen zwei Lagen Frischhaltefolie mit einem Plattiereisen oder Fleischklopfer ohne Noppen sehr dünn klopfen, salzen und pfeffern.

Die zwei Eier in einem tiefen Teller mit der Sahne verquirlen; gesiebtes Mehl und Semmelbrösel getrennt auf zwei weiteren Tellern verteilen. Die gewürzten Schnitzel kurz in Mehl wenden; überschüssiges Mehl kurz abklopfen; anschließend von beiden Seiten durch das verquirlte Ei ziehen und ebenfalls von beiden Seiten in die Semmelbrösel drücken. Auch hier die überschüssigen Semmelbrösel sanft abschütteln.

Die Schnitzel bei mittlerer Hitze in einer Pfanne in Butterschmalz ca. drei Minuten goldgelb ausbacken. Auf Küchenkrepp abtropfen lassen und mit einer Zitronenscheibe darauf einer Sardelle garniert anrichten.

Dazu empfehle ich weißen Spargel mit Sauce Hollandaise und neue Kartoffeln.

Kalbsnieren, wie sie mein Großvater Ernst mochte

Rezept für 4 Personen

ZUTATEN:

2 Kalbsnieren ohne Fett
2 mittelgroße Zwiebeln
½ Stange Lauch
2 kleine Möhren
¼ Sellerieknolle
4 EL Sonnenblumenöl
1 EL Butter
1 EL Rotweinessig
1 TL Zucker
2 EL Senf
2 Lorbeerblätter
0,4 l Kalbs- oder Rinderfond
frisch gestoßener schwarzer Pfeffer
Salz

ZUBEREITUNG:

Aus den in Röschen geschnittenen Kalbsnieren die Adern herausschneiden, anschließend ca. 30 Minuten in kalter Milch wässern und trocken tupfen.
Öl und Butter in einer Pfanne erhitzen und darin die Röschen ca. 2–3 Minuten rundherum anbraten und mit einer Schaumkelle herausnehmen.
Im Fett die Schalotten-, Lauch-, Sellerie- und Möhrenwürfel glasig dünsten. Dabei mit 1 TL Zucker leicht karamellisieren, mit dem Essig ablöschen. Den Senf unterrühren, die Lorbeerblätter dazugeben und den Fond angießen.
Die Nierenstückchen einlegen und alles ca. 12–15 Minuten leicht köcheln lassen. Keine zu große Hitze, sonst werden die Nierenröschen wie Gummigeschosse.
Wer mag, kann neben Pfeffer und Salz zusätzlich mit einem kleinen Schuss Sherry abschmecken.

Mit gehackter Petersilie bestreuen und mit Salzkartoffeln und einem Salatteller servieren.

Kalbsnierenbraten

Geschmorte Kalbshaxe

Rezept für 4 Personen

ZUTATEN:

1 hintere Kalbshaxe mit Knochen zwischen 2,5–3,0 kg
5 EL Sonnenblumenöl
3 Knoblauchzehen
500 g Röstgemüse (Zwiebeln, Lauch, Sellerie und Möhren)
200 ml Weißwein
500 ml Kalbsfond
2 TL Tomatenmark
1 Zweig Rosmarin
2 Zweige Thymian
2 Lorbeerblätter
Salz und schwarzer Pfeffer aus der Mühle

ZUBEREITUNG:

Die Kalbshaxe wenn möglich in einem gusseisernen Bräter mit dem Öl von allen Seiten scharf anbraten; herausnehmen und in dem heißen Bratenfett das gewaschene und grob gehackte Röstgemüse anrösten. Zwischendurch mit der Hälfte des Weißweins ablöschen, das Tomatenmark hinzufügen und erneut alles einreduzieren lassen. Danach den Rest des Weines angießen und nochmals einreduzieren lassen.
Mit dem Kalbsfond auffüllen, die Kräuter hinzufügen und die Kalbshaxe im Bräter in der Backröhre bei 160 °C zwei Stunden offen garen. Zwischendurch immer wieder mit dem Bratenfond übergießen.
Dann die Kalbshaxe herausnehmen, den Knochen herauslösen, die unappetitlichen Sehnen entfernen und das Fleisch quer zur Faser aufschneiden.
Die Sauce passieren, entfetten und mit etwas angerührter Speisestärke oder Mehlbutter binden.
Zur Kalbshaxe wird eine Gemüseplatte mit Sc. Hollandaise und sehr oft ein geschmeidiges Kartoffelpüree gereicht.

Klassische Kalbshaxe

VIERTES KAPITEL

Rind

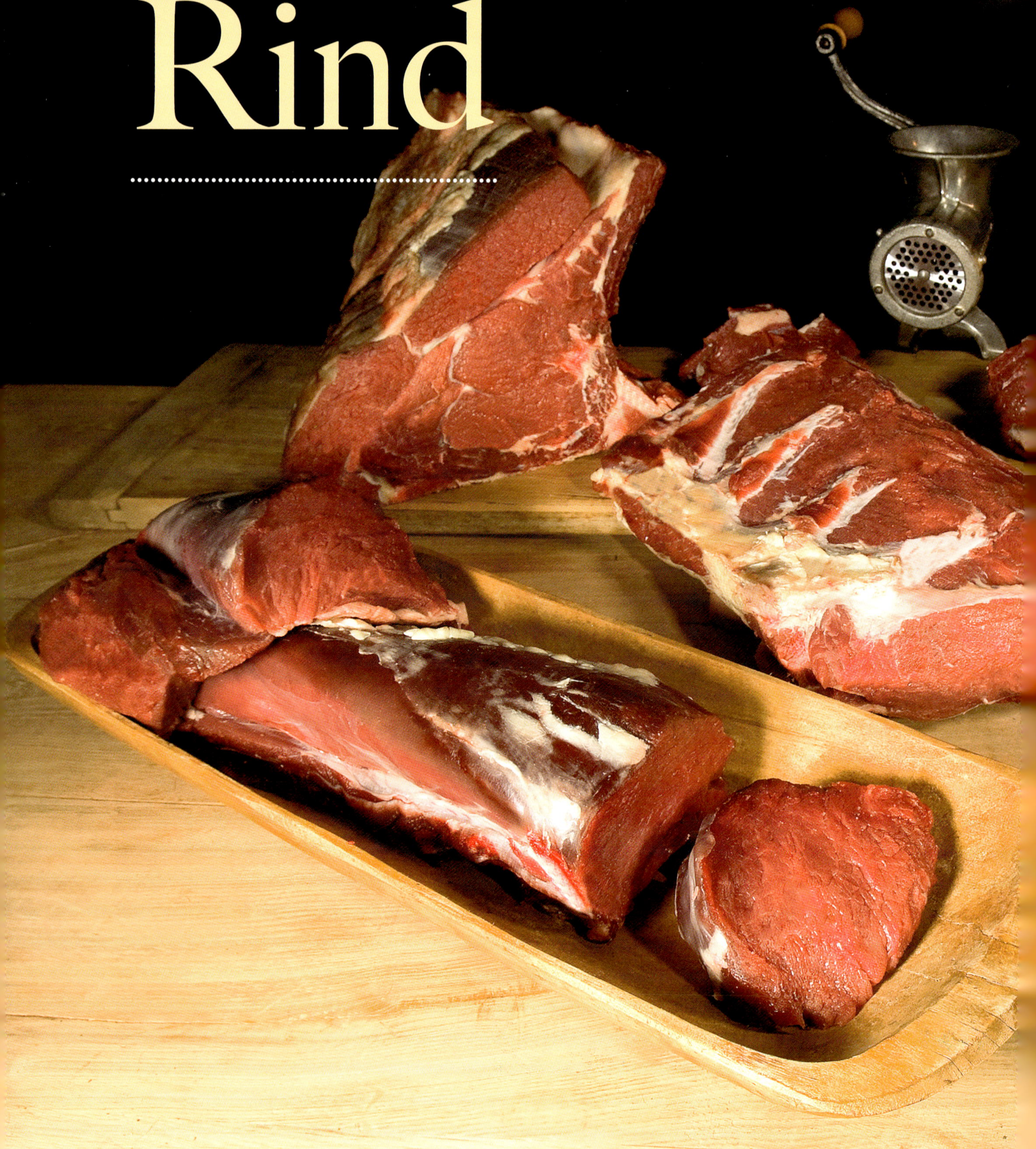

Roastbeef mit Knochen – vereint die edelsten Teile vom Rind

Vom himmlischen Genuss einer verfemten Gattung

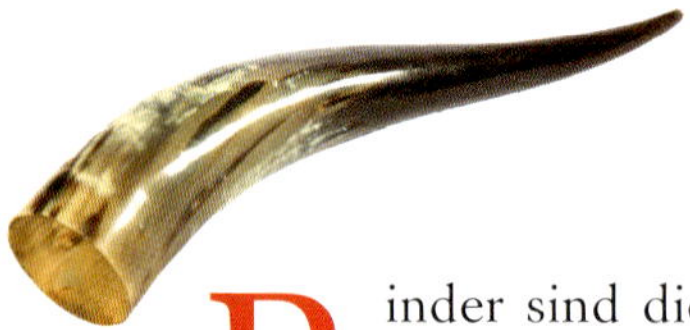

Rinder sind die Eltern von reizenden Kälbchen! Allein dieser Tatbestand sollte eigentlich genügen, dass wir diesen Hornträgern mit gebührendem Respekt begegnen. Doch wie sieht die Realität aus?

Nicht nur, dass einige Neunmalkluge diese braven Paarhufer für den drohenden Klimakollaps verantwortlich machen, weil ihre etwas größeren Blähungen auch etwas größere Mengen Methan freisetzen, nein, wir infizieren sie obendrein mit Creuzfeld-Jakob und behandeln sie auch sonst mit einer Herablassung, die arrogante Züge trägt. Mit dem Ausspruch »Dumme Kuh« beleidigen wir diese für uns so wichtigen Fleisch- und Milchgeberinnen.

Dabei weiß doch eigentlich jedes Kind, dass letztlich nicht die Pupser von Rindviechern schuld daran sind, dass unsere Umwelt klimatisch gekillt wird, sondern der Wahn des Homo sapiens, seine Nahrung in solchen Mengen zu produzieren, dass sie als Billigware von den Discountern verschleudert werden kann.

Doch warum rege ich mich eigentlich auf? Aus eigener Erfahrung weiß ich doch, dass der Mensch einen genetischen Defekt besitzt, der es ihm sehr erfolgreich ermöglicht, die Dankbarkeit aus seinem Bewusstsein ebenso zu verdrängen, wie die Erinnerung an traurige Geschehnisse.

Und Gründe, dem Rinde dankbar zu sein, gibt es wahrlich so viele, dass sie auf keine Kuhhaut gehen.

Ohne Rinder würden wir vielleicht noch immer wie Nomaden durch die Welt ziehen, denn der Schritt vom Sammler und Jäger zum sesshaften Landwirt wurde zum größten Teil auf den Schultern dieser Tiere ausgetragen. Genauer gesagt, auf denen von Auerochsen, denn aus diesem begannen wir ein Tier zu züchten, das wir bis heute melken. Und das nicht nur im wahrsten Sinne des Wortes. Nicht ohne Grund wird es auch »Ur« genannt. Wir spannten es sozusagen vor unseren Karren; sprich Pflug oder Wagen, bedienten und bedienen uns seiner Milch, nähten aus seiner Haut Zelte, an einem Feuerchen aus getrockneten Kuhfladen wärmten sich unsere Vorfahren die Füße und bauten damit ihre Häuser, um es aus purer Dankbarkeit zu guter Letzt … aufzufressen. Doch trotz dieser erwiesenen Leistungen wurden Kühe in Europa eigentlich nie richtig gesellschaftsfähig.

In Asien sieht die Sache dagegen etwas anders aus. Da schätzt man seine Kuh; misst an ihrem Bestand oft sogar den sozialen Status seiner Besitzer. Auf den Gipfel getrieben wird der Kult um das Rind in Indien. Indische Kühe werden verehrt, wie europäische Schönheitsköniginnen. Manche sind auch wirklich schöner. Wer so eine »Heilige Kuh« auch nur schief anschaut, spielt mit seinem Leben. Selbst mit dem ewigen. Angesichts der Tatsache jedoch, dass in den 60er bis 70er Jahren Indien aus Devisenmangel bereit war, geschrotete Rinderknochen gegen ORWO-Filme aus Wolfen (wurden zu fettfreier Gelatine verarbeitet) zu tauschen, lässt ahnen, dass auch diese Ehrfurcht vor der Heiligen Kuh längst zu bröckeln begann. Vor allem, wenn man sich mal zu Gemüte führt, welch seichten Schmalz Bollywood auf das gegen das eigene Gewissen eingetauschte Zelluloid bannte.

Droht gar ein ähnlicher Niedergang der Kuh-Verehrung, wie er in Ägypten vonstatten ging? Während nämlich die Pharaonen ihrem Volk noch befahlen, den Himmel als lebensspendende Kuh anzubeten, indem sie als göttliche Vor-Melker die

Kommandos gaben, gehören mittlerweile die dortigen Filialen von McDonald's zu den umsatzstärksten der weltumspannenden Kette.

Ägypter konsumieren inzwischen so viel Rindfleisch, dass die »Fastfooder« vor einigen Jahren ihre rinderhacksteaksüchtigen Gäste sogar mit einem Ägypten-Gewinnspiel an die Frittüren lockten und als Hauptgewinn eine Reise ins Land der Pharaonen auslobten, inklusive Kamelreiten und Big Mac- und Hamburger Royal TS-Gelage bis zum Erbrechen.

Doch wir müssen gar nicht in die Ferne schweifen, um Beispiele für den sittenlosen Umgang mit der Kuh zu finden.

Während ein Moralapostel wie Ovid vor zweitausend Jahren immerhin noch Respekt für das Rind einforderte, als er sich in seinen Betrachtungen zur Liebeskunst ermahnte: »Der als Stier dich erschreckt, den pflegtest als Kalb du zu streicheln«, hat der geniale Vordenker unserer Nation – der Geheime Rat Goethe – für die Kühe und Rinder kein brauchbares Zitat hinterlassen. Einzig seine Leidenschaft zur Frankfurter Grünen Soße, die er zur gekochten Rinderbrust aß, lässt etwas Ähnliches wie Respekt vor der Kuh aufblitzen. Sonst nur Zitate über Pferde und ihr edles Gemüt. Und auch bei Schiller Kuh- und Rinderebbe. Seine einzige Hommage an etwas Kuhähnliches war die leidenschaftliche Liaison mit Charlotte von Kalb.

Mir indes wurde die Liebe zum Rind in die Wiege gelegt und die geht bis heute durch den Magen.

Selbst die unappetitlichsten Schreckensszenarien werden mich auch weiterhin nicht davon abhalten, Rinderrouladen zu wickeln, Rinderbrüste zu füllen, Sauerbraten zu schmoren und Rindersteaks in allen Variationen himmlisch zu genießen. Übrigens »bleu«, wie es der Franzose auszudrücken pflegt und der Engländer als »Blue rare« bezeichnet – also fast roh.

»Blutgruppe Null positiv« schicke ich dem Kellner nach einer solchen Bestellung stets hinterher, um mein animalisches Verlangen nach unverfälschtem Rinderfleischgeschmack zu untermauern.

Und was servieren mir diese Ignoranten in den meisten Fällen – hart gebratene Steaks, bei denen selbst Kettensägen den Geist aufgeben.

Vor Jahren schon machte ich deshalb den Vorschlag, bei Gesellenprüfungen in Thüringen den Prüfling einfach nur ein Rumpsteak braten zu lassen. Der wurde abgeschmettert.

Tafelspitz

Rezept für 4 Personen

ZUTATEN:

1 Bürgermeisterstück vom Rind
1 Stange Lauch
½ Sellerie
3 Möhren
1 Petersilienwurzel
4 Knoblauchzehen
1 Zwiebel
3 Lorbeerblätter
weiße Pfefferkörner
Senfkörner
Korianderkörner
1 Zweig Liebstöckel
(auch Maggikraut genannt)

ZUBEREITUNG:

Das Fleisch kurz von allen Seiten in wenig Pflanzenöl anbraten, jetzt erst salzen. Kaltes Wasser aufsetzen und das gewürzte Fleisch dazugeben. Bei geringer Hitze das Wasser zum Kochen bringen. Sofort runter mit der Hitze und nur noch sieden, so bleibt die Brühe mit Sicherheit klar.
Die Zwiebel halbieren und in einer Pfanne mit wenig Öl und geringer Hitze schwärzen. Die Schale und die Röststoffe der Zwiebel geben der Brühe ihre goldene Charakteristik.
Eine halbe Stunde vor Garzeitende das Gemüse dazugeben und weich sieden lassen.
Die Brühe mit Salz, Muskat und Pfeffer abschmecken.

TIPP: Um sicher zu gehen, dass das Fleisch saftig ist, zugleich aber die Brühe schmeckt und klar ist, empfehle ich, das Fleisch vorher kurz zu braten.
Dazu passen am besten kleine in Butter und Schnittlauch geschwenkte Kartoffeln.

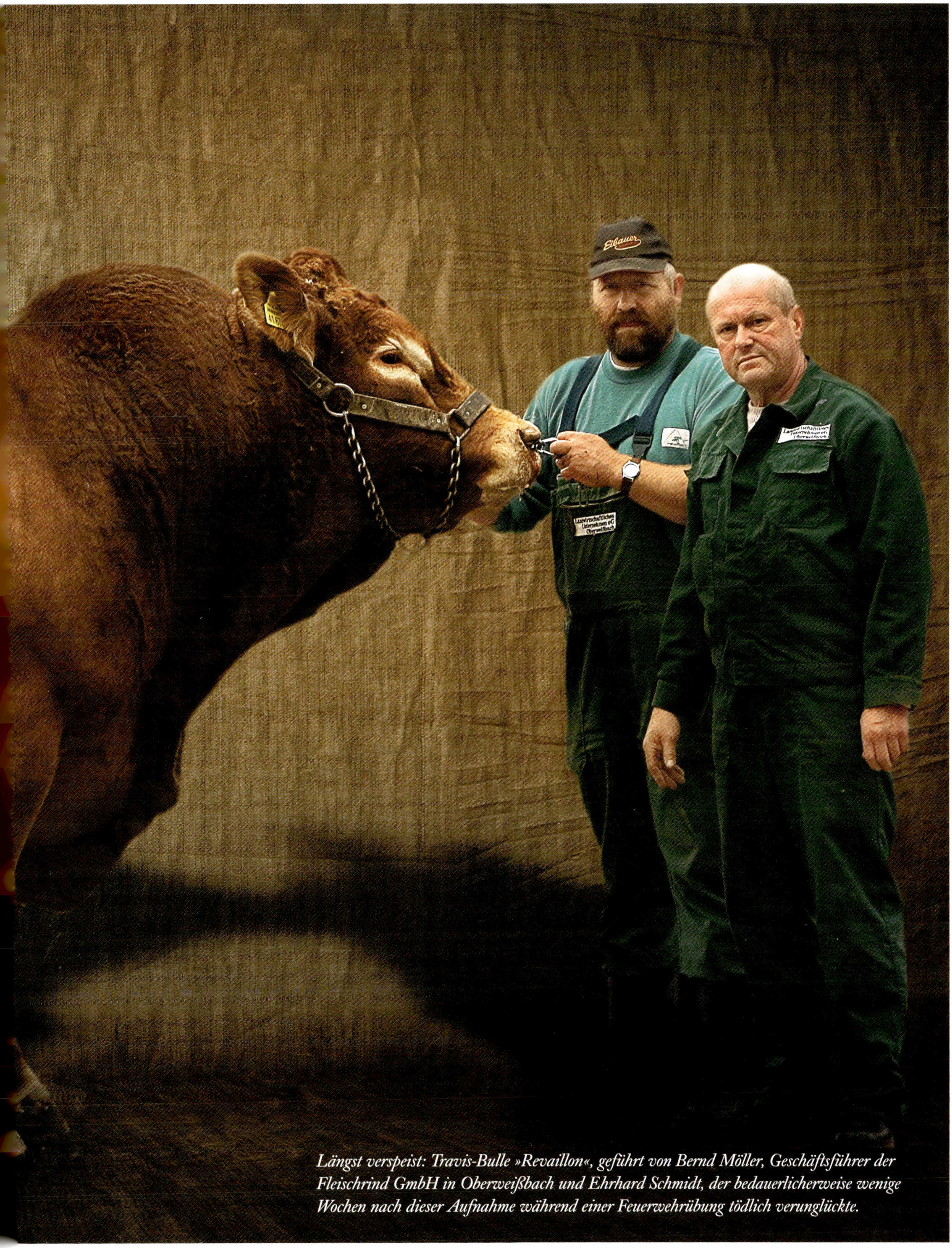

Längst verspeist: Travis-Bulle »Revaillon«, geführt von Bernd Möller, Geschäftsführer der Fleischrind GmbH in Oberweißbach und Ehrhard Schmidt, der bedauerlicherweise wenige Wochen nach dieser Aufnahme während einer Feuerwehrübung tödlich verunglückte.

Eine Meerrettichsauce à la Nelly

oder eine Frankfurter »grün' Soß'« à la Goethe

(nach einem Rezept seiner Mutter)

Rezept für 4 Personen

ZUTATEN:

10 hart gekochte Eier,
2 EL Weinessig
¼ l Sonnenblumenöl
Prise Salz und Zucker
je 1½ EL fein gehackte:
Petersilie, Kerbel, Estragon,
Sauerampfer, Borretsch,
Pimpernell, Liebstöckel,
Dill, evtl. Zitronenmelisse
und Spinat

ZUBEREITUNG:

Viele Hausfrauen veredeln heutzutage die Sauce mit einem Becher Sauerrahm oder Creme fraiche sowie einem Teelöffel milden Senf.

Die hart gekochten Eier trennen und das Eigelb mit einem Schlesinger (Schaber) durch ein sehr feines Sieb in eine Schüssel streichen. Mit Salz und einer Prise Zucker würzen, Essig und Öl verrühren.

Zuletzt die Kräuter hinzugeben, so dass ein dünner Brei entsteht.

Gekochte Rinderbrust mit Meerrettichtunke

Klassisches Rindertatar

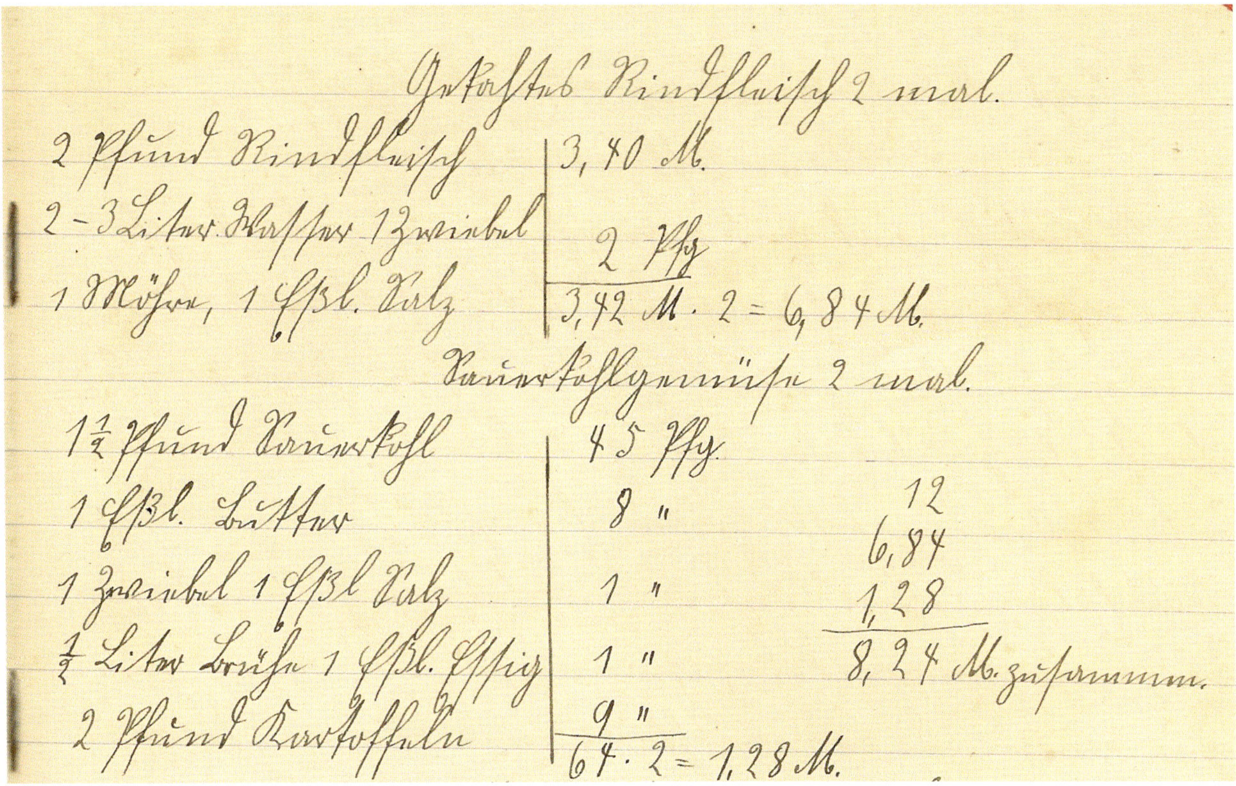

Gekochtes Rindfleisch 2 mal.

2 Pfund Rindfleisch | 3,40 M.
2–3 Liter Wasser 1 Zwiebel | 2 Pfg
1 Möhre, 1 Eßl. Salz | 3,42 M. · 2 = 6,84 M.

Sauerkohlgemüse 2 mal.

1½ Pfund Sauerkohl | 45 Pfg.
1 Eßl. Butter | 8 "
1 Zwiebel 1 Eßl Salz | 1 "
½ Liter Brühe 1 Eßl. Essig | 1 "
2 Pfund Kartoffeln | 9 "
64 · 2 = 1,28 M.

12
6,84
1,28
8,24 M. zusammen.

Tunken

WEISSE GRUNDTUNKE:

20 g Butter, 40 g Mehl durchschwitzen, mit gut ½ l Brühe auffüllen, durchkochen. Mit Salz und Muskat würzen.
Für die weißen Gemüse besonders gebraucht.

PETERSILIE-KERBEL-SCHNITTLAUCHTUNKE:

Die genannten Kräuter werden gewaschen und gewiegt, 1 Teil wird angeschwitzt.
1 Teil an die Grundtunke gegeben, mit Eigelb verbessern.
Kräutertunke wird ebenso zubereitet, ich gebe noch hart gekochte Eier hinzu.

KÜMMELTUNKE:

Man lässt in der weißen Soße 1 Teelöffel Kümmel gut durchkochen, aussieben und reicht sie zu Geflügel, Kohl und Hammelfleisch.

MEERRETTICHTUNKE:

¼ bis ⅓ Stange Meerrettich geschält, schnell gerieben, mit etwas Salz und Milch verrührt, an der Seite auf dem Herd durchgekocht, in weiße Grundtunke gegeben, mit Zucker abschmecken.

CHAMPIGNONTUNKE:

Gut gereinigte, geschnittene Champignons in Butter gedünstet, mit Wasser gar geschmort, in eine weiße Grundtunke gegeben, mit Eigelb, Zitronensaft verbessert. Zu Hühnchen servieren.

HOLLÄNDISCHE TUNKE:

2 bis 3 Esslöffel Mehl mit ¼ l kalter Brühe, Salz und Muskat vermischt, auf dem Feuer bis zum Kochen gebracht, während des Schlagens nach und nach 60 g Butterflöckchen hineingeben, mit Eigelb, Zitronensaft, Weißwein verbessern. Zu Kalb-, Hühnerfleisch oder Fisch servieren.

FÜNFTES KAPITEL

Grillen

Das Grillmonster

Kaum eine Sippe, in der es kein verkanntes Genie gibt, das neben seinem erlernten Beruf einer Berufung folgt, die ihn unentbehrlich macht. Onkel Hubert war so ein Talent. Obwohl er hauptberuflich bei der Post Briefmarken verkaufte und Telegramme aufnahm, wurde er stets gerufen, wenn irgendetwas im Haushalt den Geist aufgegeben hatte. Er konnte Gas-, Wasser- und Stromleitungen instand setzen, Fliesen legen, malern und tapezieren. Selbst vor kniffligen Problemen schreckte er nicht zurück und so gab es beispielsweise in unseren Familien keine Toilettenspülung, die nach einem Eingriff seiner begnadeten Hände jemals wieder den Dienst verweigerte. Nur bei sämtlichen Handwerkern und Haushaltwarenhändlern in unserem Viertel war Hubert unbeliebt, denn mit seiner Fingerfertigkeit hauchte er selbst den altersschwächsten Waschmaschinen, Kühlschränken und Bügeleisen wieder Leben ein und bewahrte sie so vor der Verschrottung.

Doch Onkel Hubert war kein Einzelfall. Tante Elfriede zum Beispiel kümmerte sich ums Textile. Sie nähte, stopfte und änderte in ihrer Freizeit wie eine Besessene. Tante Gerda, »die Schweigerin«, wurde bei kleineren Wehwehchen zu Rate gezogen. Dann legte sie Wadenwickel an und verabreichte ihren berüchtigten Hustensaft aus Zwiebeln und gab auch praktische Ratschläge bei ungewollter Schwangerschaft. »Ohm Busselchen« stand auf der Matte, wenn der Garten umgegraben, Beete angelegt und Rasen gemäht werden mussten.

Doch, wie so oft im Leben, blieb auch unsere Verwandtschaft nicht von Akteuren verschont, die ihre freizeitlichen Fähigkeiten völlig überschätzten, aber

trotzdem der Meinung waren, sie wären von einer Genialität beseelt, die sie unverzichtbar mache. Onkel Heinrich, ein kriegsverwundeter Pensionär, den wir alle den »Eisernen« nannten, weil er selbst nach siebenjähriger sibirischer Kriegsgefangenschaft noch immer so kerzengrade lief, als hätte er einen Ladestock verschluckt, war so ein Spezialist.

Er war der festen Überzeugung, der perfekteste Griller Thüringens zu sein und bedauerte es damals immer wieder, dass es nicht wie in Amerika Wettkämpfe gäbe, wo er dies unter Beweis stellen könne.

Doch daran hatten zu DDR-Zeiten die offiziellen Wächter des Handels keinerlei ernsthaftes Interesse, denn das Fleisch, das bis 1965 sogar noch kontingentiert war, reichte kaum für die Grundversorgung, geschweige denn für zügelloses Grillen.

Doch allen Nichtthüringern zur Beruhigung: Gegrillt wurde trotzdem »auf Teufel komm raus«, und es verging selbst in den schlechtesten Jahren, wenn es das Wetter zuließ, kaum ein Tag, an dem nicht der wunderbare Duft von Thüringer Bratwürsten durchs Land zog. Selbst, wenn man dafür klammheimlich in der Nacht eine der Sauen in einer Garage oder einem Schuppen schlachten musste, die man erfolgreich an den üblichen Tierzählungsstatistiken vorbeigeschmuggelt hatte. Und der »Eiserne« immer Meister Matz.

Doch leider genoss Griller Heinrich in seinem Metier bei uns denselben Ruf, wie Boris Karloff in der Filmbranche: Er war der »Master of Horror«. Die von ihm gegrillten Würste und Steaks waren oft so verkohlt und sahen so hässlich aus, wie das Monster in »Frankenstein«, das besagter Karloff gespielt hat. Einfach furchterregend.

Nur wagte sich das dem Heinrich niemand unverhohlen ins Gesicht zu sagen, war doch abzusehen, dass derlei Kritik den familiären Frieden bis ins Mark erschüttern würde. So ließ man ihn gewähren und genoss die wenigen Tage im Frühsommer, wenn ihn seine Pollenallergie regelmäßig für vierzehn Tage aus dem Verkehr zog. Nicht verwunderlich, dass der Großteil der Familie ihre obligatorischen Grillfeste

Spanferkel

just in diese heinrichfreie Zeit verlegte. Als er dann wieder auftauchte, heuchelten alle öffentliches Bedauern über seine Abwesenheit; lachten sich aber insgeheim ins Fäustchen, dass sie seinen schlackeartigen Würsten und Steaks entkommen waren. Von Krebs erregenden Nitrosaminen und Benzpyren mal ganz abgesehen. Wenn einem so ein Stück gegrillte Lebenskraft unter die Nase gehalten wird, denkt darüber sowieso kaum einer mehr nach. Erst, wenn man satt ist, kommt die Reue. Wie immer, ist es auch hier eine Frage der Frequenz, mit der man seinen Körper einer Schadstoffbelastung aussetzt. Die taktet in Thüringen erfahrungsgemäß etwas höher, als in anderen Regionen Deutschlands.

Übrigens, eines der Themen meiner kleinen Abhandlungen über das Grillen: Wie minimiert man durch fachgerechtes Marinieren des Fleisches Gesundheitsrisiken? Gedanken, die unseren Vorfahren vor rund siebenhunderttausend Jahren – hier schwankt übrigens die Zeitangabe noch beträchtlich

– als sie anfingen, das Feuer zu nutzen, definitiv nicht durch den Kopf gingen.

Zahlreiche anthropologische Funde, wie versteinerte Feuerstellen und Fleischreste, belegen jedoch, dass damals die Männer nicht nur fürs Jagen, sondern auch fürs Grillen verantwortlich waren. Der Mann war Beschützer und Chefgriller in einer Person. Was er auf den Rost schmiss, musste gelobt und vor allem … gegessen werden. Und wenn es noch so zäh und verschrumpelt war. Ein hierarchisches Verhalten, das bei zahlreichen Hobbygrillern auch heute noch zu beobachten ist.

Doch zurück zu den Wurzeln. Geht es nach der griechischen Mythologie, stand am Anfang des Grillens der Diebstahl des Feuers durch Prometheus. Ein Frevel, für den ihn der erzürnte Zeus im Kaukasus an einen Felsen ketten ließ.

Ein Schicksal, das dem »Eisernen« trotz mancher Rachegelüste in der Familie zum Glück erspart blieb. Er wurde an keinen Felsen gekettet und durfte ungestraft grillen, bis die Gicht ihn stoppte. Im Gegenteil: Als Heinrich mit Achtzig für immer friedlich in einem alten Korbstuhl in der Veranda einschlief, glorifizierte unser Pastor in einer ergreifenden Grabrede posthum seine Grillattacken. Erste detaillierte Berichte übers Grillen fanden die Historiker im alten Ägypten, wo aus Mangel an hochwertigem Grillgut Hyänen und Krokodile auf der Grillkarte standen.

Den Römern war es dann vorbehalten, die erste Bratwurst auf den Rost zu werfen. Wieviel Ähnlichkeit diese jedoch mit unserer Thüringer Rostbratwurst hatte, verdeckt gnädig der Mantel der Zeit. Überliefert jedoch ist, dass das Grillen ein Vorrecht der Reichen gewesen ist. Das einfache Volk durfte allenfalls schnuppern, nicht anbeißen. Eine soziale Ungerechtigkeit, die im Mittelalter nahtlos ihre Fortsetzung fand. Auch dort war das Grillen den Betuchten vorbehalten. Selbst die Köche, die das Privileg genossen, für die Herrschaft den Spieß drehen zu dürfen, gehörten zur Elite. Ihre Kunstfertigkeit, Fleisch über offenem Feuer – »à point«, auf den Punkt – zu braten und zu grillen, stand so hoch im Kurs, dass ihnen König Ludwig IX. von Frankreich im Jahre 1248 das Recht zustand, sich zu einer Bruderschaft zusammenzuschließen: die »Confrérie des Rôtisseurs« – die Zunft der Spießbrater.

Gute Rôtisseure (»Rôti« wird im Französischen das Gebratene [Fleisch] genannt), sind bis heute in den Küchen dieser Welt gefragte Spezialisten.

Auch die »Chaîne des Rôtisseurs« hat überlebt. Ich selbst war dort Mitglied. Da in dieser Bruderschaft jedoch nur sehr wenige wirklich engagierte Köche, zahlreichen »Auserwählten« gegenüberstehen, die diesen »Fachverband« als gesellschaftliches Sprungbrett nutzen, um ihre sozialen Eitelkeiten auszuleben, habe ich mir erlaubt, wieder auszutreten. Angst vor Verfolgung habe ich nicht.

Schon unsere Vorfahren liebten zarte Spanferkelchen

Damit aus dem Traum vom Grillen kein Alptraum wird

Für das Ausleben des tief in uns verwurzelten Triebes, hin und wieder unsere Nahrung über einem offenem Feuer rösten zu wollen, sind im Grunde genommen nur ganz wenige Utensilien nötig. Eine Tatsache, die von den gewinnorientierten Vermarktern unserer »Grillmanie« natürlich ignoriert wird, denn sie decken uns mit unwichtigem Schnickschnack ein, der beim Grillen ebenso wenig zu suchen hat, wie eine Hummerschwanzmayonnaise auf einem Eichsfelder Hauschlachtebüfett.

Leider falle auch ich immer wieder auf die Werbung dieser Industrie herein: So ließ ich mir ein Schürzchen aufschwatzen, dessen Bestickung verrät, dass »Vati ein Grillweltmeister« sei. Dann orderte ich einen Diplomatenkoffer, in dem ein nickelbeschichtetes Grillbesteck lagert, das so steril ist, dass es im Notfall einer Hebamme bei einer Hausgeburt gute Dienste leisten könnte. Als Krönung habe ich mir einen umfangreichen Satz Pinsel zum Bestreichen des Grillgutes mit Öl und Marinaden zugelegt, um den mich selbst der einohrige Van Gogh beneidet hätte.

Dabei habe ich schon während meiner Berliner Studentenzeit die Erkenntnis gewonnen, dass es die Anspruchslosigkeit ist, die aus dem Grillen ein Abenteuer macht. Damals bedurfte es nur Holzkohle, einer Schachtel Riesaer Sicherheitszündhölzer, eines zusammengefalteten »Neues Deutschland« zum Wedeln und etwas Furchtlosigkeit beim »Ausborgen« eines eisernen Fußabtreters. Den rissen wir nämlich in Ermangelung eines formvollendeten Grills aus dem Eingangsbereich des Biesdorfer

Studentenwohnheimes, um ihn als Gitterrost über eine provisorische Feuerstelle aus alten Ziegelsteinen zu legen. Als wir mit dem Grillen fertig waren, brachten wir ihn natürlich zurück und der Flur roch noch tagelang wie eine belgische Frittenbude. Doch die kannten wir damals nur vom Hörensagen. Des Weiteren organisierten wir auf dem »zweiten Markt« einen Sack Holzkohle aus der Staatsreserve für die Weltfestspiele der Jugend und fertig war die Laube. Eigentlich störten mich als Thüringer nur die Berliner Würste, die trostlos und bleich wie vom Mondlicht beschienene Gestalten aus einem Kaspar-David-Friedrich-Gemälde daherkamen. Damals verglich ich ihr lethargisches Erscheinungsbild oft scherzhaft mit den schäbigen ungepflegten Sandkähnen im Osthafen, mit deren Entladung ich mir zu Beginn mein studentisches Zubrot verdiente.

Gewendet haben wir unsere Würstchen übrigens mit den Händen, den Senf mit der Wurst aus dem Glas getitscht und die Finger wischten wir wie selbstverständlich an den Hosenbeinen unserer Jeans ab. Alles recht naiv, aber unwahrscheinlich romantisch.

Nur geträumt haben wir professionell, sozusagen nach allen Regeln der Kunst: Lagerten mit Winnetou, Old Shatterhand und Chico aus den »Glorreichen Sieben« – alias »Hotte« Buchholz – am Lagerfeuer; rösteten Kartoffeln in der glühenden Asche und lauschten dem Gesäusel von Leonards Violine, ein Student der Archäologie, der seinem Instrument so unvergleichliche harmonische Töne entlocken konnte, dass ich damals vermutete, er könne damit selbst die dreitausend Jahre alten Mumien aus dem Ägyptischen Museum wieder zum Leben erwecken.

Heute empfehle ich aus Gründen der Etikette meinen Grillfreunden, mit denen ich mich jedes Jahr am Himmelfahrtstag treffe, natürlich nur hochprofessionelles Equipment. Von meiner Martina lasse ich zudem ausreichend Handtücher einpacken, damit die Kumpels ihre Hosenbeine nicht mehr einsauen müssen. Auch die Rostbratwürste und Rostbrätl aus Aschara sind vom Feinsten.

Trotzdem verspüre ich nur noch selten ein Kribbeln im Bauch wie damals in Biesdorf. Was wohl vor allem daran liegt, dass meine Mitgriller nicht in der Lage sind, auch nur für ein paar Stunden ihre Alltagsgeschäfte einmal ruhen zu lassen. Während ich mir nämlich alle Mühe gebe, sie mit dem bekannt würzigen Thüringer Weihrauch in eine besinnliche Stimmung zu versetzen, unterhalten sich diese Ignoranten über fallende Aktienkurse, die ungewollten Schwangerschaften ihrer Sekretärinnen und die Rettung des Regenwaldes durch häufiges Biertrinken.

Was sagt uns das: Zum Grillen bedarf es nur weniger wirklich wichtiger Utensilien! Vor allem jedoch, der Bereitschaft, sich auf einen Akt der Speisezubereitung einzulassen, der einen freien Kopf verlangt, um vom Schwärmen ins Träumen zu kommen.

In diesem Sinne: Gut Grill!

Grillzubehör

WICHTIG WÄREN:

- Eine Grillzange mit sehr langen Griffen – wegen der Blasen!
- Keine Gabeln, denn durch das Anstechen trocknet das Grillgut aus und wird zäh wie Hosenleder.
- Eine lange Palette aus Edelstahl zum Wenden
- Wer über wenig Erfahrung verfügt und zum Beispiel sehr viel Lammfleisch und Rindersteaks grillen möchte, sollte sich ein Fleischthermometer zulegen, das schon für wenige Euro erhältlich sind.
- 1 Pinsel zum Marinieren und Öl einreiben
- Eine Drahtbürste – für einen empfindlichen Gas- und Elektrogrill eventuell eine aus Messing zum Reinigen des Grills.
- Für einige Gasgrills eine Dose Backofenspray
- Eine Rolle Küchenpapier
- Für empfindsame Hände empfiehlt es sich ein Paket Einweg-Handschuhe parat zu haben.
- Holz, Bambus und Eisenspieße

Besessen vom Thüringer Weihrauch

oder

Die zehn Gebote des Holzkohle-Grillens

Wenn die Augen eines Thüringers wie Holzkohle zu glühen beginnen und er plötzlich so verzückt vom »Thüringer Weihrauch« schwärmt, dass seine Worte wie ein Weichspüler wirken, dann schwärmt er von seiner größten Leidenschaft … dem Grillen!

Voller Inbrunst bedankt er sich in solchen Augenblicken bei seinen Ahnen für die von ihnen ererbte Begabung, selbst gewaltige Mengen Würstchen und Fleisch so einfühlsam über glühender Holzkohle zu brutzeln, dass sie genauso zart sind, wie das unschuldige Lächeln einer Landpomeranze. Zart und saftig. Manchmal untermalt er seine Glücksgefühle sogar mit leidenschaftlichen Veitstänzen, die Assoziationen an die Balzflüge liebeshungriger Glühwürmchenmännchen in der Johannisnacht wecken. Wobei die Betonung auf »glühender Holzkohle« liegt, denn alle anderen Methoden des Grillens lassen ihn kalt.

Was vielleicht darin begründet liegt, dass zu dem Zeitpunkt, als kurz nach dem Zweiten Weltkrieg ein riesiges technisch ausgefeiltes Grill-Equipment im Schlepptau der amerikanischen Barbecue-Welle über Europa rollte, die DDR aber andere Prioritäten setzte, wie die Bevölkerung ihre Freizeit zu verbringen hätte. Auf keinen Fall mit dekadenten Spielchen rund um die Nahrung, die außerdem wertvolle Ressourcen kostete, denn wer, bitteschön, sollte das Fleisch produzieren, was dafür benötigt wurde? Erst als sich Volkes Unwille mit bissigen Witzen allzu lautstark Luft machte, dachte die verknöcherte Riege der Volkswirtschaftsplaner um. Ich kann mich gut daran erinnern, als in den Sechzigern die ersten Gasgrills auftauchten, die technisch auf so niedrigem Niveau waren, dass selbst die darmlosen Ersatz-Rostbratwürste wie Leichenfinger aussahen. Denn das oft beschworene Weltniveau besaßen diese Schrottkisten aus verzinktem Blech jedenfalls nicht. Obendrein wurden sie so zusammengeschustert, dass sie tickenden Zeitbomben ähnelten, was zahlreiche schwere Grillunfälle in jenen Jahren belegen.

Kritisch betrachtet, waren die in der DDR produzierten Gasgrills also nur die traurige Notwendigkeit einer Mangelwirtschaft auf allerniedrigstem Niveau, denn sie wurden nur deshalb gebaut, weil auch der Bedarf an stinknormaler Holzkohle nie gedeckt werden konnte.

Und wie ging der Thüringer mit diesem Mangel um? Prächtig! Er machte einfach aus der Not eine Tugend und entwickelte eine einzigartige Perfektion im Umgang mit der Holzkohle! Eine Perfektion, die er selbst heute, in der es raffinierte Gas- und Elektrogrills gibt, die sicherlich ein Abfallprodukt der Weltraumforschung sind, ständig verfeinert.

Nein, der Thüringer lässt sich nicht beirren und steht zu seiner Überzeugung. Und die besagt nun einmal, dass eine Rostbratwurst, über Holzkohle gerostet werden muss. Alle anderen Methoden verachtet er genauso geradlinig, wie einst meine große Lehrmeisterin Oma Nelly Hausfrauen, die sich mit Brühwürfeln einließen. Nur, wenn er von besagtem »Thüringer Weihrauch« eingenebelt wird, wie

Naomi Campbel von »Chanel No. 5«, ist er glücklich und es überfällt ihn eine Zufriedenheit, die ihn handzahm macht. In diesen Augenblicken völligen Seelenfriedens lässt er sich auch nicht von solchen Wächtern der Volksgesundheit beeinflussen, die pünktlich zu Beginn jeder Grillsaison Alarm schlagen und das Grillen über Holzkohle als krebserregend und einen Rückfall in die Barbarei verteufeln. Dann kontert er mit seinem erlernten Fachwissen, denn im Grunde genommen ist auch Grillen ein Handwerk, bei dem die Übung den Meister macht.

Regeln, die auch Sie beherzigen sollten, denn sie garantieren einen perfekten Genuss ohne Reue.

Als Anhänger des Thesenanschlägers Luther habe ich mal versucht, zehn Gebote zum Thema Grillen aufzulisten und kurz zu kommentieren.

Wobei – es hätten auch spielend 95 werden können. Nur, ich will das Grillen nicht reformieren und nicht perfektionieren, sondern nur ein wenig Appetit machen.

Die zehn Gebote des Holzkohle-Grillens

1. Nimm Dir Zeit und bleib gelassen!
Solltest Du unter Zeitdruck stehen, verschieb das Grillen auf später; begib Dich an einen Schnellimbiss oder brat Dir auf die Schnelle ein Spiegelei.

2. Suche einen geeigneten Platz für den Grill!
Der sollte standsicher und mindestens drei Meter von brennbaren Materialien entfernt sein. Grille bei Regen nicht in der Garage! Trage ordentliche Grillkleidung, die Dich im Notfall vor unliebsamen Stichflammen schützt.
Dein Hund hat beim Grillen nichts zu suchen! (Es sei denn, Du bist Chinese.)

3. Kaufe bei regionalen Lieferanten Deines Vertrauens!
Wer auf minderwertige Produkte zurückgreift, muss sich nicht wundern, wenn sein Essen vom Grill genauso langweilig schmeckt, wie massenproduzierter Fließbandfraß.
Gute Fleischer suchen Dir solche Fleischteile aus, die besonders gut fürs Grillen geeignet sind. Das gilt besonders für mariniertes Fleisch.
Nur, wenn Du Dir absolut sicher bist, dass Deine Fleischerei keine verkappte Filiale eines Chemiekonzerns ist, greife zu. Sonst: Hände weg und selbst marinieren.
Grille nur Rostbratwürste im Naturdarm!

4. Lass Dich nicht verrückt machen, wenn Gesundheitsgurus Dir das Grillen vermiesen wollen!
Keiner kann bisher sagen, wie oft ein Durchschnittseuropäer grillen muss, um ernsthafte Schäden an seinem Körper zu erleiden. Trotzdem solltest Du es vermeiden, Fett in die offene Flamme tropfen zu lassen. Bei mariniertem Fleisch solltest Du obendrein darauf achten, dass es vor dem Grillen nicht mehr tropft.
Wichtig: Lege nie Gepökeltes auf den Grill!

5. Keine chemischen Grillanzünder!
Wenn es jedoch unvermeidbar ist, dann achte darauf, dass die Holzkohle ordentlich durchglüht, bevor man den Rost belegt. So entsteht auch die optimale Temperatur, um das Grillgut schnell anzubraten. Das versiegelt das Aroma und es bildet sich eine appetitliche Kruste. Übrigens: Nicht den gesamten Glutkasten mit glühender Holzkohle befüllen, sondern unterschiedliche Temperaturzonen schaffen, auf denen das Grillgut je nach Bedarf zwischengelagert werden kann. Auch, wenn besonders die Hersteller von Gasgrills raten, den Rost mit einem ölgetränkten Stück Küchenpapier einzufetten, schwöre ich eigentlich noch immer auf die gute alte Speckschwarte, mit der ich den vorgeglühten Rost einfette und von Asche befreie.
Es gibt Genuss beim Grillen, der findet im Kopf statt und nicht auf der Zunge.
Selbst viele Vegetarier aus meinem Bekanntenkreis, die nur ihr Gemüse oder Körnerbrot rösten wollen, greifen auch auf dieses »tierische« Ritual zurück, ohne das Gefühl zu haben, ihre Prinzipien zu verraten. Außerdem löst sich der Geschmack in der glühenden Hitze schon nach relativ kurzer Zeit in Wohlgefallen auf.
Wie übrigens auch der des Bieres, mit dem viele noch ihre Steaks oder Würstchen besprenkeln, um hochschlagende Flammen zu löschen. Das weckt wohl nostalgische Gefühle und schwängert die Luft mit unvergleichlichem Bierdunst, hat aber nach wissenschaftlichen Erkenntnissen überhaupt keinen Einfluss auf den Geschmack des Grillgutes. Also, lieber das Bierchen nebenbei trinken, als es sinnlos zu vergeuden. Fürs Ablöschen reicht eigentlich Wasser.

6. Das Grillfleisch niemals mit der Gabel anstechen!
Es verliert dadurch den Saft und wird so ledern, so dass es wie die berühmt-berüchtigte Schuhsohle aussieht und schmeckt.
Außerdem: Nie ein Steak sofort vom Grill direkt in den Mund stecken. Lieber zuvor mehrere Minuten ruhen lassen. Denselben »Gummieffekt« wird auch derjenige zu beklagen haben, der sein Steak vor dem Grillen mit Gewürzen einstäubt.

Würze Dein Fleisch also immer kurz bevor Du es vom Rost nimmst. Beim Salzen kannst Du es halten wie es Dir gefällt. Es ist ein weit verbreiteter Irrglaube, dass Salz vor dem Braten das Fleisch hart macht.

7. Achte vor allem beim Grillen von Geflügel und Fisch auf äußerste Sauberkeit!

Gegrillt wird hauptsächlich an warmen Tagen. Da tanzen die Bakterien Polka und es sollte auf besondere Grill-Hygiene geachtet werden. Hände immer unter fließend heißem Wasser mit Seife waschen. Messer, Gabeln, Schneidebretter ebenfalls heiß reinigen.

Lege Dein gebratenes Steak nie auf einen Teller, auf dem zuvor rohes Fleisch gelegen hat. Das gilt natürlich auch für Geflügel und Fisch. Das Grillgut erst kurz vor dem Grillen aus der Kühlung nehmen. Bei Fisch, Geflügel und Fleisch niemals in derselben Marinade ziehen lassen.

8. Lass Dich nicht von »Insider-Tipps« von Prominenten verunsichern, denen Ghostwriter ein Grillbuch geschrieben haben!

Wer beispielsweise behauptet, er könne in zwanzig Minuten ein ganzes Lamm so zart grillen, dass er dafür eigentlich drei Michelin-Sterne verliehen bekommen sollte, lügt wie der bekannte Baron von Münchhausen. Gerade in den Sommermonaten werden Grillfans – sogar von prominenten Fernsehköchen – derartig mit Fehlinformationen überhäuft, dass es besser ist, solche Sendungen einfach abzuschalten oder entsprechende Ratgeberseiten bei Deinem Friseur großzügig zu überblättern. Verlass Dich einfach auf Deinen Verstand.

9. Grille für Deinen Nachwuchs besonders behutsam!

Gehe auf seine besonderen Wünsche ein, denn Kinder und Jugendliche haben dreimal soviel Geschmackszellen auf der Zunge wie Erwachsene. Sie schmecken also viel intensiver. Was also schon einem Erwachsenen die Nackenhaare kräuseln lässt – vor allem scharfe Gewürze, kann unseren Nachwuchs einfach umhauen. Denke daran: zuviel »ittel« verkonsumiertes Fleisch und Fisch sind auch für Dich ungesund. Zum Grillen gehören immer knackige Salate, gegrilltes Gemüse, leckere Saucen und andere raffinierte Beilagen.

10. Die Pflege Deines Grills ist oberstes Gebot!

Entsorge Deine Asche erst, wenn sie völlig erkaltet ist. Erst dann solltest Du Deinen Rost ebenso hingebungsvoll pflegen wie Deinen Lebenspartner! Jedenfalls … in der Anfangszeit Eurer Beziehung. Meinen Holzkohlerost wickle ich übrigens mit nassem Zeitungspapier ein und lasse ihn »einweichen«. Danach lässt sich der Belag besonders gut lösen.

GUSTAVE LORE
VINS D'ALSACE
d'Armagnac

Gegrilltes Entrecôte double, angerichtet auf einer Keramikschale von Susanne Worschech

Royalistische Zweifaltigkeit

oder

Thüringer Rostbratwürstchen und Rostbrätl – gegrillt, nicht geröstet

Schon wieder ein Loblied über die Thüringer Rostbratwurst. Ist ja ätzend«, werden einige jetzt aufstöhnen. Besonders dann, wenn draußen das Grünzeug zu sprießen beginnt, überschlagen sich die Hersteller dieses Thüringer Grundnahrungsmittels nämlich mit marktschreierischen Selbstlobhudeleien und entwickeln dabei eine ähnliche Penetranz wie Versicherungsvertreter, die Sie partout davon überzeugen wollen, dass Ihre antiken Mühlsteine im Vorgarten gegen Feuer, Leitungswasser und Sturm versichert werden müssen.

Vor allem »Zuggereiste« und Ortsfremde können oft kaum begreifen, was für ein Brimborium der Thüringer um sein Häufchen durchgedrehtes Schweinefleisch macht, nur, um es anschließend in einen Darm zu füllen. Unverständlich auch, mit welcher Sorgfalt er es anschließend goldbraun gebraten zwischen zwei Hälften eines durchgeschnittenen

Brötchens verschwinden lässt und vor allem, mit welcher animalischen Gier er es viel zu heiß mit Unmengen von Senf hastig verschlingt.

In meinem Heimatland Thüringen also etwas Bahnbrechendes über Rostbratwürste zu schreiben, hieße, Eulen nach Athen zu tragen. Bratwurstkunde wird nämlich in unserem Freistaat noch vor dem Einmalseins und ABC gelehrt – theoretisch und – noch viel wichtiger – praktisch. Sie macht das Würstchen zu der Insignie Thüringens, für deren Verherrlichung alles eingespannt wird, was Rang und Namen hat. Selbst der Geheimrat Goethe muss herhalten und poussiert auf Plakaten für eine Wurst, von der schon der alte Homer vor über 2700 Jahren in seiner »Odyssee« schwärmte. Sechshundert Jahre später schrieb dann Apicius, ein römischer Feinschmecker, in seinen Aufzeichnungen über die inneren Werte der Bratwurst. Der beging übrigens Selbstmord, weil ihm die Sesterzen ausgingen und er sich deshalb keine getrüffelten Delikatesswürstchen mehr leisten konnte. Eine Verzweiflungstat, die heutzutage niemand mehr begehen muss, denn der Obolus, der für eine Rostbratwurst zu entrichten ist, gestaltet sich relativ bescheiden. Unter bestimmten Voraussetzungen werden sie sogar vom Staat bezahlt. Und als Trost für weiniger solvente fremde Durchreisende: Einige Thüringer Bahnhofsmissionen verteilen ab und zu Rostbratwürste kostenlos als Reiseproviant.

Apropos Goethe: der lobte eigentlich gar keine Thüringer Bratwürste, sondern mit Majoran gewürzte und zart geräucherte »Nürnberger«, die er sich sogar per Express liefern ließ. Ein kleiner territorialer Fauxpas, über den wir Thüringer natürlich großzügig hinwegsehen.

Die weitere detaillierte Erfolgsgeschichte der Bratwurst würde sicherlich den Rahmen des Themas »Grillen« sprengen. Und da stehen natürlich Rostbratwürste im Allgemeinen und die »Thüringer«

im Speziellen ganz oben auf der Beliebtheitsskala der Thüringer. Auch wenn die sich ständig darüber in den Haaren liegen, wie sie nun wirklich hergestellt und verzehrt werden müssen. Ein Schicksal übrigens, welches die Thüringer Bratwurst mit den Thüringer Klößen teilen muss. Aber nichts eint dieses Völkchen so sehr, wie ihre Lust auf Rostbratwürstchen, was oft in Ritualen ausartet, die in ihrer Skurrilität an royalistische Brauchtumspflege erinnert.

Wer es beispielsweise am besten versteht, aus einem blassen rohen Würstchen mittels eines glühenden Holzkohlerostes ein besonders knuspriges Exemplar zu zaubern, wird zum Bratwurstkönig inthronisiert. Wenn der dann alljährlich zum meteorologischen Frühlingsbeginn, passend zur »Rostkultur«, auf einem edlen Thüringer Warmblutrappen auf dem Erfurter Domplatz einreiten darf, werfen sich nicht nur berauschte dralle Bratwurstköniginnen vor ihm in den Staub, sondern das Thüringer Bratwurstvolk huldigt ihn wie einen regierenden Monarchen.

Eine ähnliche Wertschätzung genießt der Produzent, der es versteht, sein Würstchen derart würzig herzustellen, dass es den Geschmack vieler trifft. Die eigens für diese Bewertung durchgeführten Wettbewerbe unterscheiden sich kaum von den massenelektrisierenden Casting-Shows im Fernsehen. Dem Sieger wird ein Lorbeerkranz aufs Haupt gedrückt, der ihn als Krösus seiner Zunft kennzeichnet. Natürlich ein Krösus auf Zeit, denn jedes Abweichen von den traditionellen Regeln der Rostbratwurstmacherei wird von den Konkurrenten gnadenlos ausgenutzt. Ein hochgejubeltes Rostbratwürstchen, das gestern noch begehrt war, kann morgen schon in der Geschmacksversenkung verschwinden. Oder, was weitaus schmerzhafter ist, als anonymes No-Name-Produkt in der Kühltheke eines Billig-Discounters enden.

Um das zweite Grill-Highlight Thüringens – das Rostbrätl – wird nicht ganz so ein Gedöns gemacht, wie um die Wurst. Was seiner Stellung als Kronprinz der Thüringer Speisenmonarchie keinesfalls gerecht wird, denn so eine Scheibe vom Schweinenacken, fachmännisch über einem Rost gerillt, verströmt eine ähnliche Aura, wie die echte Thüringer Rostbratwurst. Doch auch bei der Zubereitung eines Brätls streiten sich die Geister, denn während die Mehrzahl der Thüringer noch immer die Meinung vertritt, dass es nur flach plattiert, mit Bier, Zwiebeln, Knoblauch und Senf mariniert, auf den Rost dürfe, besteht eine Minderheit darauf, auch das Rostbrätl dem Zeitgeschmack anzupassen.

Diese Simpel – ausgenommen von meiner Kritik sind selbstverständlich Alkohol-Abstinenzler, die aus verständlichen Gründen der Biergeschmack stört – ertränken den typischen Thüringer Rostbrätlgeschmack in industriegefertigten Nullachtfünfzehn-Marinaden und würzen ihre Thüringer Rostbrätl, mit Verweis auf die Globalisierung, sogar nach griechischem, italienischem, spanischem, – ja, was für ein Verbrechen – sogar chinesischem Gusto.

Nichts gegen etwas frischen internationalen Wind auf unseren freistaatlichen Rosten. Aber müssen wir wirklich tatenlos zusehen, wie die Nahrungsmittelindustrie auch unsere Rostbrätl so uniformiert, dass seine Thüringer Wurzeln unter einer Schicht von Geschmacksverstärkern und Konservierungsmitteln verkümmern?

Traditionelle Rostbrätl-Marinade

(Nordthüringen)

ZUTATEN:

Für 10 dünn geklopfte Schweinekammscheiben zwischen 160–180 g: (Marinade darf nicht zu flüssig werden)
200 g Senf
0,3 l Schwarzbier o. Pilsener
200 g Zwiebelringe
3–4 Knoblauchzehen
15 g Salz
frisch gemahlenen schwarzen Pfeffer nach Geschmack
1 TL gerebbelter oder
3 Zweige frischer Majoran
1 TL gestoßener Kümmel

ZUBEREITUNG:

Rostbrätl in einer Schüssel schichten und die Marinade zwischen den einzelnen Lagen gleichmäßig verteilen. Einen Tag abgedeckt im Kühlschrank durchziehen lassen.

Auf dem mit ca. 150 Grad Celsius vorgeheizten Holzkohlegrill 5 bis 6 Minuten von beiden Seiten grillen. Dabei je nach Lebensphilosophie entweder mit Bier oder Wasser ablöschen.
In einer Aluminiumschale auf dem Grill ca. 300 bis 350 g in Scheiben geschnittene Zwiebelringe in Rapsöl goldgelb braten und über den fertigen Bräteln verteilen.

Marinierte Rostbrätl

Rostbrätl nach Thüringer Art

ZUTATEN:

4 Schweinekammsteaks à 150 g
600 g weiße Zwiebeln
3 dl Sonnenblumenöl
1 Fl. Pils
3 EL Senf
½ TL Knoblauchpaste
Pfeffer, Salz, frischer Majoran

ZUBEREITUNG:

Vierundzwanzig Stunden vor dem Grillen die etwa 2–3 cm dicken Steaks vorsichtig plattieren und mit Pfeffer und Salz würzen. Nicht zu dünn klopfen, denn sonst trocknen sie beim Grillen aus und werden zäh. Mit Senf und selbst gemachter Knoblauchpaste einreiben.

Die Steaks in eine Keramikschüssel legen, mit ca. 100 g rohen Zwiebelringen beschichten und mit dem Bier vollständig bedecken. Wenn vorhanden, zwei Zweige frischen Majoran zufügen. Weitere Gewürze verbieten sich, denn nach dem Verständnis der Thüringer würden sie den ursprünglichen Eigengeschmack des Rostbrätls empfindlich stören. Die restlichen Zwiebeln in kräftige Ringe schneiden und im Öl kurz vor dem Grillen goldgelb braten.

Zum Rostbrätl wird eigentlich nur eine Scheibe Bauernbrot gegessen. Als Gemüsebeilage wird bestenfalls eine saure Gurke akzeptiert. In einigen Regionen Thüringens wird aber auch ein einfacher Thüringer Kartoffelsalat gereicht, zu dem natürlich auch ein frischer Grüner Salat hervorragend schmeckt.

Über das Risiko ein Krokodil zu grillen

Als die Sonne unterging, wurde es schlagartig kühl und Gänsehaut überzog meine nackten Unterarme. Unwillkürlich rückte ich näher an den gemauerten Kaminrost heran und ließ mich von der Glut der glühenden Holzscheite wärmen.

Wie immer, wenn unser Freund Achim uns in seinen Garten einlud, hatte der routinierte Küchenmeister auch an diesem Abend wieder alle Register seines Könnens gezogen und uns mit Delikatessen aus seinem Grillreservoire verwöhnt, das unerschöpflich schien, denn bei jedem unserer Besuche überraschte er uns mit einer neuen Grillspezialität. Das war aber der korrekten Buchführung seiner Frau Martina zu verdanken, die er übrigens auch nach 35 Ehejahren, in denen seine Kochkunst bei ihr unübersehbare Genussspuren hinterlassen hatte, immer noch zärtlich »Libellenflügelchen« nannte. Dieses Elfchen führte nämlich genauestens Buch darüber, welchem Gast er welches Gericht schon einmal kredenzt hatte.

Achim stand auf und ging zu einem riesigen schwarzen Barbecue-Smoker, der mich an den legendären »Adler« erinnerte, der im Dezember 1835 mit seiner ersten offiziellen Fahrt von Nürnberg ins benachbarte Fürth die Eisenbahnzeit in Deutschland einläutete. Nur Achims Dampflok hatte keine Räder. Aber auch aus ihrem »Kessel« stieg weißer Rauch. Nur, der duftet nicht nach verrußten Briketts, sondern nach aromatischen Buchenspänen.

»Unser gegrillter Nachtisch«, flüsterte der ehemalige Smutje und hob konspirativ den Deckel.

Trotz der Glut, an die ich inzwischen so nah herangerückt war, dass meine Unterarme wie eine Weihnachtsgans rochen, der eben erst der letzte feine Flaum absengt worden war, fröstelte ich fürchterlich. Sollte es heute wegen eines Nachtisches wirklich zur ersten Verstimmung zwischen den Köhlers und den Kaisers kommen – nur, weil ich als konservativer Grilltyp nicht über meinen Schatten springen konnte? »Gegrilltes Dessert« – das Wort stand wie ein drohendes Schwert über unserer harmonischen Beziehung. Mein Verständnis für profilneurotische Zeitgenossen, die Eis, Windbeutel oder Grießpudding auf den Rost werfen, hält sich nämlich in Grenzen. Was nicht bedeutet, dass ich solch antiquierte Gepflogenheiten pflege, die schon Fred Feuerstein in der Steinzeit praktizierte, als er für sich, Wilma und die Kinder lindgrüne Dinos grillte.

»Vegetarischer Grillspieß«, Annabell Frenzel, IMAGO 2011

»Thüringer Notfall-Telefon«, Annabell Frenzel, IMAGO 2011

»Eine zart geräucherte Barbarie-Entenbrust, mit einer Cumberlandsauce aus frischen schwarzen Johannisbeeren, die mein Libellenflügelchen heute Nachmittag noch schnell gepflückt hat«, erlöste mich Achim und ich ließ mich beruhigt in den tiefen Korbsessel sinken.

Als unsere Vorfahren das erste Mammut in einer flachen Kuhle, in die sie hastig zusammengesuchte Äste und trockenes Reisig warfen, grillten, legten sie damit den Grundstein für unsere moderne Küchenkultur. Doch diese provisorische Art der Zubereitung gehört längst der Vergangenheit an. Wer etwas auf sich hält, pflegt Grillkultur. Solchen primitiven Feuerstellen begegnet man eigentlich nur noch, wenn man auf ein Fähnlein Pfadfinder trifft, das vor ihrer Kote in der Holzkohlenglut Kartoffeln röstet, um damit eine abenteuerliche Stimmung zu erzeugen. Oder wenn der rüstige Opa seinen Enkelkindern beweisen will, dass trotz Rheuma und Zipperlein noch soviel kernige Urkraft in ihm steckt, dass er sich an einem Lagerfeuer ein Würstchen am Holzspieß braten kann.

Längst wird nicht mehr ausschließlich über offenem Feuer gegrillt. Eine Methode, die als direktes Grillen bezeichnet wird, bei der mundgerechte Fleischstücke schnell und knusprig gegart werden. Für größere Fleischstücke – wie das beliebte Spanferkel oder ganze Hähnchen – ist das indirekte Grillen die bessere Methode. Dafür stehen Elektro- und Gasgrills, aber auch »heiße Steine«, die durch Gas oder Elektrizität erhitzt werden, zur Auswahl. Diese Art des Grillens erfreut sich immer größerer Beliebtheit, denn sie ist nicht nur komfortabel, sondern auch gesund. Das ist die gute Nachricht!

Weniger erfreulich wird hingegen der fanatischen Thüringer Grillgemeinde die traurige Botschaft klingen, dass die Grillbewegung keine deutsche Erfindung ist, sondern internationale Wurzeln hat. Was man kaum glauben mag, wenn einem besonders im Frühling überall in unserem Freistaat appetitlicher Rauch in die Nase steigt.

Und wenn die Thüringer nicht ihre Wartburg hätten, ihren Schiller, Goethe und Bach, dann bliebe der Fremdenverkehrswerbung kaum eine andere Alternative, als Thüringen das »Land der Roste« zu nennen. Nicht nur Bratwurstland, denn, obwohl die »Thüringer Rostbratwurst« natürlich noch immer am beliebtesten ist, werden neben schierem Fleisch oder Fisch leider auch Peinlichkeiten auf den Rost gelegt, bei denen unsere Vorfahren nur verständnislos mit dem Kopf geschüttelt hätten.

Doch auf meinen Reisen erduldete ich schmerzhaft, dass sich leider nicht nur Schweinefleisch zum Grillen eignet. Obwohl das Fleisch dieses Tieres über hervorragende Eigenschaften verfügt. Sein herzhafter Eigengeschmack und sein ausgewogenes Verhältnis von Muskelfleisch und Fett – der Koch nennt das Textur – bilden die besten Vorraussetzungen für den perfekten Grillgenuss. Dass ich trotzdem einige abstruse Spezialitäten kostete, werte ich im Nachhinein als meinen Beitrag zur friedlichen Koexistenz. Früher durfte ich dafür nur Soli-Märkchen kleben. Jetzt kann jeder seine Völkerverständigung vor Ort ausleben. Doch vor allem beim Essen: Obacht vor den fremden Sitten.

»Hoch lebe China«, jubelte ich einst in einer Serie und aß in Peking unter dem Bild von Mao im Auftrag meiner Leser gegrillte Skorpione und Heuschrecken. Anschließend würgte ich ein Schmetterlingsraupenspießchen und über glühender Holzkohle gegarte ingwergewürzte Hühnerinnereien hinunter.

Auch geröstetes Krokodil, das ich in Tansania kostete, um darüber zu berichten, stand auf meinem globalen Speiseplan. »Nie wieder«, schwor ich mir nach dieser Mahlzeit. Was weniger am Geschmack lag, der durchaus passabel war. Es war vielmehr die erste Begegnung mit dem Grillgut, die mich abschreckte. Als mir nämlich der Stammesälteste heuchlerisch erlaubte, mir eines seiner Prachtexemplare aus seinem Krokodilteich zu fangen, biss mich dieses Vieh derart kräftig in die Nase, dass sie während der Heilung ballonartig anschwoll.

Doch ich genoss auch Delikatessen, die mittlerweile ein fester Bestandteil meines Grillprogramms geworden sind:

In Florida ging mir das Herz beim Anblick eines über Hickoryglut gegrillten Haisteaks auf; eine geröstete Languste in Vancouver gehörte sogar zu meinen unvergesslichen kulinarischen Höhepunkten. Leider ist dieser Genuss für einen normalen Mitteleuropäer kaum noch erschwinglich. »Broiled Salm« en masse gab's bei meinem Freund Bruno in Norwegen und im tunesischen Tabarka-Ain Draham vertilgte ich, einsam vor einem Beduinenzelt sitzend, eine ausgezeichnet zubereitete Keule von der Berbersau à la „Rôtisseur" – einsam, weil meine Gastgeber als Muslime kein Wildschwein essen durften. Allah sei dank, so wurde ich wenigstens satt, denn diese Wildschweine sind kleiner als ihre europäischen Artgenossen.

Nur über trockenem Kamelmist geröstetes Dromedar, vor dem mir schon ein wenig schauderte, blieb mir erspart, was besonders das für diesen Verzehr auserkorene Tier außerordentlich begrüßte, wie es mir in einem vertraulichen Gespräch erleichtert beichtete. Angeblich wurde es vom Speisezettel gestrichen, weil unsere Treiber in der Wüste keinen geeigneten Grillspieß fanden.

In der Bratwurstlogistik gehört der Freistaat, analog zum Wintersport, zur absoluten Weltspitze. Die Angebotspalette der Thüringer Grillfabrikanten reicht vom schlichten Einweg-Grill aus Aluminium, über handliche Rund- und Schwenkgrills bis hin zu Säulengrills mit Kaminzügen, bei denen sich der Vati beim Würstchenwenden nicht mehr das Kreuz verrenken muss. Kugel- und Tischgrills komplettieren das Standardangebot.

Gerade die Säulengrills waren in der DDR ein gefragter Handelsartikel, mit dem pfiffige Feierabendhandwerker – die man heute Schwarzarbeiter nennt – ihren Verdienst in unverschämte Höhen schraubten. Es gab kaum eine metallverarbeitende Klitsche, die nicht heimlich, still und leise solche heiß begehrten Roste zusammenschusterte, um den Bedarf der Bevölkerung mit diesem wertvollen Konsumgut zu decken. Natürlich während der Arbeitszeit und überwiegend aus importiertem Nirosta-Stahl, den man kurzerhand aus der sozialistischen Produktion auslieh. So ein Grill aus rostfreiem Stahl war manchmal sogar beliebter, als die D-Mark und in jedem Fall für den praktischen Alltag sinnvoller, als die Planerfüllung, die ohnehin geschönt werden musste.

Am Ende der Grill-Evolution steht der High-Tech-Grill, der – analog zu unseren Handys – oft kaum noch erkennen lässt, wofür er ursprünglich gebaut worden ist. Trotzdem: Man kann auf solchen Grillautomaten sogar Würstchen braten! Ihn jedoch ohne einen mehrtägigen Workshop bedienen zu wollen, setzt entweder ein längeres Maschinenbaustudium voraus oder ist ein Akt kindlicher Selbstüberschätzung. Und wer ist nun eigentlich auf diese grandiose Idee verfallen, so intelligente Roste zu konstruieren, dass man sie nach Ansicht meines Freundes Edgar, der an einem solchen Rost jämmerlich versagte, bestenfalls nutzen kann, um seinen Kindern technischen Nachhilfeunterricht zu erteilen? Die Amis! Sie sind die eigentlichen Urväter der modernen Grillbewegung.

Angefangen hat alles während der Besiedlung des riesigen nordamerikanischen Kontinents. Da blieb

keine Zeit für Muttis, Eintöpfe zu kochen oder Kartoffelpuffer zu backen. Die Siedler mussten sich von Bisons ernähren, die sie mit Rumpf und Stumpf rösteten. Daraus resultiert übrigens auch der amerikanische Begriff fürs Grillen: »Barbecue – . . . vom Bart bis zum Schwanz«. Eine der Rastlosigkeit geschuldete Notwendigkeit, welche die Amerikaner, als sie sesshaft wurden, perfektionierten.

So ist das Grillen für den Amerikaner nicht einfach ein lapidarer Garprozess, sondern eine patriotische Rückbesinnung auf ihre freiheitlichen Wurzeln.

Schaschlikspieße

Schaschlik wird ein traditioneller gegrillter Fleischspieß aus Russland genannt, den die sowjetischen Genossen in seiner ursprünglichsten Form eigentlich nur auf ihren Reisen in die DDR erleben durften.

Sagt jedenfalls mein Onkel Heinz, der Heide. Und der müsste es eigentlich wissen, denn als jahrelanger Begleiter von mehr oder weniger freiwillig reisenden Brigaden der sozialistischen Arbeit in die Sowjetunion und auf der anderen Seite Betreuer sowjetischer Genossen auf ihrer Tour durch die DDR war er sicherlich befähigt, eine solche Beurteilung abgeben zu können. Trotzdem ließ er solche Sprüche nur vom Stapel, wenn er sicher war, dass kein Langohr dabei war oder er soviel Wodka intus hatte, dass er sämtliche Vorsicht außer Acht ließ.

Schaschliks gibt es regional unterschiedlich mit Lamm, Rind- oder Schweinefleisch, in einigen Gegenden sogar mit Geflügel. Bei Menschen, die auf ihre Figur achten, erfreuen sich Spieße mit Putenfleisch immer größerer Beliebtheit. Sie verlangen jedoch beim Grillen großes Fingerspitzengefühl, denn der Schritt vom saftigen Putenschaschlik zur ledernen Unterlegscheibe ist relativ klein. In Thüringen wird Schweinefleisch bevorzugt. Wir selbst komplettieren unsere Spieße mit Leber und Nieren.

REZEPT FÜR 8 SPIESSE:

1 kg Schweinekamm oder -schulter,
0,5 kg Schweineleber, 2 Schweinenieren – gut gewässert, halbiert und von Sehnen befreit,
500 g durchwachsener Speck, 200 g fetter Speck,
3 Paprikaschoten, 1 mittelgroße Zucchini,
6 mittelgroße Zwiebeln, 3 große Gewürzgurken,
2 EL Sonnenblumenöl, Salz, frisch gestoßener schwarzer Pfeffer, Rosenparika

Das Fleisch, die Leber und die Nieren in mundgerechte walnussgroße Stücke schneiden. Zwiebeln in kräftige Ringe schneiden, den Speck in dünne Stücke.
Die Spieße abwechselnd je nach Geschmack mit den Zutaten bestücken, mit etwas Öl einpinseln und würzen. Vorher erkunden, wer beispielsweise

auf fetten Speck, Leber oder Niere verzichten möchte. Dann können die Spieße sogar individuell bestückt werden.
Von allen Seiten über offener Holzkohle bei 140 bis 150 °C nach Möglichkeit in einem Grillspießhalter ca. 3–4 Minuten grillen. Dieses Gestell verhindert, dass die Spieße am Rost ankleben.

Leider gibt es aber auch keine typischen Grillstreifen, die besonders herzhaft schmecken.
Zum Schaschlik, welches in einigen Gegenden Deutschlands in einer Art Zigeunersauce serviert wird, die oft mit Curry gewürzt ist, esse ich am liebsten meinen selbst gemachten Ketschup oder einfach nur Senf.

Grillrippchen vom Duroc-Schwein

Ein T-Bonesteak – die klassische Vollendung

Gegrillte Rindersteaks

Die größte Herausforderung für den Hobbygriller ist die richtige Zubereitung eines Rindersteaks. Was wohl daran festzumachen ist, dass uns Deutschen die Erfahrung im Umgang mit gegrilltem Rindfleisch fehlt, die in der südamerikanischen Küche ihre Vollendung findet. Königin ist natürlich das Rinderfilet.
Richtig gegrillt, ist es die eleganteste (und sicherlich auch kostspieligste) Form eines Grillabends. Seit Jahren grille ich nur noch selten einzelne Filetsteaks, sondern bereite sie im Ganzen zu. Sollten Sie zu Einzelstücken neigen, dann empfehle ich Ihnen, Ihr Filetsteak in jedem Fall mit Speck zu umwickeln; also zu bardieren. Legen Sie jedoch ein ganzes Rinderfilet auf den Grill hat das den Vorteil, dass es allein durch seine Form für jeden Gaumen den bevorzugten Bratgrad bereithält.
Für 4 Personen reicht ein Stück aus einem Rinderfilet von ca. 700 g. Das reibe ich mit etwas Sonnenblumenöl ein und lege es bei 120° indirekter Hitze auf den Grill. Von allen Seiten gegrillt nehme ich es nach 25 Minuten vom Grill, wickle es in eine Aluminiumfolie und lasse es am Rande des Grills nachgaren.
Als Faustregel habe ich folgende Erfahrungen gemacht:

Richtwerte für das Grillen eines perfekten Steaks:

3 cm Steakdicke	5 cm Steakdicke
Englisch (rare) 3 Minuten	4 Minuten
Medium (englisch) 3,5–4,0 Minuten	4–4,5 Minuten
Medium 4,5–5 Minuten	5–6 Minuten
Durch (well-done) 5–7 Minuten	6–7,5 Minuten

Bardiertes Filetsteak

Dips zum Grillen

Grundlage vieler Dips ist die Mayonnaise, die ich persönlich immer(!) selbst zubereite, denn was mir manchmal als Mayonnaise angedreht wurde, grenzt fast schon an vorsätzliche Körperverletzung und spottet jeglicher Beschreibung. Ich unterscheide zwischen einer klassischen und einer »Quick«-Mayonnaise für die ganz Eiligen.

Mayonnaise

3 sehr frische Eigelbe, 1 EL Weißweinessig,
Saft von einer halben Zitrone, 250 ml Sonnenblumenöl
Senf, weißer Pfeffer, 1 Prise Salz

Eigelbe und Weißweinessig verrühren und das Öl erst tropfenweise und dann in einem dünnen Strahl einrühren. Wichtig: Alle Zutaten müssen dieselbe Temperatur haben.

Mit Salz und Pfeffer, Senf und Weißweinessig pikant abschmecken. Entgegen der Lehrbuchrezeptur füge ich schon jetzt einen halben Teelöffel Zucker dazu und verrühre diesen in der cremigen Mayonnaise.

Quick-Mayonnaise

Dieselben Zutaten wie bei der klassischen Variante – nur alle Zutaten in ein Becherglas füllen und mit einem Stabmixer anfangs auf niedrigster Stufe, später mit voller Power verquirlen. Dabei den Mixer bis auf den Boden senken und vorsichtig von unten nach oben ziehen. Auch hier ist wichtig, dass alle Bestandteile dieselbe Temperatur haben.

Aioli

Statt Sonnenblumenöl Olivenöl verwenden und nicht salzen. Die klassische Variante ist zu bevorzugen. Ist die Mayonnaise fertig, mit einem TL unserer Knoblauchpaste oder mit 3 in einem Mörser zerriebenen Knoblauchzehen glatt rühren und salzen.

Remouladensauce

Zwei fein gehackte und vorsichtig angeschwenkte und auf Küchenpapier entfettete Schalotten, 2 TL fein gehackte Kapern, 2 fein gehackte Sardinenfilets, ca. 150 g fein gewürfelte Gewürzgurke und 1 EL Dijonsenf unter die Mayonnaise mischen. Je nach Geschmack mit ½ bis 1 TL Zucker abschmecken und mit Pfeffer und Salz nachwürzen. Vollendet wird die Remouladensauce mit je ½ TL fein gehacktem frischen Kerbel und Estragon.

Mediterrane Knoblauch-Olivenöl-Marinade

Seit Jahren stelle ich zu Beginn der Grillsaison eine Knoblauch-Olivenöl-Marinade her, die ich in kleine Fläschchen fülle und die sich im Kühlschrank einige Wochen hält.

In 1 Liter sehr gutes natives Olivenöl gebe ich dabei 100 g fein gehackten Knoblauch, einen Zweig frischen Rosmarin und ebenfalls einen Zweig frischen Thymian. Anschließend vervollständige ich diesen Ansatz mit einer scharfen Peperoni mit Kernen. Nach 48-stündiger Reifung in der warmen Küche siebe ich den Ansatz durch, fülle ihn in kleine Fläschchen, die ich in den Kühlschrank stelle. Als »Garnitur« verbleibt nur noch eine Peperoni im Öl. Übrigens ein originelles Mitbringsel, wenn Sie zu einem Grillfest eingeladen werden.

Knoblauchpaste

Zehn Knoblauchzehen schälen und den grünen Keim entfernen. Mit 200 g Salz verreiben oder eventuell mit einer Mulinette zerkleinern. In einem luftdicht verschließbaren Glas hält sich diese Paste im Gemüsefach Ihres Kühlschranks mehrere Monate. Es eignet sich überdies nicht nur hervorragend zum Würzen Ihres Grillgutes, sondern ist auch ein schmackhafter Begleiter Ihrer Alltagsküche.

Tsatsiki – Zaziki

500 g stichfester Joghurt (10 % Fettgehalt), 1 mittelgroße Salatgurke, 3 Knoblauchzehen, 3 EL natives Olivenöl, Saft einer halben Zitrone, frisch gemahlener schwarzer Pfeffer, Meersalz

Salatgurke schälen und die Kerne mit einem Teelöffel ausschaben, raspeln und einsalzen. Nach zwanzig Minuten die Raspeln leicht ausdrücken und das überschüssige Wasser abgießen.

Sollten Sie keinen stichfesten Joghurt bekommen und der Joghurt ist zu flüssig, geben Sie ihn in ein sauberes Küchentuch und verknoten dieses. Durch den Knoten einen Kochlöffel stecken und für einige Stunden über einer Schüssel austropfen lassen. Gurkenraspel in den Joghurt schütten, die Knoblauchzehen mit einem TL Salz zerreiben, das Olivenöl und den Zitronensaft hinzufügen und alles cremig verreiben. Mit etwas Pfeffer abschmecken und das Tsatsiki mindestens dreißig Minuten im Kühlschrank ziehen lassen.

Als Minimalgarnitur ist etwas Dill erlaubt.

Exotischer Curry-Dip

8 EL Tomatenmark, 1 Tasse Tomatensaft, 1 Banane, 1 TL Zucker, 1½ TL Currypulver, 1 TL scharfes Paprikapulver, Saft einer halben Limette

Alle Zutaten miteinander vermengen und mit einem Zauberstab mixen. Sollten Sie keine Banane zur Hand haben, dann erfüllen auch andere Früchte ihren Zweck.

Quark-Sauerrahm-Knoblauch-Dip

200 g Quark, 1 Becher saure Sahne, 1 Becher Creme fraiche, 2 Knoblauchzehen, Saft von einer Zitrone, 1 kleines Bund Petersilie, 3 Frühlingszwiebeln, 1 EL Olivenöl, 1 Prise Zucker

Für den Dip den Knoblauch schälen und mit etwas Salz zu einer Creme verreiben. Mit dem Quark, der sauren Sahne, der Creme fraiche und dem Olivenöl glatt rühren. Den Zitronensaft, die Prise Zucker, die fein gehackten Frühlingszwiebeln und die Petersilie untermischen und mit Salz und Pfeffer abschmecken. Natürlich schmecken auch alle anderen Kräuter in diesem Dip. Viele ersetzen die kräftig schmeckende Frühlingszwiebel durch den nicht ganz so intensiven Schnittlauch.

Selbst gemachtes Ketschup

Für ca. 0,6–0,7 Liter Ketschup:

500 g sehr reife Strauchtomaten, 500 g gelbe Tomaten, 300 g Kirschtomaten, 2 Dosen sonnengereifte italienische Eiertomaten, 5 EL Olivenöl, 2 große rote Zwiebeln, 1 Stange Staudensellerie, 5 frische Möhren, 100 g frischer Ingwer, 4 grob gehackte Knoblauchzehen, 2 frische Chilischoten, 1 Bund frischen Basilikum, 2 Gewürznelken, 1 Kardamom, Meersalz, frisch gemahlener schwarzer Pfeffer, 100 g brauner Zucker, 250 ml Rotweinessig

Eigentlich gibt es so gute Ketschups, dass niemand auf die Idee kommen muss, ihn selbst herzustellen. Manchmal jedoch überrascht uns Mutter Natur mit einer Früchte- und Gemüseschwemme, dass sich die Herstellung lohnt. Außerdem macht es riesigen Spaß, wenn eine Familie statt Marmelade oder Pflaumemus auch mal ein eigenes Sößchen aus Tomaten kreiert und damit seine Gäste überrascht. Im Essen schwingt plötzlich so etwas Anheimelndes, wie am Muttertag und so ein Grillfest versöhnt plötzlich Menschen, die jahrelang miteinander gehadert haben.

Die Hälfte des Öls in einem gusseisernen Bräter erhitzen und darin den Zucker leicht karamellisieren. Anschließend herausnehmen – Bräter keinesfalls abwaschen – und das restliche Öl ebenfalls erhitzen.

Grob gehackte Zwiebeln mit dem Staudensellerie, den Möhren darin anbraten. Knoblauch, Ingwer, die fein gehackte Chilischote, die Nelken und den Kardamom für rund zehn Minuten leicht schmurgeln lassen. Dann die geviertelten Tomaten hinzufügen, das Basilikum, zuletzt die Büchsentomaten, den Rotweinessig und etwas kaltes Wasser untermischen.

Alles zusammen ca. 20 Minuten köcheln lassen, das anfänglich hergestellte Zuckercouleur hinzufügen und mit einem Stabmixer pürieren. Zweimal durch ein feines Sieb streichen, aufkochen und nochmals solange einreduzieren lassen, bis die gewünschte Ketschupkonsistenz entstanden ist. In sterilisierte Flaschen füllen und fest verschlossen an einem kühlen Ort aufbewahren.

Das Ketschup ist ungefähr sechs Monate haltbar.

Gegrillte Entenkeulen

Gegrillte Entenkeulen – mariniert

4 Barbarie-Entenkeulen von weiblichen Tieren – sind außergewöhnlich zart und nicht ganz so schwer, wie die der Erpel.

Für die Marinade:

1 Stück frischen Ingwer
Saft von 2 Limetten
1 EL Honig
2 Sternanis
2 kleine Chilischoten,
2 EL Hoisin-Sauce – chinesische Würzsauce, deren hauptsächliche Bestandteile rote Sojabohnen, Knoblauch, Essig und Zucker sind.

Für die Marinade die Chilikerne entfernen und sehr fein würfeln, den Ingwer schälen und ebenfalls in sehr feine Scheiben schneiden. Die Hoisin-Sauce, den Honig und den Saft von zwei Limetten verquirlen, Sternanis hinzufügen. Mit dieser Marinade die gewaschenen und getrockneten Entenkeulen einstreichen und mindestens 6 Stunden im Kühlschrank marinieren.
Vor dem Grillen bei 120 °C leicht abtupfen und vorsichtig von beiden Seiten je 6–10 Minuten – am besten in einem Grillkorb – grillen. Dazu einen Blattsalat und Knoblauch-Baguette reichen.

Gegrillte Lammkoteletts – mariniert

12 Lammkoteletts à 120 g
2 Zweige Rosmarin
2 Zweige Thymian
5 Knoblauchzehen
5 EL Sonnenblumenöl
2 Schalotten, Salz und
frisch gestoßener schwarzer Pfeffer
½ TL Zucker

Aus dem Öl, Knoblauchzehen, Schalotten, den Kräutern und den Gewürzen sowie dem Zucker eine Marinade herstellen, in der die eingelegten Lammkoteletts mindestens 6 Stunden mariniert werden.

Vor dem Grillen die Lammkoteletts abtupfen und auf direkter Hitze 3–4 Minuten von beiden Seiten garen. Eingewickelt in eine Aluminiumfolie am Rande des Grills nachziehen lassen. Mit Salz und frisch gestoßenem schwarzen Pfeffer nachwürzen. Dazu passen hervorragend gegrillte Bohnenbündchen und Knoblauchbutter.

Gegrilltes Lammsteak

SECHSTES KAPITEL

Fisch

Fischgerichte

Bemerkungen: Kennzeichen frischer Fische sind: glänzende, nicht eingefallene Augen, glänzende, nicht blasse Schuppen, rote Kiemen und festes, nicht eindrückendes Fleisch.

Süßwasserfische: Süßwasserfische sind Karpfen, Forellen, Schleie, Plötze, Hecht, Blei, Aal und Lachs-Wanderfische. Flussbarsch, Zander sind lebend oder in Eis verpackt zu kaufen. Die Letzteren sind billiger, haben aber nicht den feinen Geschmack wie die Ersteren. Hat man lebende Fische gekauft, so muss man beim Schlachten darauf achten, dass sie nicht zu lange gequält werden. Man betäubt den Fisch durch einen kräftigen Schlag auf den Kopf, schneidet dann mit einem scharfen Messer unter den Kiemen mit einem Schnitt das Rückgrat, die Haupt- oder Wirbelgräte, durch und hält den Fisch so, dass das Blut in eine Schüssel mit etwas Essig abfließt. Beim Ausnehmen legt man Milch und Rogen und die Leber, die von der Galle befreit sein muss, wieder in den Fisch hinein.

Seefische: Die für die Küche in Betracht kommen, sind: Kabeljau, Schellfisch, Seelachs, Stint, Heringe, Makrelen, Barsche (Rot- und Gold-), Knurrhahn, die verschiedenen Zungen, Butte, Schollen, Hummer, Krebse, Garnelen, Austern, Muscheln.
Der Fisch kann ganz oder in Stücken gekocht werden, auch gebraten, gedämpft, gebacken als Auflauf, als Salat, wenn er vorher gekocht ist, in Gelee, Hering mariniert, zu Tisch gegeben werden, gedörrt oder geräuchert.

Gekochter Süßseefisch: Wasser mit Lorbeerblatt, Salz, Pfefferkörnern und Zwiebeln zum Kochen gebracht, den gereinigten Fisch hineingegeben und an die Seite gezogen, dass er gar siedet. Wenn sich die Flossen leicht ausziehen lassen, herausnehmen, mit heißer Butter, Kräuter- oder Senftunke, Krebsbutter, Kapern, Champignons, Meerrettichsoße servieren. Zu Karpfen oder anderen gekochten Süßwasserfischen passt sehr gut Meerrettich-Schlagsahne. Diese stellt man her:
¼ Liter Schlagsahne mit 3 Esslöffeln geriebenem Meerrettich vermischt.

Fisch blau gekocht: Hierzu nimmt man gerne Süßwasserfische, z. B. Karpfen, Forellen, Zander, Aalquappen, jungen Hecht.
Die Fische werden nicht geschuppt, sondern ¼ Stunde lang in heißen Essig gelegt, dann in eine Mischung von 3 Teilen Wasser und 1 Teil Essig, Salz, frischem Wurzelwerk, 1 Zwiebel, Lorbeerblatt und einigen Pfefferkörnern gelegt. An der Seite lässt man ungefähr ½ Stunde gar sieden.
Den gekochten Rogen kann man mit gewiegter Zwiebel, Petersilie, gemahlenem Pfeffer, feinem Öl und Essig gut verrührt und mit Zucker abschmecken und als Soße dazu geben.

Fisch grün gekocht: (Seefische) Kabeljau, Rotbarsch, Seelachs, Dorsch, Flunder, Aal, Hecht und andere. Der Fisch wird in Stücke geschnitten. Man legt in einen Topf geschnittenen Sellerie, Möhren, Petersilienwurzel, Zwiebel, einige weiße Pfefferkörner und je nach der Menge Fisch gut Salz, packt die Fischstücke eng aneinander auf die genannten Zutaten, gießt soviel Wasser darauf, dass der Fisch eben bedeckt ist, bringt alles bei offenem Topfe schnell zum Kochen, zieht ab und lässt an der Seite etwas einkochen (nicht zu lange). Nun rührt man soviel Mehl, als zur Soße nötig, mit Milch und etwas Fischbrühe an, gießt es über den Fisch, lässt bei kleinem Feuer eben aufkochen, nimmt die Fischstücke tischfertig heraus, gießt die Soße durch ein Sieb, mischt feingehackte Petersilie und Muskatnuss darunter, abschmecken und zu Tisch mit dem Fisch.

Fisch in Bier: (Karpfen, Blei, Aal und Seefische) Die Filetstücke werden gewaschen und abgetrocknet. In einen flachen Bratentopf gibt man etwas Butter, Zwiebeln, Pfeffer, Zitronenscheiben, Lorbeerblatt, Nelken, einige Stückchen Schwarzbrot, Honigkuchen, legt die Filetstücke darauf, streut Salz darüber. Nun gießt man soviel Weißbier darüber, dass die Fische gut bedeckt sind, lässt bei scharfem Feuer schnell aufkochen und nimmt den Schaum ab. In der Zwischenzeit schwitzt man etwas Mehl in Butter hellbraun, gibt es über die Fischstücke, lässt sie kochen bis diese braun sind, nimmt sie dann vorsichtig heraus. Die Soße lässt man noch etwas einkochen, gibt etwas Weißwein, ein wenig Zucker, 1 Teelöffel Fleischextrakt hinzu, rührt durch ein Sieb, gießt das über die Fische und umkränzt mit Zitronenscheiben.

Fisch in Rotwein: Wie vorhin, anstatt Weißbier etwas Braunbier mit Rotwein gemischt, die Zitronenscheiben vorher entkernen, zuletzt anstatt Weißbier Rotwein und soviel Honigkuchen mitkochen lassen, damit die Soße sämig wird – kein Mehl schwitzen, braun genug. Bei Karpfen verrührt man das aufgefangene Blut mit Essig und gibt es an die Soße, die dann noch aufkochen muss.

Fisch gebraten I: Die vorbereiteten Fischstücke mit etwas Salz bestreut, in Mehl mit Stoßbrot gewendet, in Butter auf beiden Seiten braun und gar gebraten. Hierzu reicht man gerne Salate, saures Bohnengemüse oder Linsengemüse, zu Hecht (Stücke) Sauerkraut.

Fisch gebraten II: Die Haut von größeren Fischen wird abgezogen, dann in gleichmäßige glatte Stücke geschnitten. Diese beträufelt man mit Zitronensaft, bestreut mit Salz und Pfeffer nach Belieben, lässt das ½ Stunde stehen, trocknet sie ab, paniert in Ei und Mehl mit Stoßbrot vermischt und bratet sie in Fett oder Butter hellbraun (Gemüse wie oben, Blumenkohlsalat, Makkaronisalat).

Fisch gebraten III: Große Fische (Hecht, Zander, Schellfisch usw.) werden geschuppt, ausgenommen und vorsichtig entgrätet, so dass die Rückenhaut nicht verletzt wird, gewaschen, mit etwas Salz eingerieben, mit Fleisch- oder Fischfarce gefüllt, zugenäht, in heiße Butter gegeben und im Backofen unter Begießen und Hinzufügen von Sahne und Wasser braun und gar gebraten (¾ bis 1 Stunde).
Auf einer heißen Schüssel angerichtet, garniert ihn mit Petersilie, Zitronenscheiben, Butterkartoffeln, mit Essig und Salz bestreuten Tomaten oder in Butter gedämpften Tomaten. Man nehme auch grüne Salate.

Fisch ganz gekocht: Der Fisch wird vorher gereinigt, in einem nach der Größe des Fisches passenden Topf gekocht, vorsichtig herausgenommen, auf eine passende Schüssel gelegt, so dass der Rücken nach oben zeigt, indem man die Bauchhöhle mit Salzkartoffeln oder Bratkartoffeln füllt, in die Augenhöhlen gekochte kleine, runde Salzkartoffeln, in deren Mitte ein Pfefferkorn steckt, ins Maul kann man eine Zitronenscheibe oder ein Petersiliensträußchen stecken. Sollte der Fisch für den Topf zu lang sein, so bindet man ihn vor dem Kochen rund, indem man durch die Augenhöhlen und um den Schwanz einen dünnen Faden anbringt. Großen Fisch, den man Braten will, kann man auch spicken, indem man die Rückenhaut abzieht und den Rücken mit 3 Reifen Speckfäden durchzieht und wie vorhin angegeben braten.

Fisch gedämpft: (Kleinere Seefische) Man stellt eine kleine, weiße Mehlschwitze her, von Butter, Mehl und Wasser, reibt die vorbereiteten Fische mit Salz und Pfeffer ein, gibt sie in die Schwitze, gießt etwas Zitronensaft und verrührten Senf darüber, gibt einige Zwiebelscheiben hinzu, lässt ihn bei zugedeckter Pfanne im Backofen ½ Stunde schmoren, in der Zwischenzeit mit der Soße begießen. Kurz vorm Anrichten gibt man die Soße durch ein Sieb und schmeckt sie nochmals ab.

Fischragout: Man schmort den vorbereiteten Fisch in einer braunen, pikant abgeschmeckten Grundsoße gar.

Gebratener Hering: Salzheringe werden entgrätet, gehäutet, 24 Stunden gewässert, 3 bis 4 Stunden in Milch gelegt, dann in Ei und Mehl gewendet, in Butter braun gebraten.

Grüne Heringe: Gesäubert, entgrätet, gewaschen, leicht gesalzen, in Mehl gewendet, gebraten und nach Belieben frisch gereicht oder nach dem völligen Erkalten in einen Steintopf mit Salz, Pfefferkörnern und Zwiebelscheiben geschichtet, ziemlich starker Essig darüber gegossen bis sie bedeckt sind. Halten sich 4 bis 5 Wochen.

Bückling: Entgrätet, gehäutet, in Butter gebraten, nach dem letzten Umdrehen mehrere gequirlte Eier darüber gegossen und so gleichmäßig braun gebraten.

Aal mariniert: Die ausgenommenen Aale werden gewaschen, 1 Stunde in Salz gelegt, abgetrocknet, in feinem Salatöl gebraten, man lässt sie gut abtropfen und abkühlen. Das zurückgebliebene Öl wird mit einigen weißen Pfefferkörnern, Muskatblüte, Lorbeerblatt, Zitronenscheiben und Zwiebeln und mit soviel Wasser und Essig aufgefüllt, so dass nachher die Aale davon bedeckt sind, 15 bis 20 Minuten aufgekocht. Die Aalstücke werden in einen Steintopf geschichtet und die kaltgewordene Soße darüber gegossen. Danach wird der Topf zugebunden.

Aal in Gelee: Die Aale werden mit Salz abgerieben, hierauf nimmt man sie aus, schneidet sie in Stücke, setzt sie mit Wasser, Lorbeerblatt, Gewürz, viel Salz und 1 Tasse Essig auf, lässt sie weich werden, nimmt sie heraus und legt sie in eine schöne Form, kocht die Brühe sehr kurz ein, gießt sie durch ein Sieb darüber, gibt beim Anrichten Öl und Essig dazu, reicht entweder Remoulade oder Mayonnaise dazu. Sollte bei dem Fisch die Brühe nicht steif genug sein, so macht man kurz nach dem Aufkochen Gelatine dazu.

Fischauflauf: In die ausgestrichene Auflaufform gibt man eine Schicht gequollenen Bouillonreis, eine Schicht gekochten, entgräteten Fisch, jedes Mal darüber Tomatensoße mit geriebenem Käse. Obenauf streut man Stoßbrot, Käse, Butterflöckchen und backt sie bei mäßiger Hitze 20 bis 30 Minuten.

Heringsbutter: 2 gut gewässerte, entgrätete Heringe werden sehr fein gewiegt (2 mal durch die Maschine), ebenfalls eine Zwiebel mit wiegen und unter Rühren mit der gleichen Masse Butter gemischt. Sardellenbutter ebenso. Zu bunten Brötchen.

Krebsbutter: Die Krebsschalen, die man beim Herstellen von Krebssuppe und anderen Krebsgerichten übrig behält, werden gut gebürstet, bei gelinder Wärme im Backofen getrocknet, zwar nimmt man nur die Rückenschale, den Rücken vom Schwanze und die Scheren. Hat man die Schalen von 30 Krebsen zusammen und trocken, so stößt man diese mit etwas Butter ganz fein, verrührt sie in einem sauberen Brattopf mit ½ Pfund zerlassener Butter und dünstet sie solange bis die Butter aufschäumt. Dann gibt man etwas kochendes Wasser hinzu, lässt alles 5 Minuten durchkochen, streicht das Ganze durch ein Sieb und lässt es erkalten. Dann schöpft man die rote Butter mit einem Löffel ab und drückt sie in einen Steintopf. (Am kühlen Ort aufbe-

»Hummer-Lady«, Luise von Hagen, IMAGO 2011

wahren.) Sollte die Butter noch nicht klar sein, lässt man sie nochmals schmelzen und gießt sie vorsichtig vom Bodensatz durch ein Haarsieb.

Kaviarersatz: Der 2 Tage in Magermilch gewässerte Rogen vom Hering wird von der Haut befreit, mit einem Quirl fein verrührt, einige Tropfen Zitronensaft dazu und eine kleine Zwiebel darunter rühren, vor dem Aufgeben mit 1 Löffel Salatöl sämig rühren.

Krebs: Für 20 Krebse rechnet man 2½ Liter Wasser, gibt reichlich Salz und 10 Gramm Kümmelkörner hinein und bringt es zum Kochen, gibt die gebürsteten Krebse hinein (nacheinander, das Wasser muss immer kochen) und lässt die Krebse 12 bis 15 Minuten darin kochen. Dann rührt man 3 Esslöffel feines Öl mit 1 Glas Weinessig, etwas geriebenen Knoblauch, feingehackte Petersilie und 1 Tasse Krebsbrühe, gibt die gekochten Krebse hinein, deckt sie zu, schüttelt sie tüchtig durch und richtet sie sofort an. (Salat)

Muschelragout: Die Muscheln werden gründlich gewaschen, die toten (klaff) entfernt. Wasser mit Salz, Zwiebeln und Pfefferkörnern wird zum Kochen gebracht und die Muscheln werden hinein gegeben. Wenn sich die Muscheln öffnen, nimmt man sie heraus, bricht sie aus den Schalen. Nun bereitet man eine weiße Mehlschwitze, füllt mit dem Kochwasser auf, gibt 1 Glas Weißwein hinzu, lässt sämig kochen, gibt durch ein Sieb, schmeckt mit Salz, Pfeffer und Zitronensaft nach, gibt Muscheln und feingehackte Petersilie hinein, lässt nochmals heiß werden. Statt Wein noch mehr Wasser, den mit Essig oder Zitronensaft abschmecken.

Gebackene Muscheln: Die gekochten, aus der Schale gebrochenen Muscheln werden in Ei und Stoßbrot gewendet, in Butter braun gebacken. (Kartoffelsalat)
Muscheln kann man auch in Gelee kochen.

Aal räuchern: Gut ausnehmen, waschen, von innen und außen mit Salz und Salpeter einreiben, 6 Tage in einer Porzellanschüssel stehen lassen, täglich wenden und 2- bis 3mal mit der Lake begießen, in Papier wickeln, 6 bis 8 Tage räuchern.

Rettet die Menschheit *oder* Nelly und der Geschmack nach altem Fahrradschlauch

Mit kaum einem anderen Nahrungsmittel lassen sich die ständig verändernden Essgewohnheiten der menschlichen Spezies auf seinem Weg zum denkenden Geschöpf besser nachweisen, als mit seinem Verhältnis zum Fisch. Was eigentlich nicht weiter verwundert, denn Fisch begleitete den Homo sapiens von Anbeginn seines irdischen Daseins und ist wegen seiner förderlichen Inhaltsstoffe sicherlich sogar einer der wichtigsten Katalysatoren auf dem Weg vom Baum ins Weltall. Dabei entwickelte sich zwischen Fisch und Mensch zwangsläufig eine Symbiose, die nicht nur weit über »Fressen und gefressen werden« hinausgeht, sondern auch maßgeblichen Einfluss auf seine wirtschaftliche, soziale und kreativ-künstlerische Entfal- tung besaß. Eine wissenschaftliche Analyse, die erst wieder vor einigen Jahren untermauert wurde, als der amerikanische Anthropologe Curtis Marean bei Ausgrabungen in einer Höhle am südafrikanischen Pinnacle Piont – sozusagen an der Wiege der Menschheit – auf fast 170.000 Jahre alte Reste von Muscheln stieß, die unsere Vorfahren nach dem Verzehr scheinbar zu einem Kunst-Abfallhaufen zusammengeschichtet haben. Wahrscheinlich frühe Vorfahren von Joseph Beuys.

Übrigens war das in einer erdgeschichtlichen Periode, als das Überleben unserer Ahnen am seidenen Faden hing, denn der afrikanische Kontinent litt damals unter Trockenheit, und eine über Jahrtausende anhaltende Dürre bedrohte nicht nur die Vegetation, sondern damit einhergehend auch den für die Nahrung bedeutsamen Wildbestand. Nur die maritime Ernährung rettete wohl letztendlich die Menschheit vor dem Aussterben.

Auch anderenorts wird deutlich, dass Fisch & Co. nicht nur ein wichtiges Grundnahrungsmittel war, sondern in vielen Bereichen des Lebens bleibende Spuren hinterließ. Und das schon zu einem relativ frühen Zeitpunkt der menschlichen Entwicklung, wie Höhlenzeichnungen aus der Steinzeit beweisen, auf denen sich Thunfische tummeln. Später tauchen Fische in griechischen Tragödien auf; werden in Gestalt des babylonischen Fischgottes Oannes als Gottheit angebetet; in nordischen Heldenliedern besungen und fungieren letztlich sogar als unauffälliges Erkennungszeichen in der frühchristlichen Kirche. Allein das griechischen Wortes für Fisch ἰχθύς (ichthýs) schließt eine so große Vielfalt an Glaubensbekenntnis-Adaptionen ein (Ιησούς – Jesus; Χριστός – Christus; Θεού – Gott), dass sich bis heute die Gemeinschaft der Christen aller Welt noch immer gern als »Fische« im Netz des Herren bezeichnen; ein einprägsames Synonym, das aus zwei sich kreuzenden gekrümmten Linien besteht.

Mittlerweile finden sich diese Beweise christlicher Gesinnung sehr oft als Aufkleber auf Auto-Heckscheiben und Kofferraumklappen und ich bin mir manchmal wirklich nicht sicher, ob diese Sympathisanten überhaupt wissen, wozu und zu wem sie sich eigentlich damit bekennen. Vorrangig aber wurde Fisch natürlich als Nahrungsmittel geschätzt.

Ob die Griechen in der Antike – einzige Ausnahme bildet wohl Homer, der alles, was aus Flüssen und Meeren gefischt wurde, verächtlich »Speise des

Mittelmeerfischplatte

»Tintenfischcocktail«, Annabell Frenzel, IMAGO 2011

Elends« nannte – und selbstredend auch die Römer, dessen berühmtester Gourmet Marcus Caeselius Apicius für seine sagenhaften Büfetts bekannt wurde, die sich zeitgenössischen Berichten zufolge nur so unter der Last von Schalen- und Krustentierdelikatessen bogen – jede Epoche näherte sich der Zubereitung des Fisches auf ihre eigene Art. Doch selbst bei dieser zutiefst physiologischen Bestimmung wurden die wechselwarmen Wirbeltiere (lat. Pisces) – deren Anfänge schon im frühen Ordovizium (Zeitabschnitt im Paläozoikum [Erdaltertum]), also vor rund 488 bis 443 Millionen Jahren zu finden sind – keck missbraucht. Und ich denke da vordergründig an den Einsatz von Fisch als Fleischersatz während der Fastenzeit. Das hatte wiederum zur Folge, dass die heilige Mutter Kirche im Mittelalter befahl, in ganz Europa Löcher zu wühlen, um Fischteiche anzulegen.

Paradebeispiel sind die rund 75 Quadratkilometer umfassenden Plothener »Himmelsteiche« (Regenwasserteiche), die im 11. und 12. Jahrhundert von den Mönchen des Thüringer Klosters Paulinzella gegraben wurden, um dort ihre vielgeliebte Fastenspeise züchten zu können. Frischer Seefisch hingegen spielte damals im Binnenland überhaupt keine Rolle. Bekannt war jedoch der Stock- oder Klippfisch; durch Trocknung haltbar gemachter Dorsch, Seelachs, Schellfisch oder Leng.

Einwurf: Kabeljau und Dorsch sind unterschiedliche Namen für dieselbe Fischart: »Gadus morhua« aus der Familie der Dorsche. Als Dorsch bezeichnet man den jungfräulichen Kabeljau. An der Ostsee jedoch nennt man ihn nur Dorsch oder im südlichen Bereich auch Pomuchel (Pomuchelkopf). In Norwegen nennt man den in Küstennähe lebenden Dorsch »Torsk«, den hochseebewohnenden Dorsch »Skrei«. Die Niederländer hingegen nenne alle Dorsche »Kabeljauw«; die Engländer »Cod«. Sollte Sie das überfordern, kaufen Sie einfach Schellfisch. Der gehört ebenfalls zur Familie der Dorsche und erfreut sich ebenfalls als Speisefisch größter Beliebtheit. Beide Fischarten übrigens leiden seit Anfang der Siebziger Jahre unter der Bedrohung der Überfischung. Was auch der Tatsache geschuldet werden muss, dass sie längst den Makel eines profanen »Kochfischs« abgelegt haben und selbst von Gourmetköchen hofiert werden.

Diese konservierten Fische waren durch das Monopol auf den Stockfischhandel nicht nur ein Garant der wirtschaftlichen Macht der Hanse, sondern beeinflussten damit einhergehend in erheblichem Maße auch die nautische Entwicklung des Abendlandes und notabene damit einhergehend natürlich die Weltpolitik.

Ursprünglich vor allem in der christlichen Seefahrt als haltbare Nahrung und Allheilmittel gegen Skorbut und Vitaminmangel für die Schiffsbesatzungen verwendet, avancierte Stockfisch neben Sauerkraut zu einem der weit verbreitetsten Lebensmittel des ausgehenden Mittelalters und der beginnenden Neuzeit und blieb dies auch bis weit ins 19. Jahrhundert hinein, ehe durch den Ausbau des Eisenbahnnetzes Seefische in kürzester Zeit relativ zügig und damit frisch selbst in die hintersten Winkel des Binnenlands geliefert werden konnten. Durch die gleichzeitig damit einhergehende Verbesserung der Fangmethoden entwickelte sich der Verzehr von Seefisch rasant. Heute liegt der Verbrauch in Deutschland bei ca. 70 % Seefisch, 20 % Süßwasserfisch sowie 10 % Krebs-, Krusten- und Weichtieren. Rund

12 % des Fischs kommen dabei frisch auf den Tisch; 40 % werden tiefgekühlt, die gleiche Menge zu Konserven verarbeitet und rund 8 % passieren unseren Gaumen geräuchert.

Neben Silvesterkarpfen, fangfrischen Forellen aus dem Eichsfeld und würzig geräucherten Sprotten strapazierte Großmutter Nelly unsere Mägen hauptsächlich mit Kochfisch. Und das vorwiegend freitags, obwohl es sie ein Leben lang diebisch erheiterte, dass sie sich als bekennende Lutheranerin nicht dem katholischen Fastengebot unterwerfen musste. Das offenbarte ihre pragmatische Einstellung zu Glaubensfragen, mit der sie sich getreu dem Wahlspruch »sicher ist sicher« immer auf der Seite zukünftiger Gewinner wähnte. Nicht umsonst war sie eine glühende Verehrerin von Friedrich Schiller; »Wallenstein« lässt grüßen!

Nellys freitäglichen Kochfisch-Gelage indes haben in meinem Geschmacksempfinden so tiefe Furchen hinterlassen, dass mir viele Jahrzehnte lang allein schon beim Geruch von Kochfisch kalte Erinnerungsschauer über den Nacken rieselten, was wohl hauptsächlich dem Umstand zu verdanken war, dass sie den Kochfisch so lange in einem Essig-Zucker-Kochsalz-Sud kochte, bis sie sich ganz sicher war, dass der Fisch auch wirklich tot war. Was übrig war, schmeckte wie ein alter Fahrradschlauch und sah auch so ähnlich aus. Alle ihre Versuche, diesen trostlosen Zustand mit einer überaus würzigen und speckschwangeren Senfsoße zu kaschieren, endeten wie das berühmte Hornberger Schießen und trieben eventuell geladenen Gästen die Tränen in die Augen.

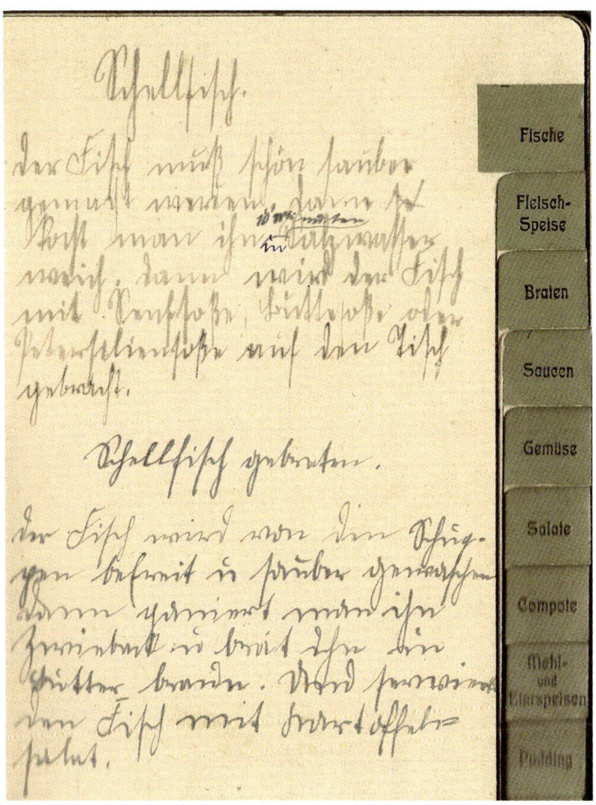

Glauben Sie mir, das waren keine Freudentränen. Dabei fing alles ganz harmlos an: Mit fünf Markstücken, sorgfältig in Zeitungspapier eingewickelt, schickte mich Nelly zu Ignaz Kobold, einem in der Mühlhäuser Kilianistraße in der dritten Generation ansässigen Kolonialwarenhändler, dessen Fischsortiment nach Ansicht meiner Großmutter »Vorkriegsformat« hatte. Eine Bewertung, die ich als Knirps Mitte der Fünfziger Jahre natürlich noch nicht einordnen konnte. Später jedoch, als ich selbst als Koch den Mysterien des sozialistischen Handels hilflos ausgeliefert und ständig auf der Jagd nach frischem Fisch war, fragte ich mich schon, wie es der vigilante Ignaz nur geschafft hatte, in dieser Bückwaren-Epoche niemals den berühmten Satz »Hamm mer nich« über seine Lippen bringen zu müssen. Außerdem war er der Herr eines globalen Sortiments, wie man es selbst heute kaum mehr findet.

Doch darüber möchte ich später einmal mehr berichten.

Als wäre mein Anliegen von Nelly telegrafisch avisiert worden, rollte er jedes Mal, wenn ich mir in der Warteschlange das Recht auf Bedienung erstanden hatte, ohne weitere Worte zu verlieren mehrere kopflose Fische in ein »Volk«; tauschte die zerknüllte Hilfsgeldbörse gegen Wechselgeld und eine Lakritzstange und ermahnte mich, ohne Umwege den Heimweg anzutreten. Ganz gewiss der Frische wegen, denn oftmals litten seine auf Stangeneis gekühlten Fische schon bedrohlich unter Überalterung. Da es jedoch noch keine Verfallsdaten gab, mit denen uns die Werbung mittlerweile gängelt und unsere Mägen außerdem über gesunde Widerstandskräfte verfügten, wusch Nelly den Kochfisch mit etwas übersaurem Mangan und fertig war die Gartenlaube. Den Rest, wie erwähnt, erledigte längeres Köcheln …

Die philosophierende Großmutter

Wenn meine Großmutter Nelly der Meinung war, etwas so teuer erworben zu haben, dass sich dies wirtschaftlich nicht rechnete, dann haderte sie stets, wie absurd es doch eigentlich sei, »mit der Wurst nach der Speckseite zu werfen«. Eine Redensart, deren Ursprung in den Essgewohnheiten der Menschen zu finden ist und mit der sich Oma Nelly übrigens eindeutig als fleischfixierte Thüringerin outete.

Andere Leute, andere Spezialitäten – die Holländer beispielsweise ärgern sich bei einem ähnlichen schlechten Handel »wie blödsinnig es doch sei einen Schellfisch auszuwerfen, um damit einen Kabeljau zu ködern« (»en schelvisch uitwerpen, om een kabeljaaw te vangen«). Woraus man unschwer rückschließen könnte, dass wir einen Großteil unserer Flüche und geflügelten Worte unseren täglichen Essgewohnheiten verdanken – was unseren Geschmacksnerven schmeichelt, geht uns auch phonetisch leicht über die Zunge. Was jedoch keinesfalls verallgemeinert werden darf, wie die Schimpfkanonade mit dem Storch zeigt, den uns einer braten soll, wenn eine Sache partout nicht so funktioniert, wie wir uns das vorstellen. Selbst bei aller köchelnden Meisterschaft – Störche zählen weltweit nicht zu den anerkannten Delikatessen.

Kabeljau mit Senfsoße

Rezepte aus Oma Nellys Kochbuch:
Senfsoße

Man nimmt Mehl und Fett, schwitzt dieses in einem Topf und schüttet immer langsam Wasser zu. Etwas Zucker, Essig und Salz nach Belieben dran tun und so aufkochen lassen. Den Senf verrührt man in einem Topf langsam mit der Brühe. Der Senf darf nicht mitkochen, weil er sonst die Farbe verliert.

Schellfisch

Der Fisch muss schön sauber gemacht werden, dann kocht man ihn 10 Minuten in Salzwasser weich. Der Fisch wird dann mit Senfsoße, Buttersoße oder Petersiliensoße auf den Tisch gebracht.

Schellfisch gebraten

Der Fisch wird von den Schuppen befreit und sauber gewaschen. Dann paniert man ihn in Zwieback und brät in Butter braun und serviert den Fisch mit Kartoffelsalat.

Senftunke

I. ¼ l braune Grundtunke, gibt 1 bis 2 Esslöffel Essig, angerührt mit Senf dazu, schmeckt mit Salz und Zucker ab.

II. An die Senftunke gibt man Rotwein, Zucker, Eigelb, fein geschnittene Gurken (passt auch zu Rind- und Hammelfleisch).

Braune Grundtunke: 50 bis 60 g Mehl in 30 g Butter bräunen, mit kalter Brühe auffüllen, durchkochen, sieben, mit Salz und Pfeffer abschmecken.

Schellfisch- oder Kabeljaufilet »Strindberg« à la Nelly

Längst gehören die Zeiten, in denen Kabeljau oder Schellfisch ausschließlich als Kochfisch serviert wurden, der Vergangenheit an.

ZUTATEN:

Rezept für 4 Personen:

800 g Kabeljau- oder Schellfischfilet, Saft einer Zitrone, 6 Schalotten, 3 EL Dijonsenf, 3 Eier, 100 g Mehl, 150 g Butterschmalz, weißer Pfeffer, Salz

ZUBEREITUNG:

Die Fischfilets mit Pfeffer und Salz würzen und mit Zitrone marinieren; in Mehl wälzen; von beiden Seiten mit Senf bestreichen und in die fein gewürfelten Schalotten drücken.
Anschließend in verquirltem Ei wälzen und in ausgelassenem Butterschmalz goldgelb ausbacken. Mit Petersilienkartoffeln, Senfsauce und einem grünen Salat servieren.

Senfsauce:
Während Oma Nelly ihre Senfsauce aus gewürfeltem Räucherspeck, Mehl und Essigsud zog, in dem sie den Fisch garte, ziehe ich eine solche Sauce aus einer Béchamelsauce.
Dazu schwitze ich zwei fein gewürfelte Schalotten mit ca. 50 g Butter glasig an; stäube ca. 30 g Mehl darüber und fülle mit 1 l Milch auf, die ich unter milder Hitze und unter ständigem Umrühren ca. zwanzig Minuten köcheln lasse.
Anschließend würze ich mit weißem Pfeffer und Salz; einer Prise Zucker und dem Saft einer Zitrone und passiere alles durch ein feines Sieb. Dazu gebe ich zwei Esslöffel Dijonsenf, wenn vorhanden einen Teelöffel englisches Senfpulver; schlage die Sauce mit dem Schneebesen schaumig und hebe 120 g geschlagene süße Sahne darunter.

Wohlschmeckende Morgenröte

Als ich kurz nach der Wende aus meinem vorübergehenden hessischen Exil nach Thüringen zurückkehrte, entschloss ich mich, dies mit Freunden und Bekannten zu feiern. Aus diesem Anlass lud ich Hunz und Kunz ins Hotel »Stadt Mühlhausen« ein, das damals nicht nur das erste Haus am Platze dieses Provinzstädtchens, sondern für mich auch ein Ort der Erinnerung war, denn drei Jahrzehnte zuvor hatte dort meine Kochkarriere ihren Anfang genommen.

Als ich die Feier bestellte, fragte man mich natürlich, was man servieren solle und ich orderte in Gedenken an eine Begebenheit meiner Lehrzeit und nicht ganz frei vom Ansinnen mit einem elitären Hauch von Luxus Eindruck zu schinden, ein üppiges Lachsbüfett. Damit wollte ich nicht nur meine Gäste (die sich hoffentlich noch daran erinnern werden) ehren, sondern auch meinen damaligen Lehrmeister Rolf-Eberhard Dörffling ein Denkmal setzten. Der mühte sich nämlich seinerzeit redlich, mich in die Geheimnisse der Kochkunst einzuweihen. Was ihm – wie später von mir bewirtete Gäste bekundeten –, wohl auch einigermaßen zufriedenstellend gelungen war. Das war aber hauptsächlich dem Umstand zuzuschreiben, dass seine drakonischen preußischen Umgangsformen kaum Undiszipliniertheiten zuließen. Andererseits war Rolf-Eberhardt Dörffling, den alle Welt seines Vornamens und kräftigen Körperbaus wegen nur »Rolli« nannte, einer jener begnadeten Köche, die aus Sch … Bonbon zaubern konnten.

Eine Fähigkeit, der naturgemäß die Unwägbarkeiten der sozialistischen Mangelwirtschaft im Wege standen, und so war der Rolli, wie alle anderen Küchenmeister damals auch, gezwungen, einen Großteil seiner Arbeitszeit auf den verschlungenen Pfaden der Warenbeschaffung zu wandeln. Dabei gelangen ihm einige organisatorische Husarenstreiche, die als Anekdoten noch heute vor allem unter jenen Köchen kursieren, die einst bei ihm ihr Handwerk erlernten.

Neben abenteuerlichen Streifzügen durch die geheimsten Winkel der Lager des volkseigenen Großhandels, über kalorienstrotzende Verhandlungen mit LPG-Vorsitzenden, bis hin zu selbstaufopfernden Trinkexzessen mit den Chefs der prall gefüllten sowjetischen Handelsmagazine – ja, selbst der heimliche Aufkauf illegal erlegten Wildes durch die Grenzwächter der nahen innerdeutschen Grenze – wurde kein Risiko gescheut, um die »Bedürfnisse der werktätigen Massen zu befriedigen«.

Kaum eine Jugendweihefeier, Konfirmation oder Hochzeit, für die der Staatsanwalt nicht mindestens drei Jahre Gefängnis gefordert hätte. Es sei denn, der saß mit am gedeckten Tisch! Obwohl jeder für die Berufsausbildung Verantwortliche wusste, dass in der DDR für das Berufsbild eines Koches mehr Beschaffungskriminalität als kulinarisches Einfühlungsvermögen nötig war und manche Lehrlinge ihre Prüfung nur deshalb bestanden, weil ihr Organisationstalent höher bewertet wurde, als ihre köchelnden Fähigkeiten, war diese allgemein gängige Praxis bis zuletzt ein Tabu-Thema. Die Resultate solcher nicht ganz hasenreinen Aktivitäten waren jedoch sehenswert und mancher geladene Westverwandte zweifelte angesichts des an Fest- und Feiertafeln zur Schau gestellten Wohlstandes an den allgemeinen Klageliedern ihrer ostdeutschen Brüder und Schwestern.

Unvergessen bleibt für mich ein Kaltes Büfett anlässlich des vierzigsten Geburtstages eines stadtbekannten Kürschnermeisters, für dessen Gelingen der Rolli wieder einmal alle Register des sozialistischen Schwarzhandels gezogen hatte. Prunkstück seines Gala-Büffets waren neben den damals üblichen glasierten Rehrücken, Kaviareiern und mit Apfel-Sahne-Meerrettich gefüllten Roastbeefröllchen drei herrlich rosa leuchtende gebeizte Lachse, die wie ein Heiligenschein glühten, was den Rolli dermaßen verzückte, dass er sein Meisterwerk augenzwinkernd »Morgenröte über einer sozialistischen Speiselandschaft« taufte. Das war seine Art, seine gestörte Einstellung zum Sozialismus zu artikulieren. Übrigens, Lauscher gab's selbst in den Küchen der Republik und seine elegische Äußerung wurde von der Konfliktkommission der HO mit einer Vorwarnung bestraft. Über die Frage, wo er die Lachse organisiert hatte, legte man den Mantel des Schweigens.

Für heutige Köche ist die damalige Lachs-Euphorie kaum mehr nachvollziehbar. Anruf genügt und er wird mit Lachsen jeglicher Couleur bombardiert. Für mich indes bildete dieses Büfett eine jener Erinnerungen, die über Jahre hinweg mein Bild von vollendeter Gastronomie prägen sollte.

Eigentlich schwelgte ich in Lachs bis zu jenem Tag, an dem mich Hugo, ein in Norwegen eingebürgerter Österreicher mit mitteldeutschen Wurzeln, der seit Mitte der Neunziger einen vorzüglichen Ruf als international agierender Lachshändler erworben hatte, gemeinsam mit seinem Vater nach Norwegen auf eine Lachsfarm einlud.

Er holte uns an einem Gründonnerstag mit einer weißen Stretch-Limousine am Flughafen Oslo-Gardermoen ab, setzte uns zwei weiße Cowboyhüte auf und ich fühlte mich wie J. R. Ewing von der Southfork Ranch auf dem Weg zu seinen Millionenquellen. Nur, dass auf uns kein Erdöl wartete, sondern Lachse. Und die rochen wir schon aus zehn Kilometer Entfernung, denn das ungewöhnlich sonnige Wetter hatte den Chauffeur verleitet, das Schiebedach zu öffnen.

Je näher wir dem Zuchtgebiet an einem Fjord kamen, desto bestialischer roch es nach Fäulnis, Verwesung und medizinischen Tinkturen. Natürlich wusste ich aus den Medien, wie problematisch die Massenaufzucht dieser Fische aus der Familie der Salmonidae (Forellenfische) ist und welche unheilvolle Rolle vor allem die Chemie im Leben dieser Tiere spielte.

Begonnen hat die Tragödie mit der Industrialisierung im 19. Jahrhundert, als entlang der großen europäischen Flüsse Industriebetriebe wie Pilze aus dem Boden schossen, welche in kürzester Zeit die Lebensadern reinen Wassers gnadenlos in Kloaken verwandelte. Traurigstes Beispiel der Rhein. Früher so lachsreich, dass schon im ausgehenden Mittelalter die Arbeiter der großen Mühlenbetriebe an seinen

Ufern in den Streik traten und öffentlich dagegen meuterten, dass auf ihrem Speiseplan allzu oft Lachs stand, war der Fluss bald so tot, wie der Hauptfriedhof von Köln um Mitternacht. Übrigens nicht nur ein deutsches Phänomen. Auch in anderen Ländern war Lachs keine Delikatesse, sondern ein Arme-Leute-Essen. Auf einem schottischen Gut wurde beispielsweise anno 1775 in neun Monaten 45-mal Lachs serviert und im 19. Jahrhundert protestierten Londoner Lehrjungen, weil man ihnen ausschließlich übel riechenden flussabwärtsziehenden Lachs aus der Themse vorsetzte. Abgesehen von einigen kosmetischen Eingriffen, die vordergründig die Gemüter der aufkeimenden Umweltorganisationen beruhigen sollten, änderte sich bis in die Achtziger Jahre des 20. Jahrhunderts auch nicht viel an der katastrophalen Verschmutzung der Flüsse. Erst 1983 zwang der Chemieunfall bei Sandoz im oberbayerischen Holzkirchen zum Umdenken in der Umweltpolitik und es wurde ein »Projekt Lachs« ins Leben gerufen. Ursprünglich eigentlich erneut nur als Prestigeaktion angedacht, zeigte die mit der lächerlichen Sandoz-Strafzahlung von 250.000 Mark unterstützte Rekultivierung des Flusses jedoch recht bald Erfolge und als 1993 die ersten 14 Lachse in der Sieg, einem Nebenfluss des Rheins in Nordrhein-Westfalen, gefangen wurden, feierte man dies wie die Genesis einer neuen Welt. Ein ähnliches, noch andauerndes Projekt, wurde auf deutschem Boden übrigens auch vom Land Brandenburg erfolgreich in Angriff genommen, das den mit dem Gewässersystem der Elbe integrierten Flüssen Prignitz und Stepenitz zugute kommt. Auch die Lachszuchtfarmen in Norwegen konnten sich der Kritik der Umweltschützer und Verbraucherorganisationen bald nicht mehr entziehen. Sie unterliegen heute ständig veterinärmedizinischen Kontrollen und solche unappetitlichen Auswüchse, wie ich sie noch vor rund eineinhalb Jahrzehnten über mich ergehen lassen musste und die mir letztendlich jeden Appetit auf Lachs vermiesten, gehören (wenn leider auch nicht flächendeckend) der Vergangenheit an.

Seit einigen Monaten kommt nun auch wieder bei uns zu Hause regelmäßig Lachs auf den Tisch und vor jeder Mahlzeit legen wir in der Familie eine »Rolli-Dörffling-Gedächtnis-Andacht« ein, denn natürlich koche ich einige Gerichte noch nach seinen Rezepturen.

Doch gerade beim Lachs bewähren sich die zahlreichen Innovationen, mit denen unsere Küchen mittlerweile ausgestattet sind. Der Fisch wird heute vielfach in Dampfgartöpfen- oder -geräten zubereitet und ist deshalb nicht mehr so ausgelaugt.

Außerdem braten wir den Salmon schon längst nicht mehr zu Schuhsohlen, sondern lieben es, wenn der Kern noch ein wenig roh glänzt und etwas von jener natürlichen Eleganz aufweist, was diesen Fisch mittlerweile doch wieder ein wenig zur elitären Delikatesse erhebt. Zu einer bezahlbaren ... und wer ihn erwerben will, muss schon lange nicht mehr mit russischen Fourieren um die Wette trinken.

Gedämpfter Lachs mit Dill-Estragon-Sauce

Rezept für 4 Personen:

ZUTATEN:

4 Lachsfiletstücke ohne Haut à 160 g
Pfeffer, Salz, 1 Zitrone, 250 g Wurzelgemüse (Sellerie, Lauch, Möhren,) 2 kleine Zwiebeln, 1 Lorbeerblatt, 1 Nelke, 4 Zweige frischer Dill (davon 2 fein gehackt), 4 Zweige frischer Estragon (davon 2 fein gehackt), 1/8 l Noilly Prat (frz. Wermut-Cuvée), 1/8 l trockener Weißwein; 1/4 l Fischfond; 120 g Schlagsahne, 70 g eiskalte Butter; 40 g Butteröl

ZUBEREITUNG:

Lachsfiletstücke pfeffern, salzen und mit Zitrone säuern. Wurzelgemüse in feine Streifen schneiden und damit den Einsatz eines Dampftopfes beschichten; darauf die Lachsfilets und die zwei Zweige Dill und Estragon legen.
Im Grundtopf des Dämpfers die fein gewürfelten Zwiebeln in Butteröl glasig dünsten. Noilly Prat, Weißwein und Fischfond angießen; Dämpfereinsatz einsetzen und das Gargut ca. 4–6 Minuten bei mittlerer Hitze dämpfen.
Danach Einsatz warm stellen; Fond auf die

Hälfte einreduzieren, die eiskalten Butterwürfel zum Binden untermontieren und die geschlagene süße Sahne darunter heben. Evtl. Eine Prise Zucker sowie vorsichtig gehackten Dill und Estragon unterheben. Zusammen mit Lachs und Gemüse anrichten. Dazu passen Schwenkkartoffeln oder Reis.

Gegrilltes Lachssteak »mediterran«

Rezept für 4 Personen:

ZUTATEN:

4 Scheiben Lachssteak mit Gräten à 200–220 g 200 ml Olivenöl, 4 Salbeiblätter, 2 Zweige Rosmarin, 3 Knoblauchzehen, 1 kleine Zwiebel, frisch gemahlener schwarzer Pfeffer; Meersalz, 4 Scheiben Zitrone, 2 Lorbeerblätter

ZUBEREITUNG:

Ich bevorzuge beim Grillen zwei Möglichkeiten: Über offener Holzkohleglut oder in einer Grillpfanne. Bei beiden Varianten gerinnt das Eiweiß des Fisches relativ schnell durch die große Strahlungshitze und bildet die gewünschte köstliche Röstschicht.
Dadurch werden die Poren des Lachses sofort geschlossen und wenn wir uns an die vorgeschriebenen Garzeiten halten, ist der Fisch außen knusprig und innen zart. Um das Lachssteak noch wohlschmeckender zu servieren, lege ich die Steaks manchmal in eine Marinade aus Olivenöl mit Rosmarin, Salbei, Lorbeer, gequetschtem Knoblauch und einer in Streifen geschnittenen Zwiebel ein, die ich mit einigen Scheiben Zitrone veredle. Dort lasse ich den Fisch 3–4 Stunden marinieren, bevor ich ihn entweder über offener Glut oder in einer leicht geölten Grillpfanne auf beiden Seiten für ca. 1½ Minuten grille und in Stanniolfolie verpackt noch ca. 5–8 Minuten ziehen lasse. Erst vor dem Servieren mit Meersalz und frischem schwarzen Pfeffer würzen. Dazu passt hervorragend ein Ratatouille und frisches Baguette.

Graved Lachs

Rezept für 4 Personen:

Den Begriff »Graved« findet man ebenso im Dänischen (graved laks), Norwegischen (gravlaks), Finnischen (graavilohi), so wie im Schwedischen(gravlax) und bedeutet soviel wie »eingegraben«. Diese Konservierungsmethode wird seit Jahrhunderten in Skandinavien praktiziert, um den frisch gefangenen Lachs einige Wochen haltbar zu machen. Dazu werden die Fische nach dem Ausnehmen mit einer Beizmischung eingerieben, die ihm später auch den Geschmack verleiht. Im Gegensatz zu den alten Skandinaviern, buddele ich meinen Fisch aber nach dem Beizen nicht ein, sondern vertraue auf die moderne Kühltechnik. Das physikalische Prinzip, dass dabei der osmotische Druck dem Lachs das Wasser entzieht, ist bei beiden Methoden identisch.
Zum »Graved Lachs« wird eine relativ süße, kalte Senfsauce mit Dill serviert, die im Schwedischen »Hovmästsrsås« genannt wird. Dazu reicht man gebutterten Toast.

ZUTATEN:

1 ganzes Lachsfilet von ca. 1,0 kg, 3 EL grobes Meersalz, 3 EL brauner Zucker, 1 großes Bund Dill, je 1 EL grober schwarzer, roter und weißer Pfeffer und hauchzarte Zesten einer Bio-Zitrone

ZUBEREITUNG:

Lachsfilet mit Haut von Schuppen säubern, evtl. Gräten mit Pinzette ziehen; mit der Mischung aus den Zutaten kräftig einreiben; das Filet mit der Haut nach außen falten und in einen Folienbeutel, wenn möglich vakuumieren. In eine flache Schale legen; mit einem Brett und Gewicht beschweren und für ein bis zwei Tage in den nicht so kalten Bereich eines Kühlschranks (Gemüsefach) legen. Danach mit einem dünnen und sehr scharfen Lachsmesser im 45-Grad-Winkel in zarte Scheiben schneiden.

Graved Lachs

Gegrilltes Lachssteak

ZUTATEN:

1 Lachsfilet (ca. 600–800 g)
ohne Gräten, aber mit Haut
Pfeffer, Salz
Olivenöl
Thymian
8 Zitronenscheiben

ZUBEREITUNG:

Das trocken getupfte Lachsfilet, – das Sie bei einem Fischhändler Ihres Vertrauens kaufen sollten, weil Sie ihm natürlich nicht mehr in die Augen blicken können –, in einen Fischbräter legen und die Seite ohne Haut mit den Kräutern belegen, die Sie anschließend mit den Zitronenscheiben verdecken. Das verhindert das Anbrennen der Kräuter.

Mit der Hautseite nach unten auf den ca. 120 °C vorgeheizten Rost legen. Wenn vorhanden, unter geschlossenem Deckel ca. 15 Minuten gar ziehen lassen. Anschließend die offene, mit Zitronenscheiben belegte Lachsseite ca. 3 Minuten grillen.

Das Lachsfilet von der Haut heben, portionieren und erst jetzt mit Pfeffer und Salz würzen.
Ich empfehle Ihnen dazu entweder ein wenig Olivenöl, etwas Kräuter- oder Knoblauchbutter oder aber auch eine Sauce Hollandaise oder Béarnaise.

Eigentlich reichen als weitere Beilagen frisches Baguette und/oder ein frischer grüner Salat.

Gegrilltes Lachssteak

"Grilled Salmon!"

Wie ein Jahrhundertwinter mich zwang, Fische zu grillen

Jahreswechsel 1979/80. Thüringer Wald. »Vierpfennighaus« zwischen Tambach-Dietharz, Georgenthal und Finsterbergen.

In der Nacht war plötzlich der Winter so heftig hereingebrochen, dass die Meteorologen ihn sofort als Jahrhundertkatastrophe einstuften. Selbst mein alter Freund, Erich Ortlepp, Spitzname »Der Kistemacher«, der sonst bei Wind und Wetter die Wanderschuhe schnürte, konnte sich nicht an einen derartig extremen Wintereinbruch erinnern und verkroch sich an seinen Kachelofen. Seit unserem Einzug ins »Vierpfennighaus« hatte uns der damals knapp Achtzigjährige häufig besucht und wir waren so eng befreundet, dass er mehr Zeit mit uns als mit seiner Frau verbrachte. Erich kannte den Wald wie seine Westentasche. Immer wieder erzählte der Sohn eines Forstarbeiters die Geschichte, wie er als Jugendlicher den Gothaer Herzog Carl Eduard als Jagdhelfer begleiten durfte. Der Herzog bedankte sich damals mit einem goldenen Zehn-Mark-Stück bei seinem Helfer, der eigentlich nur seinen Vater vertreten hatte, weil dieser an der Front für Gott, Kaiser und Vaterland kämpfen musste. Immer, wenn er diese Anekdote zum Besten gab, griff Erich in die Hosentasche, faltete umständlich ein dunkelblaues Samttüchlein auseinander und präsentierte seinen Zuhörern zum Beweis besagte Goldmünze. Die bezahlten ihm dann als Belohnung für seinen Vortrag ein Pils. Bis heute weiß ich nicht, ob diese Begebenheit sich wirklich so zugetragen hatte oder ob sie einfach nur gut ausgedacht war. Jedenfalls erfüllte sie ihren Zweck – der Kistemacher litt niemals unter Durst. Allein das zählte.

Während am Nachmittag des Silvestertages '79 noch frühlingshafte Temperaturen geherrscht hatten, erstarrte in der Nacht der Thüringer Wald bei minus 20 Grad Celsius zu einem Eispalast, der überdies von heftigen Schneefällen zugedeckt wurde. Später erfuhren wir, dass innerhalb weniger Stunden eine Tiefdruckrinne, die über Deutschland extrem kalte Festlandsluft im Norden von milder Meeresluft im Süden trennte, zusammengebrochen war, was meine Silvestergäste natürlich überhaupt nicht interessierte. Erst, als sie sich auf den Heimweg machen wollten, stellten sie zu ihrem Erstaunen fest, dass an eine Heimfahrt nicht zu denken war, denn in nur wenigen Stunden hatte eine mehr als anderthalb Meter hohe Schneedecke die Straße unpassierbar gemacht.

Also wurde weiter gefeiert und irgendwann am frühen Morgen fielen sie einfach erschöpft an Ort

Mein Freund Erich Ortlepp, der »Kistenmacher«

und Stelle um und schliefen ihren Rausch aus. Zwei Tage mussten sie ausharren und … feiern, ehe sich der Winterdienst zu uns durchgekämpft hatte. Noch tagelang stürmte es und die Landstraßen im »Flachen Land« wehten innerhalb weniger Minuten wieder zu und der Verkehr erlitt einen Infarkt nach dem anderen. Nur unsere durch den Wald geschützte Nebenstraße war nach anfänglichen Schwierigkeiten ständig passierbar, wozu maßgeblich der Betrieb des nahe gelegenen Basalt-Steinbruchs an der Ebertswiese beitrug, der unbedingt aufrechterhalten werden musste, weil dort dringend benötigter Streusplitt gebrochen wurde. Bald hatte der Buschfunk die Möglichkeit weiter getragen, dass PKWs und Kleintransporter diesen eigentlich für den öffentlichen Verkehr gesperrten Schleichweg nutzen konnten, um von Tambach-Dietharz über das »Kreuz« nahezu gefahrlos Friedrichroda zu erreichen.

Davon hatte auch der Fahrer eines »Robur« Wind bekommen, dessen Aufschrift verriet, dass er im Auftrag des »VEB Fischhandel«, Außenlager Berlin, unterwegs war. Jeder, der damals in der DDR lebte, wurde beim Anblick eines solchen Lieferfahrzeuges sofort hellhörig, denn Fisch – außer Makrele und Salzhering – gehörte zu jenen Bedarfsgütern des täglichen Lebens, die als Bückware gehandelt wurden.

Als sich der Fahrer sogar entschlossen hatte, im »Vierpfennighaus« eine Pinkelpause einzulegen, schlug mir natürlich sofort das Herz höher, denn durch die winterliche Konfusion auf den Straßen waren die turnusmäßigen Lieferungen des Großhandels ausgeblieben. Es bahnte sich ein Versorgungsengpass an. Zu allem Überfluss platzten die FDGB-Heime wegen der Schulferien aus allen Nähten und Heerscharen von Gewerkschaftsurlaubern stahlen sich auf der Suche nach abwechslungsreicher Atzung aus der eintönigen Routine des gewerkschaftlich organisierten Verköstigungsalltages. Wie Heuschrecken fielen sie in die umliegenden Gasthöfe ein und fraßen sie kahl.

Und an eine Vorratshaltung, wie sie heute möglich ist, war damals überhaupt nicht zu denken. Auch eine schnelle Rettung war ausgeschlossen, denn zu allem Übel hatte die Schneelast auch meine

Telefonleitung heruntergerissen und ich konnte noch nicht einmal um Hilfe rufen. Da kam dieser volkseigene Fischhändler auf Schleichwegen eigentlich gerade recht. Leider konnten ihn selbst meine berühmten »Teufelswürstchen« und ein prächtiger Kesselgulasch nicht erweichen, einen Teil seiner kostbaren Fracht abzuladen.

»Diese Lieferung geht ins Schlosshotel nach Reinhardsbrunn. Staatsreserve! Sonderbedarf!«, machte er sich wichtig und in seiner Stimme schwang eine Arroganz mit, die Leuten zu eigen ist, die der Meinung sind, sie ständen auf der Evolutionstreppe zwei Stufen höher als ihre Mitmenschen. Verärgert bereute ich, dass ich ihm nicht eine kräftige Prise jenes extrascharfen Paprikas unter seinen Kesselgulasch gemischt hatte, den mir mein ungarischer Tischtennisfreund Janos jedes Jahr zukommen ließ und der selbst erfahrenen Kennern der magyarischen Küche die Tränen in die Augen trieb. Er zahlte und verschwand.

Zehn Minuten später klopfte es laut an meiner Küchentür und der Hüter der Staatsreserve stand vor mir und versuchte mit einem Taschentuch sein Nasenbluten zu stillen. »Musste ausweichen und bin im Graben gelandet. Müsste mal anrufen, dass mich jemand aus dem Graben zieht.«

Obwohl er um eine Gefälligkeit bat, lag immer noch diese Spur von Arroganz in seiner Stimme, die ich auf den Tod nicht verknusen konnte. Noch dazu, weil er sein Anliegen wie einen Befehl artikulierte.

»Mein Telefon ist Staatsreserve. Sonderbedarf«, antwortete ich und knallte die Tür zu. Eine Minute später klopfte es erneut. Diesmal etwas zaghafter.

»Bitte …«

»Du brauchst gar nicht weiterzureden«, fiel ich in das kumpelhafte »Du« und holte genüsslich zum Gegenschlag aus. »Unser Telefon ist seit vorgestern kaputt.« Schöner ging Max Schmeling nicht zu Boden, als ihn Joe Louis 1938 im Yankee Stadium in New York in der ersten Runde k. o. schlug. Eigentlich muss ich gar nicht erzählen, wie es weiterging.

Gegen solche Schicksalsschläge war eigentlich niemand gefeit. Letztlich erbarmte ich mich und ging scheinbar widerwillig auf seinen Vorschlag ein, den Fisch gegen eine geringe Naturalvergütung in meinem Kühlhaus zwischenzulagern. Wohl wissend, dass er am Ende seiner Reise war, denn inzwischen hatte sich herausgestellt, dass der »Robur« schwerere Schäden durch den Unfall davongetragen hatte, als auf den ersten Blick vermutet. Angesichts dieser Tatsache kapitulierte der Fahrer endgültig und schrieb einen Lieferschein aus, der mich zum offiziellen Besitzer einer Ladung Mittelmeerfische machte, deren Existenz ich bis dato gar nicht kannte. Wer konnte schon von sich behaupten, in einem DDR-Fischgeschäft jemals Wolfsbarsch, Thunfisch, Peterfisch und Kaisergranat erstanden zu haben? Ganz zu schweigen von Jakobsmuscheln, von denen ich anfangs noch nicht einmal wusste, wie man sie öffnet.

Doch da bekam ich unerwartete Hilfe von Erich »dem Kistemacher«. Der hatte im Zweiten Weltkrieg unter anderem in Griechenland gedient und war völlig aus dem Häuschen, als ich ihm von meinem »Fang« berichtete. Zwei Tage und zwei Nächte stand der Waldläufer in meiner Küche und filetierte zwei Tonnen Fisch und frischte dabei Erinnerungen auf, die fortan dafür sorgten, dass die Urlauber ihm zu seinem Bier auch noch einen Aromatique spendierten. Nach einem weiteren Tag waren meine Propangasflaschen leer und da das Wochenende vor der Tür stand, konnte ich zum Kochen nur noch einen altersschwachen Kanonenofen nutzen, auf dem ich die letzten Knöchelchen für eine Erbsen- und Linsensuppe ausköchelte.

Da erinnerte ich mich plötzlich an meine »Staatsreserve«, die in Form mehrerer Säcke Holzkohle in der alten Scheune auf den Frühling warteten. Doch was auf den Rost legen, wenn keine Bratwürste und Rostbrätl vorhanden waren? Die Hühner waren in der Mauser und eines meiner Schweine konnte ich auch nicht schlachten, denn das Risiko, dass mich ein sozialneidischer Parteigenosse wegen eines fehlenden Schlachtscheins anzinken würde, wollte ich als privater Gastwirt schon gar nicht eingehen. Da kam Erich auf die Idee, den guten Unfall-Fisch zu grillen.

»Mit Knoblauch-Baguette«, schwärmte er und stürzte sich auf die letzten Pakete Toastbrot, von denen ich immer einen größeren Vorrat angelegt hatte, weil das Brötchenauto vor allem im Winter genauso unzuverlässig war, wie auch alle anderen öffentlichen Verkehrsmittel. Und Knoblauch, mit dem der Waldläufer das Toastbrot einrieb, bevor er es auf den Rost legte, war sozusagen ein Grundnahrungsmittel, das die Frau des Georgenthaler Malermeisters Weber in großen Mengen für mich anbaute. Doch Grillen im Winter?

Ich will nicht viele Worte verlieren. Es folgte eine jener Aktionen im »Vierpfennighaus«, über die die Menschen in der Region noch heute sprechen. Sogar das Fernsehen der DDR wurde aufmerksam und die »Umschau« drehte einen Film über einen findigen privaten Gastwirt, an dessen Einfallsreichtum sich die FDGB-Heime ein Beispiel nehmen sollten. Was mich bei denen natürlich nicht sympathischer machte, denn wer damals einen Schritt schneller war, wurde als Streber verpönt, der sich einkratzen wollte. Leider reichte der Filmbericht nicht aus, dass ich noch einmal in den Genuss einer solchen Fischlieferung kam. Geblieben ist jedoch das »Feeling«, und so grillten Erich und ich von nun an Makrelen und einheimische Forellen.

Womit ich mich natürlich erneut zum Außenseiter stempelte, denn wer in Thüringen begeht schon einen solchen Fauxpas?

Kabeljaufilet »Strindberg«

Dorade im Salzmantel

ZUTATEN:

2 frische Doraden (à 500–600 g) am besten vom Fischhändler ausnehmen lassen
1 unbehandelte Zitrone
1 kleine in Scheiben geschnittene Zwiebel
1 St. Rosmarinzweig, 1 Thymianzweig
1 Lorbeerblatt
1 Knoblauchknolle
5 Eiweiß
2,5 kg Meersalz
100 g Mehl
4 EL natives Olivenöl

ZUBEREITUNG:

Die Dorade schuppen und die Flossen mit einer Schere abschneiden. Den Fisch innen und außen waschen und trocken tupfen. Die Zitrone heiß waschen, trocken reiben und in Scheiben schneiden. Den Rosmarin waschen und trocken tupfen, die Knoblauchknolle zerteilen. Den Bauch der Dorade mit dem Rosmarin, dem Thymian, dem Lorbeerblatt, dem Knoblauch sowie den Zitronen- und Zwiebelscheiben füllen.

Die Eiweiße leicht anschlagen und mit dem Meersalz, dem Mehl und 70 ml Wasser gut mischen. Ein Drittel der Salzmasse auf ein mit Backpapier ausgelegtes Backblech streichen. Darauf die gefüllte Dorade legen und mit der restlichen Salzmasse vollständig bedecken. Den Fisch im Salzmantel im auf 200 °C vorgeheizten Backofen auf der mittleren Schiene etwa 40 Minuten garen. Dann aus dem Backofen nehmen und warm halten.

Zum Servieren die Salzkruste aufbrechen und die Haut der Dorade entfernen. Die Filets auslösen, und auf einem Teller anrichten. Etwas sehr gutes natives Olivenöl darüber gießen. Genießer essen dazu nur einen mediterranen Salat und warmes Knoblauchbaguette.

Dorade im Salzmantel

Bouillabaise von Atlantikfischen

ZUTATEN BOUILLABAISEFOND:

1 kg Fischgräten
500 g Krustentierkarkassen
3 l Fischfond
1 l Geflügelfond
500 g Schalotten
2 Tomaten
1 Fenchel
1 EL Tomatenmark
1 Bd. Thymian
4 Lorbeerblätter
etwas Knoblauch
100 ml Noilly Prat
0,5 l Weißwein
500 g Eiswürfel
Olivenöl

ZUBEREITUNG:

Die Fischgräten und Krustentierhüllen in etwas Olivenöl anschwitzen. Das Gemüse in walnussgroße Stücke schneiden und mit anschwitzen. Tomatenmark einrühren, anschließend mit den Alkoholika auffüllen. Zum Schluss mit Eiswürfeln bedecken.
Den Fond ca. ½ Stunde am Siedepunkt halten, nicht kochen. Zwischendurch das geronnene Fischeiweiß abschöpfen. Die letzten zehn Minuten die Kräuter hinzugeben. Den Fond durch ein Passiertuch passieren.

TIPP: Den Fond knapp am Kochpunkt halten, so bleibt er garantiert klar. Die Eiswürfel verlängern den natürlichen Klärvorgang. Den so gewonnenen Bouillabaisefond kann man portionsweise einfrieren.

Herzmuscheln in Weißweinsauce

ZUTATEN:

2 kg Herzmuscheln
(das Rezept gelingt natürlich ebenso gut mit Mies-, Venus- oder ähnlichen Muscheln)
3 Schalotten
3 Knoblauchzehen
8 kleine Cocktailtomaten
5 EL Olivenöl
200 ml trockener Weißwein
2 Zweige Thymian
1 Zweig Rosmarin
1 Lorbeerblatt
1 frische entkernte Peperoni
1 kleines Bund Blattpetersilie
Salz
frisch gestoßener schwarzer Pfeffer

ZUBEREITUNG:

Muscheln unter kaltem, fließendem Wasser reinigen und schon geöffnete Exemplare entfernen. Bärte abziehen. Schalotten und Knoblauch in feine Würfel schneiden und mit den Tomaten glasig dünsten.

Muscheln hinzufügen und ca. 4–5 Minuten mitdünsten lassen.

Mit dem Weißwein ablöschen, die Kräuter und die Peperoni hinzufügen und bei niedriger Hitze rund zehn Minuten köcheln lassen.

Ungeöffnete Muscheln entfernen, mit Salz und Pfeffer würzen, mit der grob gehackten Blattpetersilie bestreuen und in einem tiefen Pastateller servieren.

Bohnen

Weiße Bohnensuppe

Bohnen blähten selbst Propheten

Vorweg, um keine Verwirrungen auszulösen, die Information, dass sich dieses Kapitel jenen Bohnen widmet, die als Samen der grünen, gelben, rosa und so weiter Sau-, Puff-, Pferde-, Prinzess-, Acker- oder Dicken Bohnen in mehr oder weniger strohigen Hülsen der *Tribus Phaseoleae* stecken und nur in getrocknetem Zustand verarbeitet werden.

Die meinte sicherlich auch der Prophet Samuel, als er vor rund 3100 Jahren sicherlich aus eigener leidvoller Erfahrung davon berichtete, dass »… in Palästina reichlich Bohnen wachsen und … mit Reis oder Weizen vermischt zu Armenbrot verbacken werden …« (2. Sam. 17,28). Ja, dass sie sogar als Delikatessen auf einem kalten Büfett zu Ehren des Goliathbezwingers David nicht fehlten. Trotz dieser frühen Quelle gibt es immer noch Zeitgenossen, die sich nicht davon abhalten lassen, zu behaupten, dass diese Schmetterlingsblütler erst im Jahre 1528 im Schlepptau des spanischen Eroberers Cortez Einzug in die Küchen der morgen- und abendländischen Kulturen hielten. Solche Ignoranten negieren auch ähnlich glaubwürdige Berichte aus dem alten China und dem antiken Griechenland, in denen Bohnen als beliebtes Volksnahrungsmittel über alle Maßen gelobt werden. Verleugnen sogar, dass dieses Gemüse in der griechischen Demokratie sogar als getrocknete »Stimmzettel« bei Wahlen herhalten mussten. Sie betrachten ja solche Berichte als schnöde Geschichtsfälschung. Degradieren die in jener Zeit entstandene Floskel »Du solltest Dich lieber den Bohnen enthalten« (gemeint ist die Aufforderung an Versager, die Finger von der Politik zu lassen) ganz einfach zum profanen medizinischen Ratschlag für Menschen mit schwächlichem Verdauungsapparat.

Durch Funde in prähistorischen Küchenabfällen ist jedenfalls eindeutig bewiesen, dass Bohnen schon vor mehr als 7000 Jahren von Menschen gegessen und gezüchtet wurden. Bekannt sind heute weit über 100 verschiedene Sorten, die sich nur geringfügig im Nährstoffgehalt, jedoch vielfältig in Farbe, Form und Geschmack voneinander unterscheiden.

Verschiedenartig entwickelt hat sich eigentlich nur das Essverhalten der Verbraucher, denn während im Mittelmeerraum und in Lateinamerika die getrocknete Bohne ihren traditionellen Stellenwert verteidigt hat, konzentriert sich der mitteleuropäische Appetit hauptsächlich auf frische grüne Bohnen. Diese werden mittlerweile zu jeder Jahreszeit aus aller Herren Länder angekarrt; eine ungesunde

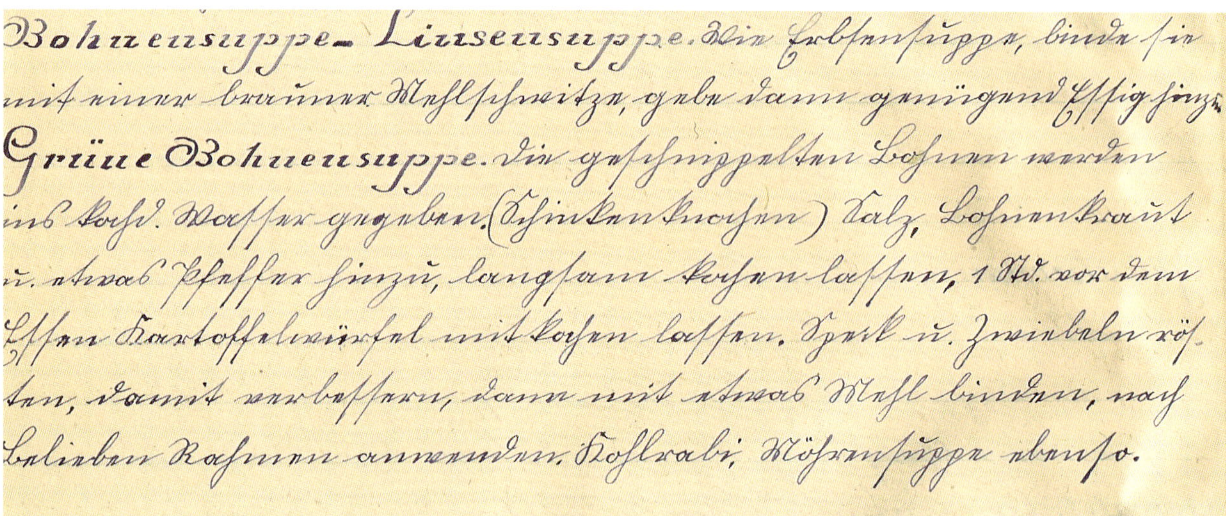

Bohnensuppe – Linsensuppe. Wie Erbsensuppe, binde sie mit einer braunen Mehlschwitze, gebe dann genügend Essig hinzu. Grüne Bohnensuppe. Die geschnippelten Bohnen werden ins koch. Wasser gegeben (Schinkenknochen) Salz, Bohnenkraut u. etwas Pfeffer hinzu, langsam kochen lassen, 1 Std. vor dem Essen Kartoffelwürfel mit kochen lassen. Speck u. Zwiebeln rösten, damit verbessern, dann mit etwas Mehl binden, nach Belieben Rahmen anwenden. Kohlrabi; Möhrensuppe ebenso.

Grüne Bohnensuppe

Präsenz, auf die wir angesichts der drohenden globalen Klimakatastrophe schnellstmöglich verzichten sollten.

Warum wir Mitteleuropäer indes auf die gute alte Hülsenfrucht verzichten, bleibt unklar, denn allein aus ernährungsphysiologischer Sicht sind sie voller guter Eigenschaften. Liefern pflanzliches Eiweiß, Vitamine und Spurenelemente, strotzen vor Kohlehydraten und sind gleichzeitig ballaststoffreich und fettarm. Vegetarier wissen wovon ich spreche.

Einer der Gründe, warum in unseren Breiten die Hülsenfrucht immer mehr auf das Abstellgleis ererbter Lebensweisen geschoben wird, ist sicherlich das veränderte Sozialverhalten von Menschen, die sich nur noch dann gut riechen können, wenn sie ihren arteigenen Geruch mit dem global-uniformen Duft der Kosmetikindustrie übertüncht haben. Toleranz gegenüber gelegentlichen körperlichen Ausrutschern von Bohnenessern – auch Blähungen genannt – ist ausgeschlossen.

Bohnensuppe

ZUTATEN FÜR 6 PORTIONEN:

400 g weiße Bohnen, 300 g Kasslerkamm,
200 g durchwachsener geräucherter Bauchspeck, 100 g Räucherspeck;
2 Möhren, 1 Stange Lauch, ½ Knolle Sellerie,
3 mittelgroße in der Pfanne trocken angeröstete Zwiebeln (wunderbares Aroma),
4 mittelgroße mehlig kochende Kartoffeln,
1 Stich Butter, 2 Esslöffel Mehl,
1 kleines Bund frischer Majoran,
3 Zweige frischer Thymian,
1 Lorbeerblatt, 1 Teelöffel Pfefferkörner;
frisches oder getrocknetes Bohnenkraut

ZUBEREITUNG:

Die Brühe mit dem Kasslerkamm und dem Bauchspeck nach bewährtem Rezept ansetzen und während des Kochens das Eiweiß abschäumen. Die Stücke Fleisch einzeln prüfen, ob sie weich sind.
Kurz davor das in wallnussgroße Stücke geschnittene Suppengemüse und die Gewürze (außer dem Bund Majoran) hinzufügen.
Wenn Fleisch und Gemüse weich sind, alles aus der Brühe nehmen und diese durchsieben. Anschließend die am Vortag eingeweichten Bohnen (ggf. Tempobohnen), in der Brühe sanft köcheln. Kurz bevor sie weich sind, die Kartoffeln hinzufügen. Aus dem in Würfelchen geschnittenen Räucherspeck und dem Stich Butter mit Mehl in einer Pfanne eine Einbrenne herstellen. Damit die Suppe sämig und glatt wird, ca. 2 Kellen Brühe in die Pfanne schöpfen und dort glatt rühren. Erst dann in den Suppentopf einrühren.
Zuletzt das klein geschnittene Fleisch, Wurzelwerk und den fein gewiegten frischen Majoran und das Bohnenkraut hinzugeben.
Bohnensuppe schmeckt aufgewärmt richtig lecker. Und nicht nur Propheten!

Was nicht bedeuten soll, dass ich süchtig bin nach dem Duft der »guten alten« Zeit – damals, als meine Großmutter Marie noch im vierzehntägigen Rhythmus für sämtliche Mitarbeiter und Familienmitglieder unserer Fleischerei einen riesigen Topf weiße Bohnensuppe mit geräuchertem Bauchspeck kochte und in unserem Gemeinschaftsesszimmer Geräusche erklangen, denen ich erst viele Jahre später in solcher Leidenschaftlichkeit wieder begegnete, als ich in Vancouver Island den Balzlauten von Killerwalen (Orcas) lauschte.

nur, dass ihr vielgeliebter Wellensittich, der blaue »Hansi« tot von der Stange fällt, wenn sich ihr Frieder der hemmungslosen Bohnenvöllerei hingibt. So lechzt der Frieder nach Bohnensuppe wie der Wüstenpilger nach frischem Quellwasser. Da reicht es schon aus, wenn ich auch nur andeutungsweise einen Kasslerknochen und eine Schweinerippe ansetze und die weißen Bohnen quellen lasse und dabei das Fenster einen winzigen Spalt breit öffne. Sofort ruft er an und fragt, wann die Suppe fertig sei.

Was indes meiner Liebe zur Bohnensuppe niemals Abbruch tat, denn die genieße ich trotz automatischer Unkontrollierbarkeit körperlicher Funktionen regelmäßig. Was meinem Nachbarn Frieder verwehrt bleibt, denn seitdem dessen Frau zur Ehren-Ordensschwester eines barmherzigen Erfurter Ritterordens gekürt wurde, kocht sie ihm, aus Angst vor unerwünschten Ausdünstungen, keine Bohnensuppe mehr. Vielleicht fürchtet sie aber auch

Übrigens: Der Frieder löffelt gerade in diesem Augenblick nebenan in unserer Küche so hingebungsvoll seinen dritten Teller Bohnensuppe, dass ich auch ohne prophetische Fähigkeiten voraussagen kann, dass er in einigen Stunden innerfamiläre Probleme bekommen wird.

ACHTES KAPITEL

Eier

Ei … der Daus

Kolumbus löste damit seine Probleme; der Marquise Jean-Baptiste Colbert, ein französischer Staatsmann des 17. Jahrhunderts und anerkannter Feinschmecker, liebte sie auf einem gebratenen Filetsteak; zu Ostern schmücken wir blühende Forsythienzweige damit; in der Kneipe fingern wir sie aus großen Gläsern, in denen sie in Salzlake schwimmen; Zar Nicolaus II. bezog sie von Fabergé aus St. Petersburg und legte sie seiner Zarin regelmäßig in die Schmuckschatulle; bei Banken erwiesen sie sich für den Steuerzahler als faul; der Spinat wird eigentlich nur für sie gezüchtet; meine Großmutter verquirlte sie zusammen mit Kandis in Dunkelbier, um meine Grippe zu kurieren, und wenn die Muttis von Frühlingsgefühlen überwältigt werden, gibt es sie gerührt, gebraten und geschüttelt: die Eier!

Diese Aufzählung könnte ich ins Uferlose ausdehnen, denn keine andere Naturalie verlockt den Chronisten mehr zum Schwärmen, wie dieses von einer Schale aus Kalk geschützte Sinnbild von Lebensfreude und Fruchtbarkeit. Wozu ihn allein die Vielfalt der Sprichwörter verführen könnte, in denen das Ei in den höchsten Tönen gelobt wird. Allein mit der Frage: »Wer war früher auf der Welt: das Huhn oder das Ei?«, würde man Stoff für eine abendfüllende Betrachtung liefern. Wenn beispielsweise ein mittelmäßig begabter Zeitgenosse ohne Zwang ein einträgliches Gewerbe oder einen besonders gut florierenden Handel aufgibt, lästert der Volksmund, er habe »das Huhn geschlachtet, das goldene Eier legt.« Womit ihm jegliche Vernunft abgesprochen wird. Leider ist mir ein solch gewinnbringendes Huhn im bisherigen Leben nicht bewusst über den Weg gelaufen und ich musste mein täglich' Brot deshalb mehr oder weniger im Schweiße meines Angesichts verdienen. Vielleicht aber »eierte« ich auch so vorsichtig und konzentriert wie auf rohen Eiern durch meine Biografie, dass ich den Wald vor lauter Eiern nicht gesehen habe.

Sei's wie es sei – mein Verhältnis zum Ei im Allgemeinen und das zu gekochtem und gebratenem im Speziellen gestaltete sich vom ersten Tage meiner bewussten Nahrungsaufnahme überaus positiv. Was nichts anderes bedeutet, dass ich von Kindesbeinen an dem Ei in allen Varianten der bürgerlichen Speisezubereitung dermaßen zugetan war, dass mich sicher deshalb jeder Verwandte oder freundlich zugeneigte Bekannte über mein Kinderbettchen gebeugt mit den Worten »Ei, ei, ei, wer ist denn da?« aufzumuntern versuchte.

So ist es nicht verwunderlich, dass die mittlerweile verstorbene Gerda Treppke, eine nicht verwandte Kinderfrau – heute bezeichnen sich solche Damen vornehm als »Nanny« – stock und steif behauptete, mein erstes gesprochenes Wort sei »ei« gewesen. Was für ein Wunder!

Leider wuchs ich in einer recht tatkräftigen Familie auf, die vor den Erfolg die Arbeit setzte. Was nichts anderes bedeutete, dass ich von klein auf Unterweisungen in der Kunst des Hühnerfütterns erhielt. Da unser Hühnerstall im rund zwei Kilometer entfernten Mühlhäuser Johannistal stand, nicht nur eine ornithologische Herausforderung, sondern auch eine muskelstärkende Beschäftigung, die ich übrigens so lange verrichten musste, bis ich nach dem Abitur notgedrungen mein Elternhaus verließ.

Unvergessen das Ausmisten des Stalls an heißen Sommermonaten, also dann, wenn meine Schulfreunde sich am Schwanenteich in die kühlen Fluten des Freibades warfen. Wenn dann die Hühnerflöhe wie Kletten an meiner verschwitzten Haut klebten, lehrte mich die Pflege unserer rund 300 weißen Leghorn-Hennen eine Demut, die meines Erachtens der in asiatischen Klöstern vermittelten Selbstverleugnung in nichts nachsteht. Alle meine Versuche indes, mich für meine aufopfernde Tätigkeit selbst mit direkt aus den Nestern stibitzten Eiern »schlürfend« zu honorieren, endeten dramatisch. Woran einzig die Erfahrung meines Großvaters Erich Schuld war, der an Hand jahrelanger akribischer Aufzeichnungen genau zu wissen schien, wie viele Eier er von

seinen Hühnern täglich zu erwarten hatte. Vor allem im Hinblick auf das veränderte Legeverhalten in der Mauser auch aus heutiger Sicht ein Kunststück, das angesiedelt zwischen Wetterbericht und Science Fiktion, Hochachtung abverlangt. Selbst geringste Abweichungen von seinen Vorhersagen gingen zu meinen Lasten und endeten mit Strafpredigten. Ja, bei größeren Differenzen scheute er sogar vor körperlichen Verwarnungen nicht zurück. Dann beschimpfte er mich als »Eierdieb« und stellte mir eine so düstere Sozialprognose aus, dass deren Realisierung mich unweigerlich aus den Reihen der bürgerlichen Gesellschaft katapultiert hätte. Doch mit demselben Nachdruck, mit dem er seine Statistik

»Problemlöser«

führte, lebte er andererseits seine Großzügigkeit aus, denn lagen erst einmal alle Eierchen fein säuberlich registriert und nach Legetagen sortiert im fliegendrahtbeschlagenen Eierschrank, wurde jedem Familienmitglied der Genuss eines frischen Eies zuteil. Und das selbst in Zeiten, in denen die Eierproduktion der volkseigenen Hennen auf Sparflamme lief und deshalb unsere sozialistischen Handelsfürsten diesen Mangel gezwungenermaßen mit der Parole kaschierten, Eier würden der Gesundheit schaden. Was über Jahre hinweg die landesweiten Eier-Aufkaufstellen veranlasste, für »individuell erzeugte« Eier nicht nur einen fast utopischen Preis zu zahlen, sondern auch für die Abgabe von sechs Eiern statt wie bisher einen 1-Kilo-Futterweizen-Gutschein bei der BHG auszugeben, sondern diese Bezugsmenge zu verdoppeln.

Ich kenne Kleingärtner aus unserer Nachbarschaft, die dieser Verlockung erlagen und jahrelang auf den Verzehr eines frischen Eies aus eigener Erzeugung verzichteten. Bis zu dem Zeitpunkt jedenfalls, als die Hühner aus den Ställen der LPG ihren Schwächeanfall überwunden hatten und wieder nach Planvorgabe legten. Was, viele werden sich erinnern, zur Folge hatte, dass jeder gehorsame DDR-Bürger plötzlich ein Ei mehr essen sollte.

Nein, durch solche Schwankungen am sozialistischen Eiermarkt war mein Eier-Verzehr niemals gefährdet, denn selbst, wenn man meinen Großvater mit der Goldenen-Legehennen-Verdienstmedaille geehrt hätte, wäre unser täglich Ei nie in Gefahr geraten. Das bekam ich übrigens jeden Montag und Mittwoch hart gekocht in meine Schul-Brotbüchse

gelegt. Das waren genau jene Tage, als ich in der Grundschule vor dem Unterricht in der gegenüberliegenden Petrikirche bei »Papa« Heise zum Religionsunterricht antreten musste. Was für mich seinerzeit genauso spannend war, wie die wöchentliche Handarbeitsstunde bei Fräulein Franke, einer verknöcherten Jungfer, die ständig etwas an meinen Kreuzstichen herumzumäkeln hatte.

Während also Papa Heise die Ägypter im Roten Meer ertrinken ließ, Jonas vom Walfisch aufgefressen wurde und Jesus über das Wasser des See Genezareth wandelte, überkam mich zusammen mit der Langeweile der Appetit und ... ich schälte mein Ei. Senkte den Kopf unter die hölzerne Schulbank und hatte gerade das Ei komplett in den Mund gesteckt, als sich Papa Heise zornig vor mir aufbaute und drohend mit seinem Lineal gestikulierte. »Der Erzengel Michael«, schoss es mir durch den Kopf und aus Heises Lineal wurde plötzlich ein flammendes Schwert.

»Was denkst Du Dir eigentlich dabei«, fauchte mich der vom heiligen Zorn erfüllte Papa Heise an und zog mich am Ohr ganz nah zu sich heran.

»Ich dachte gerade daran, wie Eva den Adam mit einem Ei verführte, Herr Dechant«, erwiderte ich stammelnd, denn noch immer blockierte das Ei meinen Mund. Ungläubig blickte mich Papa Heise an; kehrte resigniert an sein Pult zurück.

»Kaiser, setzen, fünf ... das war doch ein Apfel!«

»So? Wirklich? Werde mir das merken!« Dann dachte ich an Eva und schluckte genüsslich das Ei hinunter.

Noch immer denke ich angesichts eines hart gekochten Eies an den alten Heise. Kann sogar ähnlich wütend werden, wie er. Vor allem dann, wenn mir irgendwo Eier vorgesetzt werden, in deren Zubereitung irgendein hoffnungslos überforderter Koch alle Trübsal dieser Welt gelegt hat.

Besonders an den Frühstückbüfetts der sternendekorierten Nobelherbergen oder auf den Speisekarten sogenannter Gourmet-Restaurationen sind mir Eier begegnet, bei denen ich mich fragte, ob die wirklich jemals von lebenden Hühnern gelegt worden sind.

Meine These: Je edler die Kneipe, desto schlechter sind die Eier.

Was im Umkehrschluss bedeutet, dass die besten Eier immer noch Mutti macht.

Von der Kunst, ein Spiegelei zu braten

Rezept für 4 Personen

2–4 EL Öl; 1 EL Butter; weißer Pfeffer, Salz, je nach Geschmack 1 Prise Muskatnuss

In einer großen, nach Möglichkeit beschichteten Pfanne Öl und Butter nicht zu heiß erhitzen; Eier einzeln in eine Tasse aufschlagen (früher wichtig, da beim Einkauf ab und zu auch mal ein faules Ei untergeschoben wurde); von dort aus in die Pfanne gleiten lassen,
Eier bei mittlerer Hitze ohne Deckel so lange braten, bis das Eiweiß stockt. Spiegeleier mit einer Palette o.ä. trennen; würzen.

Warum zum Abendessen nicht mal wieder einen deftigen Strammen Max essen:
Auf eine gebutterte Scheibe Graubrot rohe Schinkenwürfeln verteilen und darüber ein Spiegelei setzen; dazu werden saure Gurken und Mixpickles gereicht.

Wenn Gäste erwartet werden, freuen die sich sicherlich über ein **»Filetsteak à la Colbert«** *mit pochiertem Ei und einer Sc. Choron.*
In den Interhotels der DDR umging man den französischen Namen und nannte das Filet »Rotkäppchen«.

4 Rinderfiletsteak aus dem Mittelstück einer Rinderlende à 200 g

Wichtig: *Vor dem Braten früh genug aus der Kühlung nehmen, denn die Filets müssen beim Braten Raumtemperatur haben.*
6 EL Öl, 2 EL Butter, 1 Zweig Rosmarin, schwarzer Pfeffer, Salz

In einer schweren Grillpfanne mit möglichst dickem Boden wenig Öl sehr heiß werden lassen; die ungewürzten und drapierten (nicht Plattierten!) Filets ca. 2–3 Minuten auf einer Seite scharf anbraten; wenden und auf der anderen Seite noch einmal ca. 3 Minuten scharf braten und gleichzeitig das Öl mit dem Rosmarinzweig aromatisieren.
Pfanne für 12–14 Minuten (je nach Wunsch, wie sehr man das Filet durchgebraten haben möchte) in eine mit 120 °C heiße Röhre (Umluft) schieben; danach herausnehmen und mit der jetzt erst zugefügten nussbraun ausgelassenen Butter mit einem Esslöffel mehrmals übergießen.
Pfanne von der Flamme nehmen; Filetsteaks abgedeckt mit Alufolie ca. 5–6 Minuten ruhen lassen.

Pochierte Eier
Wasser in einem ca. 2 l fassenden Topf aufkochen; 6 EL Weinessig; 1 Prise Salz

Eiskalte Eier einzeln in eine Schöpfkelle aufschlagen und diese einzeln in das leicht siedende Wasser gleiten lassen; (Eier dürfen sich beim Garen nicht berühren!) Mit einem glatten Holzlöffel ständig das Eiweiß um das Eigelb herumlegen. So entsteht eine schöne Form und die Eier »fransen« nicht aus. Nach ca. 4 Minuten Eier herausnehmen und auf Küchenpapier abtropfen lassen.

Sc. Choron
ist eine klassische Sauce der französischen Küche. Als Grundlage dient eine Sc. Hollandaise, die mit extra stark einreduziertem Tomatenmark veredelt wird.
Das Rezept für eine Sc. Hollandaise ist ausführlich in meinem Buch »Der Grünkohl-Casanova« beschrieben, das in allen Verkaufstellen der ZGT erhältlich ist.

Eierschnittchen

ZUBEREITUNG:

2 Eier, 1 Prise Salz, 2 EL Öl, 1 EL Essig, etwas gehackter Schnittlauch oder Petersilie wie Mayonnaise verrühren und auf gerösteten Weißbrotschnittchen gereicht.

Kalte gefüllte Eier

ZUTATEN:

Füllung I: *3 EL gekochten, gehackten Schinken, 3 Sardinen, 3 Eigelb, Salz und etwas Öl*

Füllung II: *3 Eigelb, 2 EL Champignons, 1 kleine Pfeffergurke, 1 EL Kapern, Salz*

Füllung III: *3 Eigelb, Öl, 1 EL gehackte Kräuter, 1 EL Senf, Salz, Quark, 1 Prise Zucker*

Füllung IV: *Verschiedene marinierte Gemüse, Eigelb, Jus*

ZUBEREITUNG:

Die hart gekochten Eier werden längs oder quer durchgeschnitten, die Eierhälften vom Eiweiß solange in Wasser gelegt; die vorsichtig herausgenommenen Eigelb durch ein Sieb gestrichen, mit den feingehackten Einlagen, dem Öl und den Gewürzen vermischt und etwas erhöht in die Eiweißhälften gestrichen, auf Muscheln oder Tellerchen gelegt, mit einem Teil der genannten Einlagen garniert oder mit Radieschen, Ei, Tomaten, Jus.
Gibt man sie zum Frühstück oder Abendessen, so richtet man sie mit Jus auf Schüsseln an, garniert mit den ganzen Sachen.

Warme gefüllte Eier

ZUBEREITUNG:

6 Eigelb aus hart gekochten, halbierten Eiern werden mit 60 g Butter cremig gerührt,
25 g eingeweichtes Weißbrot, 4 gewiegte Sardellen,
2 rohe Eier, Salz und Muskat gemischt,
zu Kugeln geformt und in die Eierhälfte gegeben, den Rest der Füllung gibt man in eine ausgestrichene Auflaufform, setzt die Eier hinein, streut geriebenen Käse und etwas Butter darüber, überbackt danach die Masse bis sie gelblich wird.

Soleier

ZUTATEN:

2 Liter Wasser
200 g Salz
1 Dutzend Eier

ZUBEREITUNG:

Die Eier im Salzwasser rund 8 Minuten kochen lassen; herausnehmen, abschrecken und die Schalen leicht anknicken.
Danach vorsichtig in ein Glas legen und mit dem Salzwasser vollständig begießen.
Wer aus seinen Soleiern eine Delikatesse machen möchte, kann die Salzlake mit Kümmel, Pfefferkörnern, Piment, Lorbeer oder einer kleinen Peperoni veredeln.
Dieses Glas kühl stellen und die Eier darin ziehen lassen. Sie sind zehn Tage haltbar.
Beliebter Serviervorschlag: Aus den längs aufgeschnittenen Soleiern den halben Eidotter entfernen; in die Mulde Essig und Öl gießen, mit einer Prise Pfeffer würzen und den Eidotter einsetzen. Das Ganze mit einem halben Teelöffel Senf krönen und mit einem Bissen verzehren.

NEUNTES KAPITEL

Backen

Maria Stöber und Luise Funke (†) aus dem Eichsfeld tüfteln eine neue Rezeptur aus.

Dorffestspiele

Wie immer kurz vor Ostern begann der Frühling behutsam unseren Vorgarten mit schüchternem Grün zu schmücken und die Forsythien grinsten mit dem blauen Himmel um die Wette.

»Matthias, nachher fahren wir nach Heroldishausen. Komm rein, damit ich dich umziehen kann.« Großmutter Nelly's Gesicht glühte vor Begeisterung, wie der Koks in der uralten eisernen Grude in der Waschküche, an der sich ebenfalls wie jedes Jahr kurz vor Ostern eine kleine Schar frisch geschlüpfter Kücken ihr zartes Gefieder wärmte.

»Heroldishausen! Omi ich komme«, rief ich begeistert, denn seit frühester Kindheit bin ich ein Fan von Dörfern. Heroldishausen jedoch stand auf meiner Beliebtheitsskala ganz weit oben. Und das, obwohl dort teilweise Zustände herrschten, die für Knaben wie mich, die in einer Stadt aufwuchsen, gewöhnungsbedürftig waren. Der ständig wehende Duft nach Stallmist war beispielsweise so eine Situation, die meine Liebe zu Heroldishausen auf eine echte Bewährungsprobe stellte. Oder die schlammigen Lachen stinkender Gülle, die aus den grauen Jauchewagen liefen, in denen sie die Bauern auf die Felder karrten, um so, wie jedes Jahr ebenfalls kurz vor Ostern, ihre Felder zu düngen.

Das verwandelte meinen dunkelblauen Matrosenanzug, aus dem ein Chemisettchen aus Opa Ernst' abgelegtem weißen Leinennachthemd herauslugte, in wenigen Minuten in eine streng nach Tierzucht riechende sackartige Kluft. Eine Tat, für die ich mir regelmäßig kurz vor Ostern einen Satz heiße Ohren von meiner Großmutter einhandelte, während sie mich parallel zu meiner körperlichen Züchtigung darüber aufklärte, unter welchen persönlichen Entbehrungen Tante Gretel aus West-Berlin dieses Juwel der deutschen Knabenbekleidung bei »Woolworth« für 5,00 »echte« D-Mark ergattert hatte.

Andererseits war Heroldishausen für einen Knirps wie mich, der sich von Kindesbeinen an für gutes Essen mehr begeistern konnte, als für Teddys und Spielzeugeisenbahnen, das reinste Schlaraffenland. Denn besonders Sonntagmittag wurde der Stallgeruch Heroldishausens vom Duft köstlicher Braten überlagert – und das nicht nur kurz vor Ostern. Spätestens zu diesem Zeitpunkt stürmte ich in die von Onkel Erich und Tante Linna Kummert bewirtschaftete »Tanne«, wo der Rest der Familie schon erwartungsvoll dem Essen entgegenfieberte.

Und hatte man sich den Bauch so richtig mit Sauer-, Rinder-, Schweine- oder Entenbraten und kindskopfgroßen Thüringer Klößen vollgeschlagen, blieb wenig Zeit zum Verdauen. Schon eine gute Stunde später wurden nämlich riesige Bleche deftigen Kuchens aufgetragen und der handbetriebene Schneebesen glühte wie eine Osram-Birne beim Sahneschlagen unter den flinken Händen von Opa Erich.

Seit vielen Jahren war ich nicht mehr in Heroldishausen. Von mir beauftragte Kundschafter erfuhren jedoch, dass es die »Tanne« noch immer gibt. Wenn auch nur noch in einer Wirtshaus-Light-Version: ausschließlich abends geöffnet. Ausnahmen bilden vorbestellte Hochzeiten, Geburtstage, Ehejubiläen und Konfirmationen. Bei Beerdigungen sei man flexibel, berichteten sie mir. Wie ich Edda, die Enkeltochter von Onkel Erich jedoch kenne, wird sie sicherlich aber auch dann ihre antike Kochmaschine anwerfen, wenn sich genügend Personen zum Essen anmelden, ohne dass ein Fest ansteht.

Meine Liebe zu Heroldishausen als Sinnbild aller meiner dörflichen Neigungen blieb also ungebrochen. Andere Dörfer hatten überhaupt keine Chance unser inniges Verhältnis ins Wanken zu bringen: Weder das für seinen Charme bekannte italienische Brescello, in dem sich Don Camillo und Peppone herzerfrischende Duelle lieferten, noch das gallische Dörfchen, das Asterix und Obelix tapfer gegen die Römer verteidigten und das so fiktiv ist, dass der Autor René Goscinny es namenlos ließ; ja noch nicht einmal das romantische norddeutsche, ebenfalls fingierte Büttenwarder konnten Heroldishausen den Rang ablaufen.

Bis ich das erste Mal während meiner Eichsfelder Streifzüge nach Lindewerra kam: eine verträumte, vor rund neunhundert Jahren erstmals urkundlich erwähnte 250-Seelen-Fachwerkidylle an der hessisch-thüringischen Grenze, die durch die Stockmacherei in aller Welt bekannt wurde. In dieses Dörfchen verliebte ich mich bis über beide Ohren.

Wie üblich ging bei mir auch diese Liebe durch den Magen. Diesmal in Gestalt der unvergleichlichen Eichsfelder Obst- und Schmantkuchen, die hier im anmutigen Werratal noch ein wenig besser zu schmecken schienen, als in den rauen Höhenzügen dieser alten Kulturlandschaft, die sich vom nordöstlichen Niedersachsen, über das nordwestlichen Thüringen bis in das nördliche Hessen erstreckt. Und wie immer, wenn der Appetit meine Gefühle steuert, war ich bemüht, die Rezepte für diese Köstlichkeiten zu ergattern, um damit auf angenehme Art und Weise die Zeit der räumlichen Trennung bis zum Wiedersehen zu überbrücken. Eine durchaus gängige Methode bei allen Fernbeziehungen, die ihre Leidenschaft aus der Distanz heraus am Glühen halten müssen. Umso so größer war meine Enttäuschung, als mir die Stars der Eichsfelder Backkunst eröffneten, dass sie über keinerlei schriftliche Unterlagen, sprich Backanleitungen, verfügen würden. »Unsere Kuchen sind das Resultat jahrhundertelanger Erfahrungen, die von Generation zu Generation weitergegeben werden«, versicherten sie glaubhaft.

Josef Keppler bei den ersten Vorbereitungen…

Da war guter Rat teuer, denn ohne ein Original-Rezept waren weder ich noch mein Ehegespons in der Lage, einen einigermaßen identischen Eichsfelder Kuchen zu backen. Also musste ein Trick her. Dazu lud ich den Heimatverein und meine Freundin Heike Opitz vom MDR zu einem kleinen Kaffeeklatsch ein und überzeugte beide Parteien, dass es nichts Spannenderes gäbe, als einen Film über die Backtradition in Lindewerra zu drehen.

Wenn möglich sogar in der alten Backstube aus dem 19. Jahrhundert im sorgfältig von der Familie Bühler restaurierten Haus der Stockmacherfamilie Heepe am Hirtenrasen. Ich will es kurz machen: Meine Liebe wurde erwidert! Denn wie anders ist es sonst zu erklären, dass ein ganzes Dorf bereit war, den Schauplatz für die geplante filmische Dokumentation in wochenlanger Kleinarbeit so hingebungsvoll herzurichten, als bereite man Dorffestspiele vor. Im Herbst dann zwei Drehtage. Die Damen hatten sich in Schale geworfen – Ehrhard Heinrich, ein gelernter Bäcker, der leider inzwischen artfremd arbeitet, hatte Urlaub genommen und jedem Hauptdarsteller wurde seine Rolle zugeteilt.

Während meine Freundin Heike jeden Schritt mit der Kamera dokumentierte, sprang ich mit meinem Notizbuch von einer Ecke in die andere und notierte akribisch Mengen und Methoden. Nach zwei anstrengenden Backtagen stand ich so nicht nur einem Berg wundervollen Kuchens gegenüber, sondern war auch im Besitz solcher Backgeheimnisse, die in keinem Backbuch zu finden sind.

Zum Abschluss hatten wir am Anger vor dem Feuerwehrhaus eine riesige Kaffeetafel aufgebaut und jeder, der vorbei kam, durfte sich bedienen. Nur, als das Abendrot die Sonne verschlang und ich mich richtig wohl fühlte, übermannte mich das schlechte Gewissen, denn ich hatte das Gefühl, mit Lindewerra mein geliebtes Heroldishausen betrogen zu haben. Na ja, immerhin geschah das im Eichsfeld und die Pfarrer dort sind dafür bekannt, dass sie selbst Protestanten Absolution erteilen. Notfalls!

Ilse Heinrich, Stockmacherfrau …

… bei den Vorarbeiten

Herta Geyer und Hilde Rode, Bäuerin / Stockmacherfrau

Die Backkunst des Erhard Heinrich…

v.l.n.r.: Rita Heinzmann, Hannelore Wunderlich, Margret Töppel, Gerda Ritter, Birgit Mäder, Luisa, Sophia, Herta Geyer und Christa Gastrock

Der alte Backofen aus dem 19. Jahrhundert im Backhaus der Stockmacherfamilie Heepe

Der alte Backofen musste tüchtig vorgeheizt werden…

Lindewerrscher Schmantkuchen

Eichsfelder Hefeteig:

ZUTATEN:

400 g Mehl, 120 g Butter oder Margarine, 50 g Zucker, ½ TL Salz, 1 Strich Muskat, 1 Würfel frische Hefe (40 g), 0,5 l Milch

ZUBEREITUNG:

Nach bekannter Manier zu einem Hefeteig verarbeiten und mindestens 1½ Stunde zugedeckt gehen lassen.

ZUTATEN FÜR DEN BELAG:

½ l Milch, 1 Messerspitze Zimt, 3 EL Zucker, 4 Eigelbe, 4 Eiklar, 750 g Schmant, 4 EL Öl, 2 Strich Muskat, 200 g Schmalz

ZUBEREITUNG:

Schmant, die Eigelbe, den Zucker, das Schmalz, das Öl und die Gewürze im Wasserbad schaumig schlagen. Zuletzt das Eiweiß schaumig schlagen und vorsichtig unterheben.
Die Masse auf den aufgegangenen Hefeteig verteilen und in einen mit 250 Grad Celsius vorgeheizten Backofen auf die mittlere Schiene schieben. Dann die Temperatur auf 200 Grad zurücknehmen und 30–40 Minuten backen lassen. Wenn der Teig unter der Schmantschicht anfängt zu bräunen, nur noch ca. 3–5 Minuten backen lassen. Danach Ofen ausschalten, die Backofentür ankippen und einen Holzlöffel zwischen die Tür klemmen.

Den Kuchen so mindestens 30 Minuten langsam auskühlen lassen.

Das einstige Stockmacherhaus am Hirtenrasen in Lindewerra. In diesem wunderschön restaurierten Anwesen befindet sich der alte Backofen, den wir aktiviert hatten.

Die Galerie des guten Geschmacks

Zu einem Zeitpunkt, als meine Kindergartenkumpel bestenfalls für ihre Teddys und sahnigen Schokoladenpudding schwärmten, himmelte ich schon Menschen an, die so berühmt waren, dass ich ihnen aller Voraussicht nach niemals begegnen würde. Deshalb begann ich, die Wände meines Kinderzimmers mit den Konterfeis solcher Idole zu bepflastern. Alles fing mit einem Foto von Hans Albers an. Seine stahlblauen Augen strahlten auf einem vergilbten handkolorierten UFA-Kinoplakat, das ihn als Sherlock Holmes zeigte. Ein Sammlerstück, das mein Vater zusammen mit einem Acht-Millimeter-Schwarz-weiß-Stummfilm 1937 erworben hatte und seitdem mehrmals im Jahr in unserem Wohnzimmer für Unterhaltung sorgte.

Weiter ging's in meiner Galerie mit Albert Schweitzer. Obwohl ich gestehen muss, dass ich damals dessen Wohltaten für die Menschheit überhaupt nicht einordnen konnte. Doch, wie so oft in meiner Kindheit, vertraute ich auch bei dieser Beurteilung meiner über alles geliebten Oma Nelly. Und die bestand nun einmal darauf, dass diesem Gutmenschen an meiner Pinnwand ein Ehrenplatz gebühre. Kaum in die Schule gekommen, nahm ich den aufgezwungenen Schweitzer jedoch aus seinem dunkel gebeizten Bilderrahmen und ersetzte ihn durch eine Fotografie von Harry Belafonte aus der NBI (Neue Berliner Illustrierte).

Gegen dessen »Banana Boat Song«, der damals fast stündlich im Radio trällerte, war der berühmte Arzt aus Lambarene und anerkannte Bach-Liebhaber machtlos. Mit den Jahren entwickelte sich meine Bildergalerie peu à peu zum Spiegelbild meiner Gefühlswelt und Sehnsüchte. Old Shatterhand und Winnetou wurden von den »Beatles« abgelöst; Jesus hing friedlich neben Che Guevara; und als ich von Mühlhausen nach Berlin zog, sang an der dünnen Pappwand meiner Studentenbude als Erstes die in ein hautenges schwarzes Etuikleid gepresste Juliette Greco gleich neben der schmachtenden Marilyn Monroe, die ihr weißes aufgebauschtes Plisseekleid kaum bändigen konnte. Später dann die Elite der Kochkunst: Paul Bocuse und – mehr als warnende Abschreckung, denn als Beweis seiner köchelnden Meisterschaft – Alfred Biolek. Ich stand schon damals nicht auf Brühwürfel und Fertiggerichte.

Irgendwann wurde ich eitel und hing auch Fotos an die Wand, auf denen ich gemeinsam mit solchen Prominenten abgelichtet war, für die ich den Kochlöffel schwingen durfte. Auf diesen Bildern herrscht natürlich Friede, Freude, Eierkuchen, denn vor allem die politisch agierenden Promis grinsen beim Fotografieren wie dressierte Honigkuchenpferde – und das über alle Fraktionen hinweg. Da jedoch einige der von mir Bekochten immer öfter den gesunden Menschenverstand vermissen ließen, sah ich mich genötigt, sie abzuhängen. Leider hinterließen solche Volksvertreter nicht nur auf dem politischen Parkett, sondern auch auf meiner Tapete hässliche Flecke, so dass ich mich entschloss – wollte ich nicht laufend einen Maler bestellen – die leeren Rahmen mit den Fotos jener meist aufwendig gefertigten Speisen zu füllen, die ich einst für sie gekocht hatte. Plötzlich mutierte »Präsident X« zum Lammkarree mit Kräuterkruste; »Kanzler Y« zum sauttierten Saiblingsfilet und »Generalissimus Z« zum Filet »Mignon« mit Steinpilzen. Vor ein paar Jahren dann beendete ich übrigens Kolportagen mit Politikern. Nur wenige Ausnahmen bestätigen noch die Regel. Mittlerweile erweitere ich meine Galerie vornehmlich mit Bildern von Menschen, die mir Gutes getan haben, das heißt meiner Seele, aber natürlich vorrangig auch meinen Geschmacksnerven.

Letztere sind fast ausschließlich Vertreter einer herzhaft-deftigen Küche. »Schnitzelheinz« aus Erfurt hängt da neben André Frank aus dem »Nachbarn« in

Mühlhausen; Andreas Scholz aus dem »Russischen Hof« in Weimar neben der handfesten »Riesenkloßherstellerin« Barbara aus dem »Goldenen Einhorn« in Mechelroda. Daneben mein Freund Achim Köhler; das Phantom der Hausschlachtung Klaus vom Bornhagener »Klausenhof«; aber auch der hoch dekorierte Wanderwirt Andreas Motter; Bernd und Ilona Alsgut aus dem »Güldenen Rad« in der Erfurter Marktstraße und so weiter und so gut. Hier alle aufzulisten, wäre abendfüllend. Am besten, Sie kommen vorbei und schauen selbst. Doch ähnlich wie bei meinen Vorfahren tendiere ich mit zunehmendem Alter von deftig zu süß.

Nicht zu den raffinierten Petit Fours, Marzipan- und Nougattörtchen und verschnörkelten Gourmetteilchen, mit denen sich vornehme Damen beim Kaffeekränzchen ihre midlifegestressten Mägen verkorksen. Nein, ich bevorzuge die kalorienstrotzenden Blech- und Schmantkuchen. Die werden in Thüringen seit Jahrhunderten nicht nur zu Geburtstagen, Hochzeiten, Kindtaufen oder Beerdigungen gebacken, sondern gehören zum täglichen Brot wie Rostbratwürste, rohe Kartoffelklöße und Feldgieker.

Einhergehend mit dem Geschmack veränderte sich zwangsläufig auch die Auswahl der Fotos an meiner Gedächtniswand. Sogar einige der unantastbaren Heroen der Kochkunst, wie der Vater der modernen Küche, Auguste Escoffier, mussten plötzlich ihren Platz räumen. Und das nicht etwa für berühmte Konditoren, sondern für meist handfeste gestandene Weibsbilder, deren Backkunst ich mit ähnlicher Leidenschaft verfallen bin, wie vor fast vier Jahrzehnten dem Liebreiz und der praktischen Natürlichkeit meiner Martina.

Da hängen solche Schamaninnen der Volksbackkunst wie die unvergessene Herta Machold. Sechs Jahrzehnte bis zu ihrem Tod 2005 stand sie in der Küche des Kurhauses von Masserberg und verwöhnte ihre Gäste mit ofenfrischem Kuchen.

Die »Grande Dame« der Thüringer Backkunst, die übrigens erst mit 88 Jahren beschloss, ihr verwunschenes Hotel nur noch an den Wochenenden zu öffnen. Das gelang ihr bis zum 93. Lebensjahr. Da rief sie der Herr zu sich an den himmlischen Backofen. »Hätte sie nicht bis zum Hundertsten warten können?«, fragte damals ihre große Fangemeinde, die bis zu ihrer göttlichen Abberufung aus allen Himmelsrichtungen nach Masserberg pilgerten, um ihrem unvergleichlichen Kuchen zu huldigen. Eine Bestimmung, für die Herta scheinbar selbst ihr ganz persönliches Glück zu opfern schien. Sie, die nur einen heimlichen Liebhaber hatte: einen im Jahre 1906 von der Arnstädter Herdbaufirma »Bachstein« in der Küche des Kurhauses aufgestellten gusseisernen Backofen mit gewaltigen Dimensionen. Den fütterte sie ihr ganzes Leben lang mit Tonnen von Holz und Kohle und trotz zahlreicher Verlockungen jüngerer und technisch ausgefeilter Nachfolgemodelle hielt sie ihm stets die Treue. Doch mit dem konnte sie ja auch schlecht ein Aufgebot bestellen oder vor den Altar treten, um ihr Verhältnis zu legitimieren.

Die unvergessene Herta Machold

Vor allem meine letzte Begegnung mit Herta bleibt unvergessen.

An einem Sonnabendmittag im kalten Winter, als wir uns dem verwunschenen Kurhaus aus dem 19. Jahrhundert näherten, lag es scheinbar verlassen unter einer dicken Schicht weißen Puderzuckers. Nur der schwarze Rauch, der aus einem maroden Schornstein kerzengerade in die frostklirrende Luft stieg, verriet, dass sich jemand im Hause aufhielt. Wenig später standen wir der weißhaarigen Herta in ihrer Küche gegenüber.

Allein, aber nicht einsam, wie sie in vielen Gesprächen betonte, bereitete sie auch an diesem Tag

Das Kurhaus von Masserberg

Das Geheimnis von Hertas Hefeteig

Rezept für zwei Kuchen

ZUTATEN:

600 g Weizenmehl	*40 g Hefe*
120 g Zucker	*175 g Butter*
175 ml Milch	*Prise Salz*

ZUBEREITUNG:

Und Herta befahl: »Küche heizen, dass sich Schmetterlinge darin wohlfühlen!«

Dann das angewärmte Weizenmehl in eine nicht zu kleine Schüssel sieben. In eine Vertiefung in der Mitte des Mehls lauwarme Milch gießen, in der man die Hefe eingebröselt und die Hälfte des Zuckers verquirlt hat. Alles zu einem dickflüssigen Brei verrühren. Die in Flöckchen zerpflückte Butter, die Prise Salz und den restlichen Zucker hinzufügen.
Abgedeckte Schüssel warm stellen und zwanzig bis dreißig Minuten quellen lassen bis das Hefestück aufgegangen ist.

HEFETEIG 1 *(Variante eignet sich besonders gut für Obstkuchen): Ein Ei untermengen und nach und nach das Mehl unterkneten. Der Teig sollte straff, aber nicht zu fest sein. Schüssel erneut abdecken und mindestens eine Stunde in der überheizten Küche ruhen lassen.*

Bei der HEFETEIG 2*-Variante kein Ei und ca. 30–40 ml mehr Milch sowie 50 g weniger Butter unterarbeiten. Variante 2 eignet sich hervorragend für trockene Kuchen.*
Teig teilen, auf bemehlter Unterlage dünn ausrollen und auf gut gefettete Bleche legen.

alles für die vielen Kaffeegäste vor, die ab um drei Uhr die zwei sparsam erwärmten Gasträume mit den Plüschmöbeln aus den Dreißigern und den bernsteinfarbenen Lüstern stürmen würden. Alle anderen Zimmer werden, die Küche natürlich ausgenommen, schon lange nicht mehr beheizt. Nur im Sommer lässt sich Herta erweichen und gewährt alten Stammgästen auch schon einmal ein Quartier. Versorgen müssen die sich aber selbst.

Ohne ihre Arbeit zu unterbrechen, überschüttet sie uns mit Mundart-Weisheiten: »De Bäcker dos sinn holde Knobe, wos die sich von de Hände schobe, sich orm un reich dronn labe!«

Wir schauten uns in der mit gelber Ölfarbe lackierten Küche um. Die ließ Herta 1970 letztmalig grundhaft renovieren. Doch nichts wirkte schmutzig; nur gebraucht. Damals hatte sie ihr Geschäft für eine Woche geschlossen. Hatte sogar Masserberg verlassen, um einen Tag in Erfurt zu bummeln. Übrigens auch zum letzten Mal.

Sie rubbelte mit dem Handrücken einen Mehlfleck von ihrer blaugeblümten Nylonschürze und begann wie eine Ringkämpferin ein Riesenstück Butter in ein verhältnismäßig kleines Stück Teig zu kneten.

Übrigens: Selbst mit dem Thüringer Verdienstorden, den ihr Ministerpräsident Bernhard Vogel 2003 verlieh, konnte man sie nicht aus ihrem Geburtsort locken. Notgedrungen musste ihn der MP persönlich in Masserberg überreichen.

Oder hatte der bekennende Liebhaber der Thüringer Küche etwas ganz anderes im Sinn? Ein Stück von Hertas unvergleichlichen Stachelbeerkuchen vielleicht oder die einmalige Mohn-Eierschecke, die ich so, wie sie Herta buk, nie wieder gegessen habe?

Ich kann Bernhard Vogel gut verstehen, denn auch, wenn ich niemals auch nur annähernd die Meisterschaft Hertas erreichen werde, gehören ihre Backrezepte zu meinen größten kulinarischen Schätzen. Beide werden wohl für immer in meiner Bildergalerie hängen: natürlich die einmalige Herta. Aber auch, und das sei mir ohne parteipolitisches Kalkül gestattet, als einer der wenigen Politiker, der in Niedersachsen geborene Bernhard Vogel. Zwei Menschen, ohne die Thüringen ein Stück ärmer wäre.

Käse-Schmantkuchen

ZUTATEN FÜR DEN TEIG:

200 g Weizenmehl
20 g Zucker
125 ml Milch
15 g Hefe
50 g Butter
Prise Salz
Zimt und Vanillezucker

ZUTATEN FÜR DIE QUARKMASSE:

125 ml Milch
125 ml Sahne
100 g Grieß
15 g Zucker
1 Ei
75 g zerlassene Butter
250 g Quark
Prise Salz
50 g Rosinen
1 Glas Stachelbeeren

ZUTATEN FÜR DIE SCHMANTMASSE:

Prise Muskat
Prise Zimt
1 Pckg. Vanillezucker
5 g Kakao
125 g Schmant
30 g Zucker
10 g Schmalz (zergehen lassen)
10 g Mehl
1 Eigelb
1 Eiweiß (steif geschlagen)

ZUBEREITUNG:

Das Mehl mit dem Zucker mischen und in eine Schüssel geben. Die Hefe in eine eingedrückte Grube bröseln. Die lauwarme Milch darüber gießen und 5 Min. an einem warmen Ort stehen lassen. Die Eier und die Butterflocken hinzugeben und kräftig zu einem Teig verkneten. Danach in eine bemehlte Schüssel legen, mit einem Handtuch abdecken und an einem warmen Ort 30 Min. ruhen lassen. Den Teig ausrollen und in eine gefettete Springform geben und nochmals 30 Min. gehen lassen.

Die Milch und die Sahne zum Kochen bringen. Den Grieß und den Zucker einrieseln und aufkochen. Nach dem Auskühlen der Masse, das Ei, Salz und Quark hineinrühren. Die Quarkmasse auf den Teig streichen und die Rosinen darauf streuen. Die Früchte abtropfen lassen und auf den Belag geben.

Den Schmant, Muskat, Zimt, Vanillezucker, Kakao, Zucker, Mehl, Eigelb und Schmalz flott verrühren. Das steif geschlagene Eiweiß vorsichtig mit einem Löffel unterheben und auf die Quarkmasse mit Früchten verteilen. Im vorgeheizten Backofen bei 180 Grad 40 Min. goldbraun ausbacken.

Mohn-Eierschecke

• Hefeteig • Mohnmasse	
200 ml 80 g Zucker 20 g Butter 70 g Blaumohn	zum Kochen bringen
80 ml Milch 50 g Grieß • Eierschecke	verrühren und in die kochende Mohnmasse rühren, alles zusammen aufkochen lassen

Nach Belieben können Zimt, gehackte Mandeln, Apfelspalten oder Rosinen zugefügt werden.

Streuselkuchen

- *Hefeteig*
- *Streusel*

Die Streusel auf den Hefeteig geben.
Nach dem Backen den Kuchen mit flüssiger Butter bestreichen.

Pflaumen-Schmantkuchen

- *Hefeteig*
- *Quarkmasse*
- *600 g Pflaumenhälften*
- *50 g Zucker, Prise Zimt*
- *Schmantmasse*

Kirsch-Schmantkuchen

- *Hefeteig*
- *Quarkmasse*
- *1 Glas Sauerkirschen – 480 g Abtropfgewicht (abtropfen lassen)*
- *50 g Zucker, Prise Zimt*
- *Schmantmasse*

Stachelbeer-Schecke

- *Hefeteig*
- *Quarkmasse*

100 g Quark
1 Ei
15 g Zucker

Alles zusammen verrühren

- *1 Glas Stachelbeeren – 480 g Abtropfgewicht (abtropfen lassen)*
- *Eierschecke*

Kuss im Schneegestöber

»Nein! Nein! Nein! Solche Intimitäten haben wir längst eingestellt«, wehrt Oma Anneliese ungestüm ab, als ich sie anlässlich meines Besuches bei ihr zu Hause bat, ein Erinnerungsfoto schießen zu dürfen, auf dem sie ihrem Ehemann Alwin einen dicken Kuss auf die Wange drückt. »Vierundsechzig Jahre habe ich vergeblich versucht, meinen Alwin zum Prinzen zu küssen – und was ist daraus geworden? Zwei Kinder, vier Enkel, acht Urenkel . . . trotz seiner ›85‹ muss ich ihm jeden Tag einen frisch gewaschenen und geplätteten Blaumann zurechtlegen, mit dem er sogar bei Neuschnee aufs Feld radeln will, um Unkraut zu jäten . . . und am liebsten dreimal am Tag ein Stück Käsekuchen. Und, als ob ich damit nicht beschäftigt genug bin, muss ich ihm jeden Abend ein Bier und einen Schnaps ans Sofa schleppen. Verstehen Sie jetzt, warum ich mir immer einen Prinzen wünschte?«

Was für eine Ansprache. Jedes Wort saß wie ein akkurat geführter Stoß mit dem Florett. Natürlich so platziert, dass sie ihren Ehemann nicht allzu ernsthaft verletzen konnte. Eigentlich mehr ein Sticheln, als ein Stoßen. Ich war baff oder wie es meine Tante Elsbeth auszudrücken pflegte, Gott habe sie selig, völlig von den Socken. Nur der Getadelte ließ sich völlig ungerührt auf das bequeme Chaiselongue sinken, über dem ein gewaltig-kitschiger Kunstdruck hing, auf dem zwei wie aus dem Ei gepellte Schwäne auf einem kristallklaren trauerweidengesäumten Teich einem goldnen Sonnenuntergang entgegentreiben. Oder war es vielleicht doch ein Sonnenaufgang? Nageln Sie mich in Bezug auf die Tageszeit nur bitte nicht fest.

»Wenn ich meiner Anneliese widerspreche, würde ich mir nur ins eigene Fleisch schneiden. Vor allem heute, wo sie eine Springform Schneegestöber für

Anneliese und Alwin Möller aus Herbsleben

Sie vorbereitet hat. Unvorstellbar, wenn meine Anneliese nicht mehr täglich backen würde … kaum auszudenken.« Er versuchte, sie zu knuddeln, doch sie entzog sich seinem Zugriff; warf ihm aber einen so koketten Blick zu, dass ich ihre vorherige Kussallergie als Täuschungsmanöver wertete.

Eigentlich hatte ich mich nur auf den Weg ins ländliche Herbsleben gemacht, um der Mutter unserer Wohnungsnachbarin Ingrid einige Geheimnisse ihrer wundervollen Blechkuchen zu entlocken. Mehrmals im Monat übermittelte mir nämlich die naturblonde Ingrid mit Mohn-, Obst-, Quark- oder Streuselkuchen die besten Wünsche ihrer Mutti Anneliese, die sich auf diesem Wege für »… die entzückenden Aufsätze bedanken wollte, in denen ich die hauswirtschaftlichen Leistungen unserer Vorfahren würdigte.«

»Für jedes Wort der Euphorie schickt Oma eine Kalorie«, dichtete ich darauf dankend im Stehgreif. Worauf mir Ingrid offenbarte, dass Oma Möller im Grunde genommen auch eine Schriftstellerin sei. Auch dichten »täte«. Eben nur im stillen Kämmerlein. Das höchste Maß an Öffentlichkeit erfahren ihre literarischen Kabinettstückchen eigentlich nur bei Familienfeiern. So, wie vor drei Jahren, als der Clan die Diamantene ihrer Eltern in der »Guten Quelle« feierte und Oma Anneliese ein von ihr nach allen Regeln der Poesie gezimmertes Familien-Epos zu Gehör brachte, das nach Meinung der zahlreich zu Kaffee, Kuchen und kaltem Büfett erschienenen Gäste nahtlos an solche epochalen Werke wie das Hildebrand- oder Nibelungenlied anknüpfte.

Auf der Suche nach dem Ursprung der Thüringer Backkunst war ich also auf eine Virtuosin des Hefeteigs gestoßen, die nicht nur aus der Lamäng einen köstlichen Kuchen zaubern kann, sondern es auch meisterlich versteht, diesen mit einem eigens gedichteten Reim stilvoll zu garnieren. Ein Glücksfall, der mich, nachdem sie einige vor Esprit und Güte sprühende Kostproben ihres künstlerischen Schaffens zu Gehör gebracht hatte, sicherlich in eine ähnliche Ekstase versetzte, wie den Rentner Martin H. der Fund eines 9,64 Gramm schweren Nuggets im April 2004 im Schwarzatal. Nur, und davon bin ich hundertprozentig überzeugt, ist mein warmherziger Goldschatz aus den Niederungen des Thüringer Beckens weitaus höher einzustufen, als so ein kaltes Stück Erz aus den Höhenzügen des Thüringer Waldes, das bestenfalls mit seiner pekuniären Wertbeständigkeit glänzt. Eine Einschätzung, von der ich seit jener Begegnung keinen Deut abgewichen bin. Selbst dann nicht, nachdem man mir versicherte, dass dieser Goldklumpen aus der »Schwarza« nachweislich der zweitgrößte seiner Art sei, der jemals in Deutschland gefunden wurde.

Doch als hätte Fortuna beschlossen, ihr Füllhorn vollends vor mir auszuschütten, verschwand Oma Möller in das für alte Bauernhäuser typische verschachtelte Nebengelass, um mir wenige Augenblicke später ein kleines mit weißem Zwirn gebundenes Büchlein zu präsentieren. »Habe ich vor über zehn Jahren für meine Enkelin Anja geschrieben. Ein Weihnachtsgeschenk. Hier sind alle meine Backerfahrungen zusammengefasst. Vieles haben mir Großmutter und Mutter beigebracht. Das meiste lehrte mich aber das Leben und Alwins Besessenheit nach ›hausschlachtenen‹ Blechkuchen.«

Als sie meine vor Begeisterung glühenden Wangen bemerkte, ließ sie mir Zeit, mich zu sammeln. Was hatte sie gesagt? Großmutter und Mutter? Da müssen Rezepte dabei sein, die aus einer Zeit stammen, als Dr. Oetkers Backpulver nur als Phantom im Kopfe des Erfinders umhergeisterte. Plötzlich erfasste mich ein ähnliches Hochgefühl wie seinerzeit Heinrich Schliemann, als der, nachdem er eigentlich schon das Handtuch geworfen hatte und Troja wie ein geprügelter Hund verlassen wollte, plötzlich auf den Schatz des Priamos gestoßen war.

»Soviel Gesums um ein Backbuch von Großmutter?«, werden jetzt sicherlich einige entgegensetzen. Habe ich auch in irgendeiner Schublade herumliegen! Sogar in feinstem Sütterlin und mit so korrekten Mengen-, Temperatur- und Zeitangaben, dass unsere Familie lange vermutete, Großmama wäre eine ausgebildete Apothekengehilfin gewesen!

Solchen Skeptikern muss ich natürlich Recht geben. Besonders Menschen mit pedantischem Habitus werden exakte Angaben zu Zeit und Temperatur in Oma Annelieses Backbuch schmerzlich vermissen. Solche Nebensächlichkeiten spielen bei ihr keine Rolle und sind, ihrer Meinung nach, sowieso nur durch ständige Wiederholungen selbst zu erlernen. Auch die wirklich raffinierten Tricks sind ähnlich verschwommen zwischen den Zeilen versteckt, wie das bei den modernen – größtenteils aus dem Internet »geguttenbergten« – Rezepturen üblich ist.

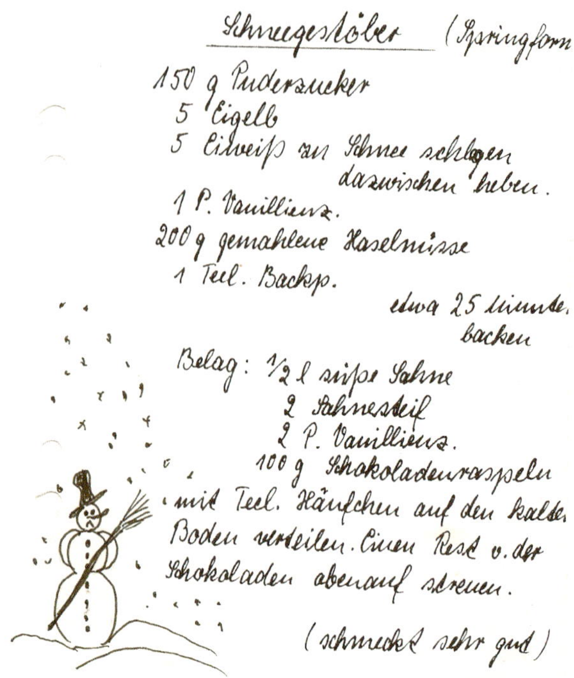
Schneegestöber (Springform
150 g Puderzucker
5 Eigelb
5 Eiweiß zu Schnee schlagen dazwischen heben.
1 P. Vanillienz.
200 g gemahlene Haselnüsse
1 Teel. Backp.
etwa 25 Minute. backen
Belag: 1/2 l süße Sahne
2 Sahnesteif
2 P. Vanillienz.
100 g Schokoladenraspeln
mit Teel. Häufchen auf den kalte. Boden verteilen. Einen Rest v. der Schokoladen obenauf streuen.
(schmeckt sehr gut)

Zusatzinformationen zum Schneegestöber:
Eigelbe mit dem Zucker schaumig schlagen; gemahlene Haselnüsse und Backpulver einrühren. Vorsichtig den Eiweißschnee darunter heben und in eine gefettete Springform füllen.
Bei 180 Grad Celsius ca. 20–25 Minuten backen. Die Sahne mit Sahnesteif schlagen, mit der Hälfte der Schokoraspel und dem Vanillezucker mischen und auf dem ausgekühlten Boden verteilen. Restliche Schokoraspel verteilen.

Nur mal so notabene: Selbst in meinem Freundeskreis prahlt ein Kochbuchautor wie Tüte Mücken mit seinen »Creatione Fantastico«, bei dem ich mir tausendprozentig sicher bin, dass er eine Spaghettizange nicht von einem Fleischwolf unterscheiden kann.

Nein, Oma Annelieses Kochbuch glänzt mit Rezepturen der Herzenswärme – garniert mit einzigartigen Federzeichnungen und feinfühligen Fußnoten. Auch, wenn einige von ihnen praktische Vollständigkeit vermissen lassen, sondern einzig dem Zweck dienen, das Publikum zum Nachbacken und Schwelgen zu animieren. Womit wir bei der theoretischen Begutachtung des künstlerischen Schaffens einen Grad der Information erreicht hatten, der förmlich nach der praktischen Komplettierung unserer Erfahrungen schrie. Mit anderen Worten, Alwin forderte seine Anneliese auf, doch endlich Kaffee zu kochen und das Schneegestöber aus der Speisekammer zu holen.

Den Part mit dem Kaffee übernahm die eilends herbeizitierte Enkeltochter Anja; die Präsentation des Schneegestöbers, nebst einer gewaltigen Kuchenplatte, auf der kleine viereckige Kuchenstücke wie Brillanten funkelten, übernahm natürlich Oma Anneliese selbst. Was soll ich sagen: Ich genoss einen der unvergesslichen Momente in meinem Leben, in dem ich allen daran Beteiligten dafür dankte, dass ich als Thüringer das Licht der Welt erblicken durfte. Wo sonst bilden handwerkliche Backkunst, nahrhafte Deftigkeit und eine schier unendliche Vielfalt einen solchen harmonischen Gleichklang des Genusses, wie in diesem Ländchen im Herzen Deutschlands?

Und als ich den letzten Quader Bienenstich trotz weit überschrittenem Sättigungsgrad derart in mich hineinstopfe, dass mir vor Anstrengung die Tränen in die Augen traten, drückte mir Oma Anneliese plötzlich einen tröstenden Schmatzer ins Gesicht: »Gell' so ein Stück selbst gebackener Kuchen kann manchmal ganz tief sitzende Gefühle wecken.«

Sprach's und wischte mir mit einem Zipfel ihrer mit blauen Ornamenten bestickten Schürze ein kleines zum Kuss geformtes Schneegestöber-Sahnehäubchen von der Wange.

Zum Abschied gab's, wie auf dem Lande noch immer üblich, ein riesiges Kuchenpaket für meine daheim wartende Ehefrau und die Zusicherung, bei Entzugserscheinungen hilfreich zur Seite zu stehen – sprich, im Bedarfsfall der Ingrid einen Kuchen meiner Wahl mitzugeben.

Zu Hause angekommen, wartete Besuch auf mich. Auf meinem Sofa hatten es sich Kommissar Ehrlicher, Polizeihauptmeister Krause und ihr Cobra 11-Kollege, Horst »Hotte« Herzberger, bürgerlich Dietmar Huhn, bequem gemacht und schielten so lange auf mein kalorienreiches Mitbringsel, dass meine Martina, für die der Kuchen ja ursprünglich gedacht war, Kaffee kochte und den Kuchen brüderlich teilte. Sie verschlangen den Kuchen schneller, als sie ihre Fälle lösten.

»Die Frau, die so etwas Einmaliges backen kann, wollen wir kennen lernen«, beauftragten sie mich, einen Termin mit Oma Anneliese zu organisieren, um von ihr in der Thüringer Backkunst geschult zu werden. Drei Wochen später trafen wir uns in der Backstube meines Freundes Stefan Lobenstein, seines Zeichens Obermeister der Thüringer Konditoreninnung. Wie die Orgelpfeifen hatten sich die Kommissare und meine Wenigkeit vor Oma Anneliese aufgebaut und folgten ihren Ausführungen.

Alles lief ganz gemächlich. Peter Sodann wurde in die Feinheiten des Schneegestöbers eingeweiht und Hotte durfte beim Schneewittchenkuchen Hand anlegen. Die Harmonie endete, als Krause seine Zwiebeln für einen Thüringer Zwiebelkuchen so groß würfelte, dass man mit ihnen eine Straße hätte pflastern können.

»Na, na!«, drohte die Bäckerin und hob scherzhaft den Zeigefinger.

Was Krause Glauben machte, er könne sich alles ungestraft herausnehmen, doch als er seinen monströsen Zeigefinger durch das fertige Schneegestöber zog und ihn genüsslich abschleckte, explodierte Oma Anneliese.

»Du verfluchter Hilfsbäcker«, wetterte sie wütend und schleuderte einen Backpinsel in einen vor ihr aufgetürmten Mehlhaufen, dass Lobensteins Backstube augenblicklich in einer gewaltigen Staubwolke versank.

Als sich der Nebel legte, standen vor ihr vier reumütige Unschuldsengel, die demütig um Vergebung baten. Mit Oma Anneliese wollte es wirklich niemand ernsthaft verderben. Und nicht nur ihrer wundervollen Kuchen wegen …

Oma Anneliese lässt selbst Engel schwärmen

Auch Stefan Lobenstein (2. v. l.) – der Obermeister der Erfurter Bäckerinnung – hört auf Oma Anneliese

Oma Anneliese führt Peter Sodann, Horst Krause und Dietmar Huhn (v.l.n.r.) in die Geheimnisse der Backkunst ein

Schneewittchenkuchen (kl. Blech)

125 g Butter
125 " Zucker
2 Eier
2 Eßl. Wasser

250 g Mehl
1/2 Backp.
1/2 Vanillienz.

wenn gebacken, Kirschen gut abtropfen lassen mit backen
Buttercreme drauf u. vom Kirschsaft mit ~~X~~ 1 Tortenguß Guß drauf.

8

Schokoladen - Bienenstich

Teig:
200 g Butter
200 " Zucker
250 " Mehl
1 P. Backp.
1 kl. ~~Flasche~~ Tasse Milch
2 Eier
4 Eigelb
50 g Kakao

Decke:
200 g Mandeln
200 " Zucker
200 " Butter
4 Eischnee

Decke später auf den Teig geben und backen

Schokoladenguß drauf

Bienenstichkuchen

Teig:
200 g Butter
250 " Zucker
3 Eier
1/8 l Milch
1 Backp.
(Mehl 700 g)

Belag:
200 g Butter
200 " Zucker
1 Vanillienz.
2 Eßl. Milch
150 - 200 g Mandeln oder Nüsse
1 Eßl. Honig

Magdalenen - Kuchen

400 g Butter
400 " Zucker
400 " Mehl
6 Eier
1 P. Backp.
Saft von 1 Zitrone

heller Guß mit Zitronensaft

Apfeltorte

175 g Budder
100 " Zucker
1 Ei
225 g Mehl
75 " Mondamin
1 P. Backp.
1 " Vanillez.
1 Eigelb zum bestreichen des Gitters

Füllung ist egal, Apfel, Quark u.s.w.
etwas Teig abnehmen für die Gitter.

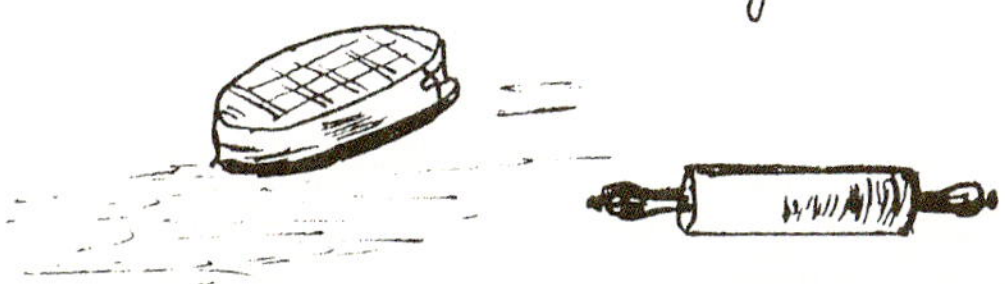

Backpulverkräpfel

200 g Butter
250 " Zucker
3 Eier
1/8 l Milch
1½ P. Backp.
in Fett backen

Schnapskuchen

Rollenboden backen
Buttercrme von
1 P. Vanillienpudding
1 Stück, 250 g Budder schlagen (mixen)
danach Kekse in Weinbrand tauchen und zuletzt Schokoladenguß drauf.

Nürnberger Lerchen

200 2 Eier
125 g Budder
150 " Zucker
375 " Mehl
½ Backp.

} ergibt 4 Streifen mit Marmelade bestreichen

Belag: 100 g Kokosraspeln
100 " Zucker
30 " Budder
30 " Mehl
1 Ei

Zitronenkuchen

1/2 l Wasser
2 P. Zitronenpudding } kochen
8 Epl. Zucker
250 g gute Butter
2 Zitronen (Saft)
1 Zitrone (Schale)
3 Eigelb
3 Eiweiß
auf Rollenboden — schlagen, unterziehen

Kaffeekuchen

40 g Öl
150 " Zucker
2 Eigelb
1 Vanillinz.
1/2 l starken Kaffee
alles zusammen mixen
250 g Mehl
1/2 Backp.
2 Eischnee darunter ziehen
Schokoladenguß

Tag-und Nacht-Kuchen

300 g Butter
300 " Zucker
300 " Mehl
2 Eier
5 Eigelb
1 P. Backp.
Zuletzt 5 Eischnee unterrühren

2/3 Teig auf Blech geben
1/3 Teig mit 2 Epl. Kakao
braune Kekse auf den weißen Teig verteilen, in die braunen Kekse eine halbe Wallnuß drücken u. backen. Auf den weißen Kuchen 1/4 l heiße Milch gießen. Wenn der Kuchen abgekühlt ist, Schokoladenguß drauf

Schmetterling-Kuchen-Torte

Teig:
100 g Butter
200 " Puderz.
100 " Mehl
75 " Mondamin
5 Epl. Wasser
3 Eier (Eiweiß zu Schnee schlagen
3 Epl. Kakao
1 Vanillinz.
1 Backp.

den Teig 30 min backen, danach Kuchen einmal durchschneiden

Füllung:
250 g Butter
2 Eier
3 Epl. Puderz.
20 g Hartfett

alles zusammen rühren, die Hälfte in die Torte, die andere Hälfte oben drauf. Mit Mokkabohnen verzieren

Sandtorte

250 g Butter
250 " Zucker
125 " Mehl
125 " Mondamin
4 Eier
1 Teel. Vanillienz.
1 " Backp.

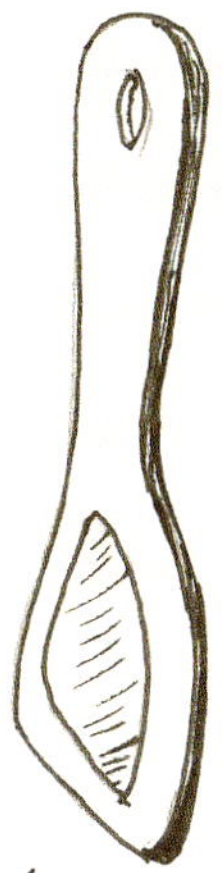

Kakao-Sandtorte

250 g Butter
250 " Zucker
100 " Mehl
100 " Monamin
4 Eier
1 Teel. Vanillienz.
1 " Backp.
50 g Kakao

Muskuchen-Hefe-Blätterteig

3/4 Ofenblech

250 g Mehl
250 " Butter
1 kl. Ei
1 Prise Salz
1 gestrichenen Eßl Zucker
1/2 Würfel Hefe in 2 Eßl. Milch auflösen
kühl stellen

Teig teilen, dazwischen
1 Glas Mus, etwas Sahne
1 Vanillien-Soßenpulver
Zimt, Kakao, Mandeln
2 P. Vanillienz.
etwas Weinbrand

obenauf mit Eigelb streichen u. mit Schere einschnippen

Pudding-Kuchen / Kastenform

4 Eier
1 Tasse Öl
1 " Zucker
1/4 P. Backp.
1 P. Vanillienpudding
1 " Sahne- "
1 " Zitronen- "
1 " Mandel- "

ZEHNTES KAPITEL

Zwetschgen

Der Feind heißt »Zweddschenguchen«

Im Grunde versprach das Leben meiner Großmutter Nelly keine allzu großen Highlights. Anfang des zwanzigsten Jahrhunderts in die spießige Bürgerlichkeit des wilhelminischen Kaiserreiches geboren, stand ihr ähnlich wie vielen ihrer wohlbehüteten Geschlechtsgenossinnen eine langweilige Biografie zwischen preußischer Pflichterfüllung und begrenzter Autarkie bevor, deren Stationen so felsenfest vorherbestimmt schienen, wie Ostern, Pfingsten und Weihnachten.

Dass ihr Lebensweg im Nachhinein besehen dennoch mehr einer aufregenden Safari als einer beschaulichen Landpartie glich, war wohl zum Großteil der unheilvollen politischen Entwicklung in Deutschland zu verdanken; wurde aber mindestens in gleichem Maße von ihrem Drang zur Selbstverwirklichung beeinflusst, der erstaunlich nahe an unserem heutigen Verständnis von Gleichberechtigung angesiedelt war. Was jedoch keinesfalls bedeuten soll, dass Nelly die Trommel der Emanzipation ähnlich lautstark wie Alice Schwarzer oder gar mit der nervtötenden Aufdringlichkeit einer Hella von Sinnen schlug. Nein, meine Großmutter war da zurückhaltender, denn sie verlagerte ihre Aktivitäten in die stille Häuslichkeit ihrer Küche. Dort aber zog sie alle Register ihres im Laufe des Lebens oft schmerzhaft gewonnenen Selbstbewusstseins und besonders nach ihrer viel zu frühen Witwenschaft begann sie sich Stück für Stück von den Resten ihrer anerzogenen Zwänge zu befreien. Nach außen jedoch spielte sie bis zu ihrem Tode jenes dem Schicksal ergebene Mauerblümchen, das kein Wässerchen zu trüben vermag. Und da Nellys Metamorphose ähnlich verlief, wie die vieler anderer Frauen in den Jahren nach dem Zweiten Weltkrieg, verwundert es nicht, dass unsere Küche immer häufiger zu einem Aufmarschgebiet für Bataillone konspirativer Hausfrauen wurde, die sich in Taktiken des feministischen Befreiungskampfes übten.

Dass sie sich trotz aller militärischen Zielstrebigkeit dabei ausschließlich »Waffen« aus dem Arsenal küchentechnischer Hilfsmittel bedienten, war indes nicht der damals vorherrschenden pazifistischen Grundhaltung geschuldet, sondern vor allem der Erkenntnis, dass die einfachen Mittel hausfraulicher Tugenden in ihrer Situation viel effizienter sind, als jegliches noch so explosive militärische Equipment. Außerdem wussten sie aus generationenübergreifender Erfahrung, dass nichts besser zur Beendigung zwischenmenschlicher Konflikte geeignet ist, als eine regelmäßige und schmackhafte Bereitstellung von Nahrung. Was jedoch nicht bedeutete, dass diese Armee der Selbstfinderinnen sich duckmäuserisch hinter der Kloßpresse versteckten; vielmehr lebten sie ihre erstmals entdeckte Würde mit einer Leidenschaft aus, die stark an die englische Suffragetten-Bewegung erinnerte, deren Anhängerinnen selbst vor körperlichen Konfrontationen mit der Staatsmacht nicht zurückschreckten.

Nelly und ihre Mitstreiterinnen verließen jedoch nie auch nur einen Fußbreit den Boden des bürgerlichen Anstandes, sondern stellten ihre neu gewonnene Lebenslust ausschließlich in den Dienst ihrer Familien. Ihre köchelnden Manöver begannen mit Angriffen auf Maibowlen im Frühjahr, führten über harntreibende Spargelattacken bis zur Erdbeerernte; verharrten wochenlang in Stellungsgefechten mit Einweckgläsern und Tontöpfen, in denen sie Obst, Beeren, Sauerkraut und Gurken gefangen nahmen. Im Herbst folgten heftige Scharmützel mit Pilzen und allerlei Wildbret und ihr militärischer Einsatz endete nicht wie das Jahr des Soldaten mit dem Barbarafest, sondern mit der Bräunung knuspriger Gänsebratenhaut unterm Weihnachtbaum.

Am Nachhaltigsten aber blieben mir ihre jährlichen Schlachten mit Bergen von Zwetschgen in Erinnerung, die sie in stundenlangen Gefechten zu Pflaumenmus aufrieben. Nebenbei buken sie Zwetschgenkuchen. Da während solcher Grabenkämpfe nicht selten der von ihren Müttern empfohlene »kräftige Schuss Rum zur Veredlung« statt im Mus in den durstigen Kehlen der kriegerischen Hausfrauen landete, endeten solche Kampfhandlungen oft mit Gesängen, der sich selbst die wildesten Wikinger nicht hätten schämen müssen. Am Ende jedoch verebbten ihre nachlassenden Kräfte nur noch in Lallen und wenn die Kriegerinnen dann von ihren Ehemännern nach Hause geführt wurden, konnten einige nur noch nuscheln, er solle doch bitte den extra für ihn gebackenen »Zweddschenguchen« nicht vergessen.

Und urplötzlich kommt mir Inge Meisel in den Sinn.

Weiß auch nicht warum.

Quetschgerkuche is mei Lawe, on ä fatzend Mensch denabe. (Zwetschgenkuchen ist mein Leben und ein strammes Weib daneben)

(Südthüringisches Sprichwort aus dem Hennebergischen)

Eigentlich hatte ich vor, Sie hier mit den sagenumwobenen Kräuteraufgüssen meiner Großmutter Nelly bekannt zu machen, doch zahlreiche Briefe und Anfragen meiner Leser zwangen mich zum Umdenken. Und das zu einem Thema, von dem ich dachte, dass es als selbstverständlicher Bestandteil unseres Alltagslebens keine Fragen aufwirft – es geht um Zwetschgen!

Zahlreiche Leser gingen mit mir ins Gericht, weil ich versäumt hatte, Backzeiten und Gewichte genau zu definieren. Andere beschwerten sich darüber, dass ich vergaß ein Pflaumenmus-Rezept zu präsentieren. Aus einigen E-Mails sprach echter Zorn, was vermuten lässt, dass einige rezeptlose Selbstversuche mit der Wiederentdeckung alter Methoden bei der Naturgummigewinnung aus Kautschuk endeten.

Deshalb möchte ich Ihnen hier einige Rezepte vorstellen. Einige von ihnen sind Evergreens unserer Familie; andere wiederum steuerten Freunde von uns bei, die genau wissen, dass sie mit einem selbst gebackenen Kuchen mehr Freude bei uns auslösen, als mit dem schönsten Blumenstrauß.

So, wie unsere Freundin Ingrid Kopka-Mies aus Erfurt, die mir letzte Woche einen Muskuchen nach dem bewährten Rezept ihrer in Herbsleben wohnenden Mutter Anneliese Möller buk, der alles in den Schatten stellte, was mein Kuchenzahn in den letzten Jahren vorgesetzt bekam.

Eigentlich war ich ja immer der festen Meinung, dass mir nichts Leckeres in Thüringen fremd wäre, doch eine solche geniale Schöpfung der hausfraulichen Backkunst ist mir noch niemals begegnet.

Dabei sind Zutaten und Rezeptur relativ schlicht. Doch ähnlich, wie beim Thüringer Kloß oder dem Allrounder Kartoffelpuffer: in der Schlichtheit liegt die Genialität und entscheidend für den Erfolg beim Backen ist eigentlich nur das richtige Maß.

Muskuchen à la »Möller & Kopka-Mies«

ZUTATEN:

500 g Weizenmehl, 200 g Margarine, 120 g Zucker, 1 kleines Ei, 1 Prise Salz, 35 g Hefe (in 150 ml warmer Milch auflösen)

1 Glas Pflaumenmus, 80 g süße Sahne, 1 Päckchen Vanillesoßenpulver, 2 Päckchen Vanillezucker, 2 EL geraspelte Mandeln, 1 EL Kakaopulver, kräftige Prise gemahlener Zimt, 6 cl Weinbrand

ZUBEREITUNG:

Hefeteig: Das Weizenmehl bei Zimmertemperatur in eine nicht zu kleine Schüssel sieben und mit dem Finger eine Vertiefung hineindrücken. Das in lauwarmer Milch angesetzte Hefestück mit der Hälfte des Zuckers verrühren und in diese Vertiefung schütten. Mit einem Holzlöffel; besser aber mit drei Fingern, vorsichtig mit etwas Mehl zu einem dicken Brei verrühren. Restlichen Zucker und die in Flöckchen gezupfte Margarine hinzufügen. Schüssel war stellen und nach ca. 25 Minuten, wenn das Hefestück aufgegangen ist, das restliche Mehl, das Ei und die Prise Salz nach und nach in den Teig einarbeiten.

Der Teig sollte elastisch, aber nicht fest sein. Nachdem er erneut eine Stunde geruht hat, den Teig teilen und die eine Hälfte dünn ausgerollt auf einem bemehlten Kuchenblech ausrollen. Mit dem Weinbrand bestreichen und gleichmäßig mit dem Vanillezucker, den geraspelten Mandeln, dem Vanillesoßenpulver und vor allem mit dem Pflaumenmus bestreichen. Mit der ebenfalls dünn ausgerollten zweiten Hälfte des Teiges abdecken. Geht am besten, wenn man den Teig über ein Nudelholz wickelt und abrollt.

Decke mehrmals mit einer Gabel einstechen und mit einer Mischung aus Milch und Eigelb einpinseln. In einer vorgeheizten Röhre bei 180–200 °C ca. 30 Minuten backen.

Mit geschlagener süßer Sahne oder besser noch mit Eichsfelder Schmant servieren.

Pflaumenmus nach Art meiner Mühlhäuser Vorfahren

3 kg vollreife, aber keinesfalls matschige Zwetschgen kräftig waschen, entkernen und halbieren. Meine Großmutter hat die Zwetschgen sogar durch den Fleischwolf gedreht. In einem großen gusseisernen Bräter oder großen Emailletopf mit ca. 200 g Zucker – nicht zu süß –, einem TL Nelken, zwei Zimtstangen und 5 frischen grünen Walnüssen samt Schale bei 120 °C im Backofen fünf bis sechs Stunden leicht köcheln lassen. Dabei die Backröhre einen Spalt weit offen lassen, damit die Feuchtigkeit entweichen kann. Vorsicht! Nicht umrühren, denn wenn erst einmal umgerührt wurde, muss dies ständig geschehen. Dann natürlich mit einem Holzlöffel.
Das Pflaumenmus in der Röhre erkalten lassen und anderentags eventuell mit etwas Rum oder Arrak veredeln und in Schraubgläsern nach bewährter Methode einkochen. Wir benutzen aber auch noch immer den guten alten Mustopf, dessen Gebrauch jedoch die Einhaltung von einigen grundlegenden hygienischen Regeln verlangt. Davon an anderer Stelle mehr...

Zwetschgenkuchen

Einen wie oben beschriebenen Hefeteig ca. 5 mm dick auf einem Backblech ausrollen; mit zwei Päckchen Vanillezucker abstreuen; mit 4 cl Rum einstreichen und mit ca. 500–600 g entsteinten, geviertelten Zwetschgen belegen. Mit ca. 2 TL Zucker bestreuen und noch etwas gehen lassen. Mit etwas Sonnenblumenöl beträufeln und bei 180–200 °C ca. 30 Minuten in der Röhre backen. Mit wenig Zucker und Zimt besteuen und mit frischer Schlagsahne lauwarm servieren.

ELFTES KAPITEL

Kartoffeln

Gedämpfter Erdapfel mit Saiblingskaviar

Bratkartoffelverhältnisse

Als ich begann, auf der stürmischen See der erwachenden Gefühle meine Angel nach passenden Gefährtinnen auszuwerfen, ließ ich mich anfangs natürlich, wie andere pubertäre Jünglinge auch, meistens von Äußerlichkeiten leiten.

Doch schon bald beherrschte ich die Klaviatur sämtlicher Sinne und vor allem die unwiderstehlichen Pheromone trieben mich von einer Liaison in die andere. Hilfe suchend wie ein Schiffbrüchiger ließ ich mich von einer holden Weiblichkeit retten, die damals in der DDR mehrheitlich nach »Florena« duftete. Seltener kreuzten sirenenhafte Wesen meinen Weg, die ihre Opfer mit dem blumigen Bukett »Chanel N° 5« anlockten. Sie dufteten wie ein Westpaket. Dann gesellte sich zum leidenschaftlichen Amüsement auch die Hoffnung, dass die spendable Westverwandtschaft ihre frei konvertierbare Währung nicht nur für Parfüm vergeuden, sondern das manchmal schon etwas farblose Leben im Arbeiter- und Bauernstaat auch mit ein paar anderen dekadenten Tupfern aufpeppen würde! Unnötig zu erwähnen, dass dieser oder jener meiner Freunde angesichts ähnlicher Glücksfälle das Handtuch warf und ... vorschnell heiratete.

Ich indes ließ mich nicht von der imperialistischen Kosmetikindustrie korrumpieren. Meine Jagd nach Devisen und Damen endete schlagartig bei der Begegnung mit meiner heutigen Ehefrau Martina. Bei ihr war's ein Hauch von wildem Lavendel, der mich fürs Leben fesselte. Doch auch in unserer langfristig angelegten Liebesbeziehung spielte der Duft eine wichtige Rolle. Wenn auch auf einer anderen Ebene, denn nicht »Florena« oder »Chanel« entschieden über unser gemeinsames Wohlbefinden, sondern – vor allem zu Beginn unserer Ehe – die profane Frage: wie duftet das Essen, das mir meine junge Frau heute vorsetzen wird? Was ich natürlich – vielleicht etwas unfair – ständig mit den unvergleichlichen Kreationen meiner Großmutter verglich. Gut, dass Liebe schon damals nicht nur durch den Magen ging, sondern auch blind – sprich in diesem Fall geschmacksneutral – macht. Denn natürlich konnte meine Martina selbst bei größtem Eifer noch gar nicht über eine ähnlich ausgefeilte Kocherfahrung verfügen wie meine Großmutter Nelly, deren Leben eigentlich nur eine Aufeinanderfolge ungezählter Herdschlachten war.

Allein Martinas Versuche, die bodenständigen und manchmal etwas recht plumpen Anforderungen der traditionellen Thüringer Küche in appetitliches und gesundheitsbewusstes Essen zu verwandeln, waren, wenn auch anfangs etwas holprig, von großer Begeisterung getragen. Die Raffinesse stellte sich mit der Zeit ein. Notgedrungen, denn so wie jede andere junge Ehefrau auch, wurde sie förmlich gezwungen, mir nur das Beste zu kredenzen. Nicht nur des häuslichen Friedens willen, sondern vordergründig aus Eigennutz; wollte sie doch vermeiden, dass ich auf den Gedanken komme, wie in jungen Jahren in fremden Gewässern fischen zu wollen. »Appetit holen erlaubt, gegessen jedoch wird zu Hause.« Basta und lass dir's schmecken, ... Liebling!

Einer Aufforderung, der ich inzwischen fast vierzig Jahre dankbar gefolgt bin. Einer großen Anzahl von Lebensgemeinschaften bleibt ein solches langfristiges Miteinander leider versagt und auch, wenn Trennungen in den seltensten Fällen in der Öffentlichkeit mit der schlechten Qualität von Essen begründet werden, spielt dieser Aspekt sicherlich keine ganz unwichtige Rolle. Wie oft wird vermutet, dass zwischen den Partnern »die Chemie nicht gestimmt haben soll«. Ich behaupte einfach mal, es handelt sich bei dieser Mutmaßung um die Lebensmittelchemie!

Andererseits kann Essen liebende Menschen dagegen auch dermaßen eng zusammenschmieden, dass sie ohne Rücksicht auf Tratsch und Klatsch gegen sämtliche moralischen Grundsätze der bürgerlichen Etikette verstoßen. Und das sind bei weitem keine auf »Chane«, sprich Kaviar und Schampus beruhende flüchtige Abenteuer in irgendwelchen schummrigen Separees, sondern nachhaltige Verbindungen, die ihre Kraft aus Bodenständigkeit ziehen. Bestes Beispiel für meine Behauptung sind die sogenannten Bratkartoffelverhältnisse. Besonders nach dem II. Weltkrieg wählten einsame Untermieter und Kriegswitwen diese trauscheinlose Art des Zusammenlebens, um nicht auf die Witwenrente verzichten zu müssen. In unserer Zeit wird dieser Begriff eigentlich nur noch scherzhaft für vorübergehende Liebeleien verwendet. Dann, wenn Männer auf Montage oder Dienstreise nicht auf häuslichen Komfort verzichten möchten und sich ein lauschiges Plätzchen an der einsamen Brust einer mütterlichen Dame suchen, die sich nicht unbedingt für alle Ewigkeit binden möchte. Nebeneffekt: Diese Herren sparen Spesen und erhöhen damit ihr Einkommen. Und warum Bratkartoffeln? Weil sie für uns Deutsche und speziell für uns Thüringer das Synonym für Wärme und Geborgenheit sind.

Oder um es mit Luther zu sagen, sie sind für uns: »Eine feste Burg . . . ein gute Wehr und Waffen« gegen Krankheiten, Hunger, Trübsal und Vitaminmangel! Obwohl dem Luther Kartoffeln natürlich zeitlebens fremd waren. Woran der historisch wenig Bewanderte aber zu zweifeln beginnt, wenn er in eines der beiden Südthüringer Gasthäuser in der Nähe Sonnebergs einkehrt, die damit werben, Klöße aufzutischen, wie der lebensfrohe Reformator sie einst bevorzugt hat. Im Angesicht heutiger Werbeformate beinahe schon eine verzeihbare touristische Notlüge.

Über die Geschichte dieser aus Südamerika importierten Nachtschattengewächse habe ich Ihnen in vorangegangenen Abhandlungen eigentlich genug berichtet. Habe aufgezeigt, welches besondere Verhältnis wir Thüringer zu dieser Nutzpflanze pflegen und wie revolutionär sie unsere Essgewohnheiten beeinflusste, seit sie 1591 als Geschenk des Landgrafen von Hessen an den Kurfürsten von Sachsen erstmals, wenn auch nur als Durchreisende, die Thüringer Grenzen passierte. Doch erst ein gutes halbes Jahrhundert später bringt ein gewisser Hans Roggler aus Selb die Pflanze mit ins Vogtland, um sie dort zu kultivieren. Ehe sie sich jedoch endgültig auf den Speiseplänen unserer Vorfahren durchsetzten, vergingen noch einmal knapp 80 Jahre, wie man in der Chronik von Schöneck im Vogtland nachlesen kann, in der Johann Ernst Marbach berichtet, dass: »Die weißen Erdäpfel nebst den Klößen in allen Häusern die ordinäre Zukost sind.« Und obwohl der Chronist sie nicht namentlich erwähnte, natürlich auch die Bratkartoffeln. Die Zeit hätte er sich angesichts der Bedeutung dieser Zubereitungsart eigentlich nehmen müssen, denn so ein knusprig mit Speck und Zwiebel gebratenes Stück Kartoffel ist meiner Meinung nach neben den Klößen das Non-Plus-Ultra der Deutschen Hausmannskost.

So wird es Sie sicherlich nicht verwundern, dass Bratkartoffeln auch der Grund dafür sind, dass die Ehe mit meiner Martina von Jahr zu Jahr besser funktioniert. Ihre ständig perfektionierten Röster lassen mittlerweile selbst Großmutter Nellys Kochkünste in Vergessenheit geraten und duften so unwiderstehlich, dass alle anderen Düfte daneben verblassen. Selbst der nach »Chanel N°5«.

Allein schon aus diesem Grund hat es sich für mich gelohnt, unser anfängliches Bratkartoffelverhältnis zu legitimieren.

Bratkartoffeln aus gekochten Kartoffeln

Rezept für 4 Personen

800 g festkochende Kartoffeln (bitte gleich große Kartoffeln aussuchen, damit alle gleichzeitig gar sind).

150 g Zwiebeln, 80 g geräucherter Bauchspeck, 80 g Sonnenblumenöl, 40 g Butter, Salz, frisch gestoßener schwarzer Pfeffer, Kümmel, Majoran, Thymian

Kartoffeln unter kaltem Wasser gründlich abbürsten und bissfest garen. Schälen und in ½ cm dicke Scheiben schneiden. Nebeneinander ausgelegt völlig auskühlen lassen. Diese Arbeit kann schon am Vortag vorbereitet werden, denn nur sehr gut ausgekühlte Kartoffeln garantieren die gewünschte Festigkeit, da sich die Kartoffelscheiben nicht mit Fett vollsaugen können. Zwiebeln schälen und in ca. 1 cm lange Stifte – Bauchspeck in feine Streifen schneiden.

Öl in einer schweren Pfanne erhitzen; Kartoffeln darin auslegen, dass sie nicht übereinander liegen. Bei mittlerer Hitze von beiden Seiten goldbraun anbraten; herausnehmen und erneut eine Portion Kartoffelscheiben anbraten.
Wenn alle Scheiben angebraten sind, Dörrfleisch und Zwiebeln in der Pfanne kurz anbraten; Kartoffelscheiben hinzufügen und alles vorsichtig mischen. Mit einem Stich Butter den Geschmack veredeln. Zuletzt mit Pfeffer, Salz, einer Prise Kümmel würzen und wenn möglich frischen Majoran und Thymian unterziehen.

Bratkartoffeln aus rohen Kartoffeln

Grundzutaten wie bei Bratkartoffeln aus rohen Kartoffeln. Nur sollte man die rohen Kartoffeln schon am Vortag schälen und schneiden und über Nacht in kaltem Wasser wässern. Das entzieht die Stärke und macht die Bratkartoffeln besonders knusprig.
Achtung: Die Kartoffelscheiben sehr gut mit Küchenpapier trocken tupfen, sonst spritzt das erhitzte Öl gefährlich auf. Die Bratzeit für rohe Bratkartoffeln ist etwas länger.

Bratkartoffeln aus rohen Kartoffeln

Kartoffelkrieg

oder

Ist die Rente wirklich sicher?

Eigentlich deutete überhaupt nichts darauf hin, dass die idyllische 300-Seelen-Gemeinde Heichelheim im Norden des Landkreises Weimar einmal der ultimative Mittelpunkt der Thüringer Kartoffelkultur werden sollte.

Anno 1123 erstmals aus dem Nebel der Anonymität getreten, dümpelte der Flecken Jahrhunderte lang verschlafen durch die Thüringer Geschichte und einzig am Sonntagmorgen unterbrachen die Glocken von St. Bonifatius die friedliche Stille. Erste Risse bekam die dörfliche Idylle, als die Kreisobersten von Handel und Versorgung zu DDR-Zeiten entschieden, den Ort mit einem sogenannten Kartoffelschälbetrieb zu beglücken. Von jenem Moment an rollten mit einheimischen Erdknollen beladene Hänger über die damals ohnehin schon arg ramponierten Straßen. Auf diesem Wege erhielten die Heichelheimer die Gelegenheit, ihr bereits vorhandenes Geschick im Umgang mit der Erdknolle zu perfektionieren. Ein Pfund, von dem sie nach der Wende überzeugt waren, mit ihm wuchern zu können. Doch wie so oft im Leben hatten sie die Rechnung ohne den Wirt – sprich in diesem Falle ohne die Konsumenten aus den Neuen Bundesländern – gemacht, die sich damals im Rausche der D-Mark sofort mit einer Gier auf die Westkartoffeln stürzten, wie heute noch meine Tante Elfriede beim Sommerschlussverkauf auf die Wühltische mit der Miederware.

Was die Riege der sozialistischen Kartoffeln – und damit ziehe ich mir sicherlich den Unmut einiger immer noch ausschließlich auf den DDR-Geschmack schwörenden Landsleute zu – eigentlich auch verdient hat. Damals nämlich wurden solche Sorten wie die rauschalige Granola, die spitz wie ein Zeppelin zulaufende Cilena oder die mittelfrühe ovale Hansa mehr auf Masse denn auf Klasse und schon gar nicht auf Geschmack gezüchtet. Außerdem mussten sie über eine außerordentliche Robustheit für Ernte und Transport verfügen, denn die Planwirtschaft hatte festgelegt, dass die Erntetechnik in den LPGen vom selben Maschinenbau-Kombinat geliefert werden musste, in dem auch die Förderanlagen für die zahlreichen Brikettfabriken hergestellt wurden. Ich sage nur: Rumpeldipumpel!

Für mehrere Jahre hing der Kartoffelhimmel über Heichelheim also nicht voller Geigen und erst 1993, nachdem die Neubundesbürger festgestellt hatten, dass die in Thüringen produzierten Kartoffeln durch Neuzüchtungen und Importe mit den altbundesdeutschen Schwestern aus der Familie der Nachtschattengewächse geschmacklich und kochtechnisch durchaus mithalten konnten – also endlich das schon von Walter Ulbricht anvisierte Westniveau erreicht hatten – fand sich mit der »Karland« Agrarprodukt GmbH ein Betrieb, der in die Fußstapfen der Heichelheimer Kartoffeltradition trat.

Nur – kaum ein Bauer aus der Region machte seinen wirtschaftlichen Erfolg vom Anbau der Solanum tuberosum anhängig und so handelten anfangs die Karländer mit Kartoffeln … aus dem Westen.

Mittlerweile war jedoch die Kartoffel-Anbaufläche in Thüringen deutlich geschrumpft und folgte damit einem nationalen Trend. Waren es im Jahre 1991 noch 10 890 ha, auf denen sie ausgelegt wurden, sind es heute nur noch knapp über 2000 ha. Das ist knapp 1 Prozent der Thüringer Anbaufläche, womit wir, die selbst ernannten Kartoffelspezialisten, einen enttäuschenden vorletzten Platz unter den bundesdeutschen Flächenländern belegen. Knapp vor dem Saarland. Und die bevorzugen bekanntlich Nudeln und Weißbrot.

Der Löwenanteil der Thüringer Ernte wird übrigens im Unstrut-Hainich-Kreis und in den Landkreisen Gotha und Sömmerda eingebracht.

Weltweit die meisten Kartoffeln werden in China erzeugt (rund 75 Mio. Tonnen), gefolgt von Russland, Indien, der Ukraine und den USA. Erst auf dem 6. Platz rangiert das vereinigte Solanum-Tuberosum-Land Deutschland. Umso bemerkenswerter, dass Heichelheim weit über die Thüringer Grenzen hinaus seit Jahren einen fast legendären Ruf als Kartoffel-Hochburg genießt.

Was hauptsächlich den rührigen Geschäftsführern der »Karland« GmbH, Dietmar Barthel und Bernfried Schwarze zu verdanken ist, die vor 12 Jahren einen Förderverein »Heichelheimer Kartoffel« gegründet haben. Eine anfangs nur regional agierende Interessenvertretung, der es beispielsweise seit Jahren gelingt, zweimal im Jahr das »Who is Who« Thüringens aus Politik, Wirtschaft und Kultur auf einen eigens dafür hergerichteten Promi-Kartoffelacker nahe der Heichelheimer Windmühle zu locken, um sie dort säen und ernten zu lassen.

Ein wahrer Zuschauermagnet ist mittlerweile vor allem die Ernte, die in ein genussfreudiges Kloßfest eingebunden ist. Wo erhält der Besucher schon die Möglichkeit einen gummibestiefelten Ministerpräsidenten oder wie im Augenblick eine Ministerpräsidentin gemeinsam mit ihrem Kabinett bei sinnvoller produktiver Arbeit zu beobachten?

Auf dem festlich geschmückten Prominenten-Kartoffelacker nahe der Heichelheimer Mühle regnet es Bindfäden. Die bunten Girlanden baumeln schwermütig wie nasse Kartoffelsäcke in der klammen Luft und der eigens zum Festakt herbeigeeilte Drehorgelspieler bekämpft heimlich mit dem Flachmann erste kleine Schüttelfrostanfälle. Nur das bäuerliche Ollendorfer Urgestein Manfred Barthel, der Vater des Karland Geschäftsführers Dietmar Barthel trägt ein rosiges Lächeln spazieren, das mich an einen der hinreißenden Sonnenaufgänge über dem Thüringer Becken erinnert, die mich auf meinen zahlreichen frühmorgendlichen Autobahnfahrten Richtung Hermsdorfer

Kreuz stets aufs Neue in lyrische Stimmung versetzen.

»Und wenn's Kanonenkugeln hagelt – jeder muss seine Reihe Kartoffeln lesen«, erklärt er dem Reporter vom »Thüringen Journal« im Vorübergehen, dass wie jedes Jahr in den Abendnachrichten von diesem Ereignis berichten wird. Der hakt denn auch nach und will wissen, wie die diesjährige Kartoffelernte in Thüringen ausfalle.

Über Bauer Barthels Sonnenaufgang zieht ein kleines dunkles Wölkchen: »Erst Hitze, dann Regen. Kaum Kloßkartoffeln – nur Murmeln, so klein und hart wie Tonscheißer.«

Von der Stirn des Reportes kann ich ablesen, dass er beides nicht kennt.

»Müssen wir eben Pellkartoffeln essen!« beendet Manfred das Gespräch und lässt den verdutzten Interviewer stehen.

Der Duft von frischen Kartoffelpuffern zieht übers Feld und mir läuft ein Pfützchen im Mund zusammen. Denke daran, wie ich mich als Kind gegen Pellkartoffeln mit Blut- und Leberwurst gewehrt habe.

Heute sind sie fester Bestandteil unseres familiären Speiseplans. Für einige Augenblicke schließe ich die Augen und sehe, wie ein Stück haselnussgroße Butter auf einer festkochenden gelbfleischigen »Ma-

Kleine Kochschule für Anfänger …

rabel« thront. Schnell noch zwei drei Krümchen »Fleur de sel« …

Längst hat die Pellkartoffel seinen Ruf des Arme-Leute-Essens abgelegt. Sie ist gesellschaftsfähig geworden und wird nicht nur mit Quark und Butter aufgetischt, sondern hat mittlerweile in Kombination mit Lachs, Kaviar oder getrüffeltem Schmant sogar die Gourmetküche erobert.

Plötzlich erinnere ich mich an einen gemeinsamen Abend mit dem Ex-Arbeitsminister Norbert Blüm und Peter Sodann. Meine Frau hatte eine dampfende Schüssel Pellkartoffeln mitten auf den Tisch gestellt und diensteifriger Koch, wie ich nun mal bin, begann ich in Vertretung ihrer Ehefrauen für meine beiden Gäste Kartoffeln zu pellen.

Interessiert schauen mir beide zu. Peter Sodann, ein bekennender Verfechter bürgerlicher Kost, stöhnt: »Hoffentlich hast Du recht, Norbert und die Rente bleibt sicher.«

»Für Pellkartoffeln wird's immer reichen«, erwidert der entrüstet.

Man muss seine Naivität entschuldigen, denn damals kannte er die Agrar-Preisliste vom Herbst 2010 noch nicht und konnte deshalb auch nicht wissen, dass sich ab sofort der Kartoffelpreis scheinbar an dem von Kaviar orientiert.

Ofenkartoffeln à la »ist die Rente wirklich sicher?«

ZUTATEN:

8 große festkochende »Marabel«
1 kg grobes Meersalz
40 g Kümmel

ZUTATEN:

Die Kartoffeln gut waschen und trocken reiben. Mit einem Zahnstocher oder einer Rouladennadel mehrmals tief einstechen, um zu verhindern, dass sie beim Backen platzen.
Um ein zu starkes Bräunen und das Rollen der Kartoffeln zu vermeiden, das Backblech mit dem Salz und dem Kümmel bestreuen und in die mittlere Schiene einer auf 200–220 °C vorgeheizten Backröhre schieben.
1 Stunde backen lassen. Anschließend die Kartoffeln von anhaftendem Salz befreien und oben leicht ein Kreuz einschneiden. Die Öffnung leicht auseinanderdrücken.
Dazu passt neben einem saftigen Steak auch ein Sahnequark, die große Palette der Thüringer Hausschlachtewurst oder einfach nur eine dicke Scheibe gute Butter.

Thüringer Kartoffelpuffer

Anderswo auch Reibekuchen, Klitscher, Fratzen, Rösti, Pillekuchen, Latkes, Dibbelabbes oder Reiberdatschi genannt

Rezept für 8 große Puffer

ZUTATEN BLATTSPINAT:

2,0 kg rohe geschälte Kartoffeln
4 Eier
200 g Zwiebelwürfelchen
200 ml Rapsöl
4 EL saure Sahne
Salz
Prise Zucker
1 Strich Muskatnuss

ZUBEREITUNG:

Die rohen Kartoffeln raspeln und mit den Eiern und Zwiebeln vermengen.

So viel saure Sahne hinzufügen, dass die Masse nicht zu flüssig wird. Mit Salz, einer Prise Zucker und einem Strich Muskatnuss würzen.

Portionsweise die Menge einer kleinen Kelle in reichlich heißem Rapsöl goldbraun ausbacken. Wenn möglich, eine gusseiserne Pfanne verwenden.

Dazu wird traditionell Apfelmus gereicht. In einigen Thüringer Regionen verpackt man in Puffern aber Rostbrätl – man gönnt sich ja sonst nichts …

Thüringer Kartoffelpuffer

Pellkartoffeln mit Quark

Ohne Folienkartoffel schmeckt kein T-Bonesteak

ZWÖLFTES KAPITEL

Spinat

Unverhoffte Begegnung mit einer freilaufenden Spinatwachtel

Früher Samstagmorgen im August. Das exzessive Vertilgen einer größeren Anzahl Thüringer Rostbratwürstchen kurz nach Mitternacht hatte meine Nachtruhe in eine Aneinanderreihung quälender Verrenkungen verwandelt. Das bewog mich, schon gegen fünf Uhr in der Frühe alle weiteren Einschlafbemühungen endgültig einzustellen. Da dies in der laufenden Woche schon der zweite Verstoß gegen jede Regel der vernünftigen Nahrungsaufnahme gewesen war und mein Körper inzwischen durch Schlafentzug einer sturmreif geschossenen mittelalterlichen Festung glich, schwor ich mir, die nächste Nacht durch den Verzehr einiger fleischloser Mahlzeiten erholsamer zu gestalten.

Während ich mit kleinen Schlucken starken Kaffees und einigen garantiert fleischlosen Keksen behutsam meine Körperfunktionen in Gang setzte, überlegte ich krampfhaft, welche Gerichte ich zubereiten wollte, um mein Immunsystem ins biologische Gleichgewicht zu bringen. Begann Kühlschränke und Speisekammer zu inspizieren und musste beschämt feststellen, dass unser Haushalt an chronischem Chlorophyllmangel litt.

Plötzlich kam die erleuchtende Idee: ich wollte auf dem sonnabendlichen Wochenmarkt diese Vorräte ergänzen. Kaum gedacht, hörte ich wenig später die Glocken auf dem Erfurter Domplatz läuten. Obwohl noch relativ früh am Morgen, schien Himmel und Volk auf den Beinen. Auch die Rostbratwurstverkäufer grillten schon wie die Weltmeister, denn die ersten Wurstsüchtigen warteten in Reih und Glied auf ihren »Stoff«. Da ich diesen Tag, wie gesagt, zur fleischlosen Regeneration nutzen wollte, andererseits aber aus Erfahrung wusste, was für eine Eigendynamik meine Thüringer Gene allein schon bei der Witterung von Holzkohlerauch entwickeln, machte ich einen großen Bogen um die Roste. Legte mein Augenmerk stattdessen auf die duftenden Blumenstände, sah den Oliven- und Backwarenverkäufern zu und beobachtete fasziniert die zahlreichen Obst- und Gemüsestände, die so farbenprächtig in der frühmorgendlichen Sonne funkelten, als hätte sie Mutter Natur extra für mich mit ihren schönsten Edelsteinen geschmückt. Und während ich mich langsam von Angebot zu Angebot treiben ließ und in Gedanken vegetarische Menüs kreierte, tauchte wie aus heiterem Himmel eine hagere Gestalt auf und rammte mir ihren linken Ellenbogen in die Hüfte.

Vielleicht geschwächt durch den bewussten Verzicht meines traditionellen morgendlichen Leberwurstbrötchens sah ich plötzlich ein nebulöses Wesen durch das Gewühle wuseln. Sah, wie es rüde ein älteres Ehepaar gegen eine Litfaßsäule drängte, auf der ein sommersprossiges Mädchen für hautschonende Sonnencreme warb. Für kurze Zeit aus den Augen verloren, sah ich das quirlige Déjà vu erst wieder, als es ruckartig vor einem der Stände Halt machte. Konnte sehen, wie es aus einem Drahtkorb nervös einen bunten Werbeflyer klamüserte und scheinbar die dort aufgelisteten Preise mit den Angeboten des Marktes verglich. Plötzlich begann das Wesen ähnlich lautstark wie ein alter Truthahn zu kollern, so dass sämtliche umstehenden Marktbesucher erschrocken die Köpfe einzogen. Doch das schien dieses rappeldürre Etwas, das mich irgendwie an die fiese Riesenkakerlake aus »Men in Black« erinnerte, überhaupt nicht zu estimieren. Vielmehr schüttelte es fuchtig seine strähnige Mähne und ebnete sich ohne Rücksicht auf Verluste seinen Weg zum nächsten Stand, wo es das Spiel mit dem Preisvergleich wiederholte.

Augenblicklich war die unruhige Nacht vergessen und mein Jagdinstinkt wurde geweckt. Wollte doch zu gerne wissen, was da die menschliche Wochenmarktgemeinde durcheinander wirbelte. Pirschte mich deshalb langsam an das Geschöpf heran und bemerkte erstaunt, dass seine dünnen stelzenartigen Beinchen in knöchellangen hellgrünen mit gelben Farbflecken gesprenkelten Leggins steckten; darüber ein hautenger rosa Baby-Doll-Flanellpulli. »Der perfekte Tarnanzug«, grinste ich; war mir aber noch immer nicht bewusst, ob diese Spezies, wirklich ein Wesen aus Fleisch und Blut war oder nur meiner immerhin schon seit fast sieben Stunden durch Fleischentzug geschwächten Phantasie entsprang.

Ein durchbohrender Freudenschrei riss mich aus meinen Überlegungen. »Wie Verona Feldbusch in der Fernsehwerbung, wenn sie Spinat mit einem Plupp veredelt hatte«, schoss es mir blitzartig durch den Kopf und urplötzlich wusste ich, dass ich einem der seltenen Geschöpfe aus der veronagleichen Gattung der Spinatwachteln auf die Spur gekommen war, die seit Jahrhunderten durch Volksmund und Aberglauben geistern.

Von Haus aus eigentlich introvertiert und scheu, verlieren diese hageren, fast körperfettlosen Lebewesen jedoch bei jeder noch so kleinen Aufregung die Contenance und erschrecken ihre Umwelt durch aggressives Verhalten und schrille Selbstverteidigung. Deshalb leben Spinatwachteln größtenteils monogam und wenn sie sich trotzdem einmal paaren, werden solche Lebensgemeinschaften meist so sehr durch ihre bissige Sprödigkeit belastet, dass ihnen nur eine kurze Dauer beschieden ist.

Mein Prachtexemplar jedoch hatte sich inzwischen beruhigt; was wohl vor allem dem Umstand zu verdanken war, dass es inmitten der riesigen Auswahl auf seine ureigenste Nahrung gestoßen war: auf ... Spinat. Ähnlich wie bei Popeye, dem der büchsenweise Verzehr dieser krautigen Pflanze ungeahnte Kräfte verlieh, beruhigen sich Spinatwachteln nämlich nach dem Konsum selbst der kleinsten Menge zusehends. Fast lammfromm sah sie also zu, wie der Händler eine riesige Einkaufstüte mit dunkelgrünen Spinatblättern füllte. Dabei spitzte sie ihre Lippen und ließ nur ab und zu ihre zwei vorderen Schneidezähne blitzen, dass ich unwillkürlich an ein frisch geschlüpftes Küken denken musste, welches sich soeben seinen Weg durch die Eierschale gepickt hatte.

Und ich machte meinen Frieden ... mit der Spinatwachtel ... und mit meinem Körper, denn auch ich regenerierte mich an diesem Wochenende mit Spinat. Dazu natürlich ein riesiges Kotelett.

Spiegeleier mit Rahmspinat

Alles im grünen Bereich

Es gibt wohl kaum ein Kind meiner Generation, das nicht am eigenen Leibe erfahren hat, mit welch schmerzhafter Fürsorge seine Erziehungsberechtigten ans Werk gingen, wenn es darum ging, an Hand von unbarmherziger Verabreichung von abscheulicher Nahrung unser Wohlbefinden zu regulieren. Was natürlich kein böser Wille war. Vielmehr versuchten unsere liebenden Mütter oder Großmütter den Mangel an vitaminreicher Kost in den Nachkriegsjahren durch die Zufuhr solcher Nahrungs- und Stärkungsmittel zu kompensieren, die im Ruf standen, besonders vitaminreich und kräftigend zu wirken. Ob das schmeckte, war zweitrangig und in Zeiten, in denen Erziehung noch einem preußischen Verwaltungsakt glich, auch überhaupt nicht diskutabel. Mit Schrecken erinnere ich mich an den riesigen Wehrmachts-Aluminiumlöffel Lebertran, der allmorgendlich wie ein Damoklesschwert über meiner Kindheit schwebte; oder über das große Glas angegorenen Sauerkrautsaft, mit dem Mutti meine Erkältungsviren killte und ... den grasgrünen Spinat meiner Großmutter Nelly, der besonders in den Jahren, als ihre Sehkraft durch die Diabetes zu schwinden begann, fürchterlich sandig zwischen den Zähnen knirschte. Doch selbst meine schauspielerisch exzellentesten Versuche, sich um eine solche Mahlzeit zu drücken, erstickte sie im Keim. Ja, sie schreckte selbst nicht davor zurück, mir belehrende Platituden, wie den Spruch, dass »Dreck fett macht und den Körper reinigt«, wenn nötig unter Zuhilfenahme einer zusammengerollten Zeitung zu verinnerlichen.

Eine Erziehungsmethode, die ich später bei meinem Dackel erfolgreich zur Anwendung brachte und bei der ihr hoffentlich das Herz geblutet hat. Fairerweise muss ich jedoch zugeben, dass alle ihre Bemühungen einzig von dem Wunsch beseelt waren, durch die regelmäßige Zufuhr von Spinat einem Mangel an Eisen vorzubeugen. Die seinerzeit durch die Hausarztliteratur geisternde Eisenmangel-Anämie wurde nämlich für zahlreiche Gebrechen verantwortlich gemacht, welche die Menschen damals schwächten. Da man obendrein auch noch von der irrigen Annahme ausging, dass Spinat besonders reich mit natürlichem Eisen gesättigt ist, gab es kein Entrinnen. Heute weiß jedes Schulkind, dass es dem Kommafehler eines Wissenschaftlers vor hundert Jahren zu verdanken war, das die Beziehungen ganzer Generationen auf eine harte Bewährungsprobe gestellt wurden.

Spinat hat beispielsweise weniger Eisengehalt als Schokolade. Nicht auszudenken, was das für einen negativen Einfluss auf die Volksgesundheit gehabt hätte, wenn das publik geworden wäre.

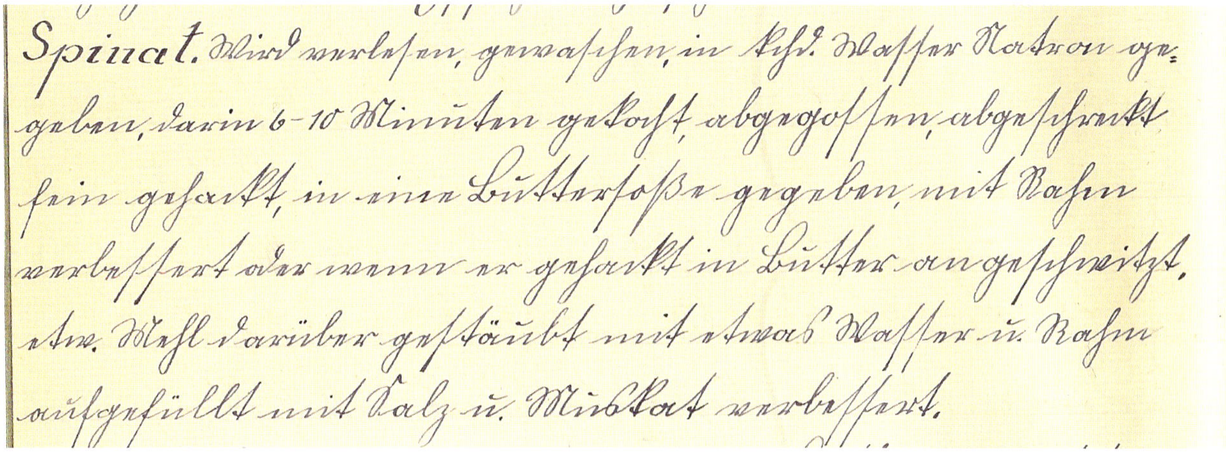
Spinat. Wird verlesen, gewaschen, in kochd. Wasser Natron gegeben, darin 6–10 Minuten gekocht, abgegossen, abgeschreckt fein gehackt, in eine Buttersoße gegeben, mit Rahm verbessert oder wenn er gehackt in Butter angeschwitzt, etw. Mehl darüber gestäubt mit etwas Wasser u. Rahm aufgefüllt mit Salz u. Muskat verbessert.

Folgerichtig war Spinat auch für mich so mit das Grauenvollste, was man mir an Viktualien vorsetzen konnte. Was sich natürlich nicht vermeiden ließ, denn auch ich war einige Jahre gezwungen, meine ausgeprägten Thüringer Geschmacksnerven mit Gemeinschaftsverpflegung aller Art zu demütigen.

Erst Jahrzehnte später, als mir »mein« Italiener zu einer gegrillten Seezunge mit Knoblauch und gerösteten Pinienkernen angerichteten »Spinaci a la siciliano« servierte, begann sich meine Einstellung zaghaft zu ändern. Heute bewegt sich mein Verhältnis zum Spinat »im grünen Bereich«.

Doch auch als mittlerweile bekennender Spinatfetischist habe ich aber nie vergessen, dass meine Freundschaft zu diesem Blattgemüse keine Liebe auf den ersten Bissen war. Eine Entwicklung, die übrigens starke Parallelen zu einigen meiner besten Freunde aufweist, denn in den seltensten Fällen bin ich denen sofort nach unserer Bekanntschaft um den Hals gefallen.

Schlimmer noch: meinem mittlerweile allerbesten Freund habe ich bei meiner ersten – leider damals nicht vermeidbaren – Einladung … tiefgefrorenen Spinat vorgesetzt.

Weiße Grundsauce zu Fisch: »Beurre Blanc«

ZUTATEN:

3 Schalotten, 30 g Butter, 150 g eiskalte Butterwürfel, 0,1 l trockener weißer Wermut oder Noilly Prat (frz. Küchenwermut), 0,2 l trockener Weißwein, 0,1 l süße Sahne, Salz, weißer Pfeffer

ZUTATEN:

Die fein gewürfelten Schalotten in vierzig Gramm Butter glasig andünsten und mit dem Wermut bzw. dem Noilly Prat ablöschen. Dann die 0,2 l Weißwein angießen und offen bis auf ein Drittel der Flüssigkeit einreduzieren lassen. Durch ein feines Sieb passieren und die eiskalten Butterwürfel in die nicht mehr kochende Sauce einrühren. Mit Salz und Pfeffer abschmecken und mit einem Schneebesen kräftig schaumig schlagen. Zuletzt die geschlagene süße Sahne darunter ziehen.

Zwei je 400 g enthäutetes Seeteufelfilet mit je 4 Scheiben Schwarzwälder Schinken bardieren und kurz und scharf in etwas Öl anbraten. In einer mit ca. 90 Grad Celsius vorgeheizten Backröhre behutsam ca. 10 Minuten ziehen lassen und vorsichtig mit einem scharfen Messer einmal quer und einmal längs wie ein Brötchen teilen.
Die vier Unterseiten mit Spinat belegen und die Oberteile darauf setzten. Mit etwas grobem Meersalz bestreuen.

Seeteufel im Spinatmantel

Blattspinat mit Seeteufel im Schinkenmantel mit einer »Beurre Blanc«

Rezept für 4 Personen:

ZUTATEN BLATTSPINAT:

600 g Blattspinat, 2 Schalotten, 1 gehackte Knoblauchzehe, 80 g Butter, Salz, weißer Pfeffer, 1 Prise frisch geriebene Muskatnuss

ZUBEREITUNG:

Die Butter fast goldbraun in einer Pfanne auslassen und darin die fein gewürfelten Schalotten und die ebenfalls fein gehackte Knoblauchzehe andünsten. Den sorgfältig verlesenen und entstielten (nicht kleingerupften) Blattspinat gründlich waschen und in dieser Pfanne zusammenfallen lassen. Mit Pfeffer, Salz und einer Prise Muskatnuss abschmecken.

Spinat wird verlesen, gewaschen und in kochendes Wasser mit Natron gegeben, darin 6 bis 10 Minuten gekocht.
Danach abgießen, abschrecken und fein gehackt in eine Buttersoße geben, mit Rahm verbessern oder wenn er gehackt ist, mit Butter anschwitzen, etwas Mehl darüber stäuben, mit etwas Wasser und Rahm auffüllen und mit Salz und Muskat verbessern.

Altes Spinatrezept meiner Urgroßmutter

Den Spinat 10 Minuten kochen lassen. Man schwitzt Mehl und Fett. Dann wird der Spinat zugetan. Wenn man auch etwas Milch hat, so aufkochen lassen. Salzen.

ZWÖLFTES KAPITEL

Kürbis

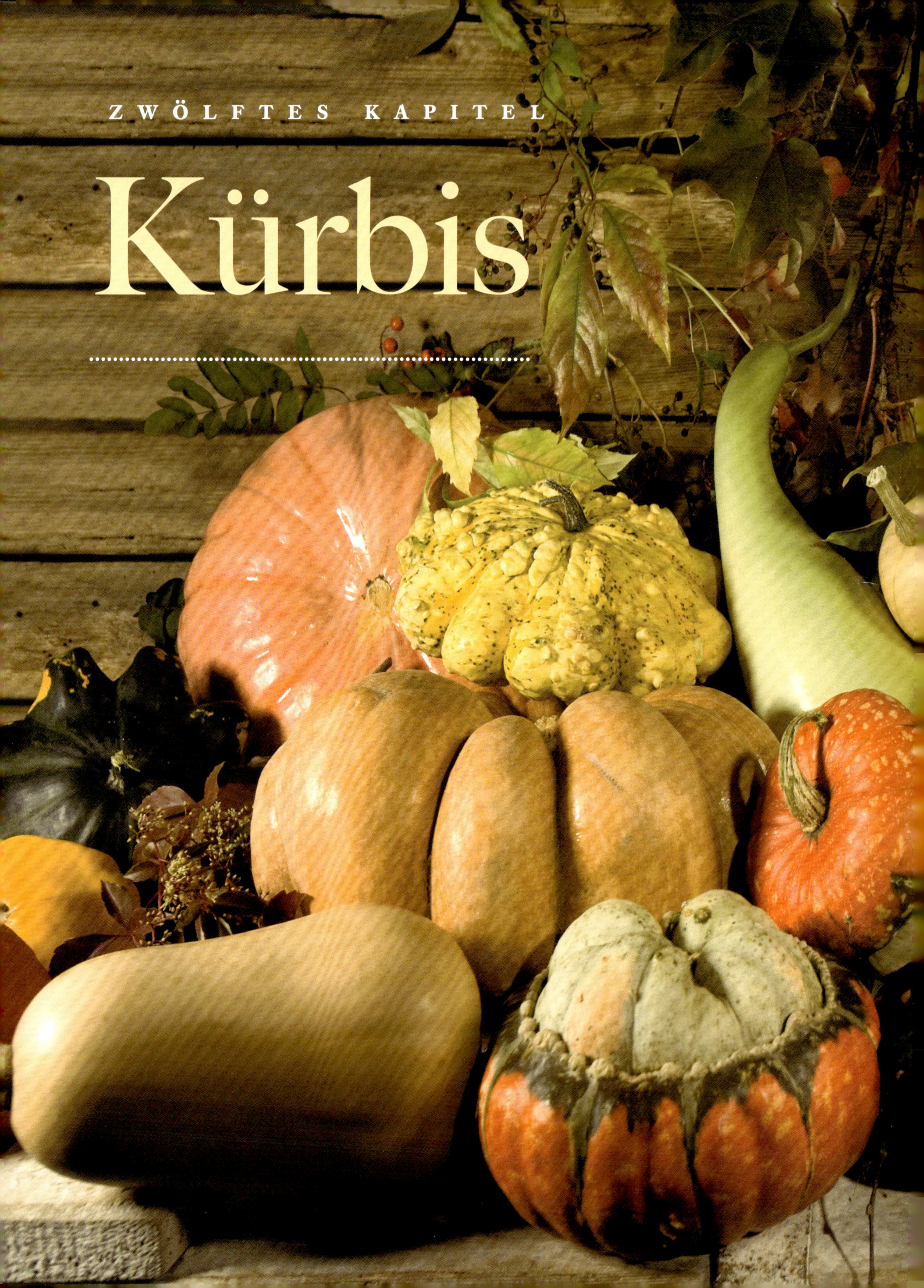

Steyerische Ölgeschichte

Pikfeines Restaurant in der Weimarer Innenstadt. Vor uns dampften zwei heiße Kürbiscremesüppchen und ein scharwenzelnder Kellner fragte geflissentlich, wieviel steirisches Kürbiskernöl er in unsere Suppen tröpfeln lassen dürfe.

»Machen Sie nur ... «, ich winke ab, forderte ihn huldvoll wie Queen Elisabeth auf und sah zu, wie sich ein dunkelgrüner Faden Kürbiskernöl geschmeidig in unsere heißen Suppen ergoss. Plötzlich übermannte mich die Erinnerung ...

Bis Ende der Fünfziger Jahre begab sich meine Familie von Mühlhausen aus jährlich im Spätherbst auf Hamstertour ins brandenburgische Weseram, um sich dort mit Naturalien einzudecken. Immerhin eine Strecke von hin und zurück gut 700 Kilometern, die es dabei in zwei Tagen zu bewältigen galt. Das klingt leichter, als es tatsächlich war, denn vor allem rund um Berlin ähnelten die Straßen noch immer einer vom Krieg gezeichneten Lochstickerei, was schnelles Vorankommen von Vornherein ausschloss. Obendrein mussten wir die Strecke mit einem klapprigen Wehrmachts-Pritschenwagen vom Typ Steyer 247 in Angriff nehmen. Ein im Zweiten Weltkrieg in Österreich gebauter LKW, der technisch so unausgereift war, dass man spottete, dieses Auto wäre die Rache der Ösis für den erzwungenen Anschluss ans Großdeutsche Reich. In den Nachkriegsjahren war dieses Fahrzeug jedoch Goldes wert und im normalen Alltag nutzte meine Mutter dieses Vehikel, um die Kunden ihres kleinen Mineralwasser- und Bierverlages zu beliefern. Für den Überlandverkehr also völlig ungeeignet und noch dazu randvoll mit Tauschware wie Waldmeisterlimo und Köstritzer Schwarzbier vollgepackt, begann eine solche Fahrt stets im Morgengrauen. Vorn im engen Führerhaus hinterm wuchtigen Lenkrad meine recht stattliche Mutter Gisela und daneben meine noch etwas stattlichere Großmutter Nelly. Zwischen beiden eingepfercht unser Pfeffer-und-Salz-gesprenkelter Foxterrier Larry, der während der gesamten Fahrt sehnsüchtig durch das kleine Rückfenster zu mir auf die Ladefläche schielte und mich sicherlich um meinen gemütlichen, wenn auch herbstlich frostigen Platz beneidete. Sicherlich wäre er liebend gern zu mir und unserem Haus- und Hofgärtner »Busselchen« gekrochen, der im Auftrage meiner fürsorglichen Frau Mutter streng darauf achtete, dass ich still saß. Wir thronten nämlich auf einer ausgedienten Chaiselongue, aus dem wohl ungeniert die Rosshaare hervorquollen, uns aber dessen ungeachtet eine Geborgenheit bot, wie man sie sonst nur im sprichwörtlichen Schoß Abrahams findet. Wäre da nur nicht das Klirren der Flaschen gewesen, das auf der Hinfahrt selbst durch die von Nelly aus kratzigem Hanf selbstgedrehten Ohrstöpsel drang. Allein der Gedanke an die Heimfahrt war tröstlich, denn erfahrungsgemäß machen Kartoffeln, Mehl und Speckseiten keinen Krach. Obwohl meine Mutter eine überaus routinierte Fahrerin war, kann ich mich an keine dieser Exkursionen erinnern, an dem uns die Defekthexe nicht zu einem unfreiwilligen Halt zwang.

So auch an jenem ungemütlichen Oktobertag des Jahres 1956, als wir es auf dem Rückweg von unserer Hamsterfahrt immerhin ohne Reparaturstopp bis in das nur noch lächerliche fünf Kilometer von Mühlhausen entfernte Grabe schafften.

Wie immer war der Lastwagen prall mit Fressalien gefüllt. Selbst rund ums Sofa stapelten sich mehrere notdürftig mit Papierstricken gesicherte riesige Kürbisse. Immer wieder streichelte ich liebkosend mit klammen Fingern über die Rundungen der Früchte, und ich kann mich noch gut entsinnen, dass mich die Kürbisse irgendwie an meine Großmutter erinnerten, wenn diese mich zwang, neben ihr Mittagsschlaf zu halten.

Plötzlich jedoch wurden meine Gedanken jäh von einem gewaltigen Donnerschlag unterbrochen und ehe ich mich versah, wurde ich samt »Busselchen« ruckartig von der Chaiselongue gerissen und landete

mitten zwischen zerberstenden Kürbissen. Noch einmal bäumte sich der Steyer wie ein waidwund geschossener Hirsch auf, dann folgte gespenstige Ruhe.

Vorsichtig rappelte ich mich auf und lugte über die Ladewand. Rückschauend: es war reinster Slapstick. Ein Kolbenfresser hatte den Steyer derart erschüttert, dass meine Mutter die Kontrolle über das Gefährt verloren hatte. Führerlos war der LKW direkt auf die Brüstung einer alten über die »Notter« führende Feldsteinbrücke zugesteuert und hatte diese durchbrochen, so dass die Vorderachse über dem Bach schwebte und der Steyer ganz langsam zu wippen begann. Wie in Zeitlupe verfolgte ich, wie »Busselchen« meine kreidebleiche Mutter und meine nicht minder erschrockene Großmutter rettete. Sah plötzlich wie sich ein dünner Faden heißen dunkelgrünen Getriebeöls geschmeidig in den Bach ergoss.

»Steyerisches Öl«, grinste ich innerlich.

»Soll die Suppe denn erst kalt werden?« motzte mich meine Martina klagend an. Manchmal fehlt selbst der hingebungsvollsten Ehefrau auch nach vielen Ehejahren ganz einfach die Ehrfurcht für Erinnerungen.

Die Schuld der Kürbisse

oder

Wie eine Cucurbita meinen Freund zur Flucht zwang

Kräuterhüts«, »Krickelhaas«, »Kröpfle«, »Kümmelbrüh«, »Lauchbrüh« – selbst in den Registern der Kochbücher der in der Thüringer Küchengeschichte so ausgezeichnet bewanderten Südthüringer Historikerin Margarete Braungart fand ich kein Kürbisrezept. Auch die handgeschriebenen Rezeptsammlungen meiner Großmütter und diverser verwandter Tanten lassen den Kürbis außen vor. Was vermuten lässt, dass Kürbisse ganz sicher nicht zu den Leibspeisen meiner hauptsächlich auf Fleisch fixierten Vorfahren gehörten.

Auch in meinem Leben spielte der Kürbis – lateinisch Cucurbita – als Speise definitiv keine Rolle. Abgesehen vielleicht von zwei, drei Schälchen Kürbiskompott, die uns unsere Großmutter im Herbst mehr aus Gewohnheit, denn aus kulinarischen Gesichtspunkten, vorsetzte, war der Verzehr von Kürbissen für mich tabu.

Freude bereiteten mir und meinen wilden Kumpanen eigentlich nur jene reifen Kürbisse, die jedes Jahr – keiner wusste, wie die da hinkommen – wie Unkraut auf unserem Komposthaufen wuchsen, denn sie eigneten sich hervorragend zum Spielen. Die hielten nämlich nicht nur als Medizinballersatz her, sondern waren prächtige Dummys, denen wir beim Nachspielen Karl-May'scher Wild-West-Abenteuer ungestraft den Garaus machen konnten. Nicht selten ähnelte unser Garten deshalb einem wahren Schlachtfest, das mit von Pfeilen durchbohrten, geteerten, gefederten und enthaupteten Kürbissen übersät war.

Vor allem mein sechs Jahre älterer Freund Thomas entwickelte beim Killen von Kürbissen eine solche Leidenschaft, dass er sogar noch in einem Alter, als andere Jungens schon damit begannen, heimlich nach jungen Fräuleins zu schielen, seine Heldentaten mit einer Kette aus zusammengefädelten besonders großen Kürbiskernen bezeugte, die er sich stolz um den Hals hing und verkündete, dass er der einzig legitime Nachfolger des Bärentöters in unserem Viertel sei.

Da Bärentöter & Co. aber so überhaupt nicht mit dem sozialistischen Menschenbild in Einklang zu bringen waren und er es überdies ablehnte, bei einer Schulaufführung als Pawel-Kortschagin-Double Stahl zu härten, litt sein Verhältnis zum Arbeiter- und Bauernstaat schon von klein auf unter atmosphärischen Störungen, die sich später unweigerlich entluden. Was ihn für viele Jahre aus seiner Heimat vertrieb.

Woraus ich resümiere: Ganz so unschuldig können Kürbisse gar nicht sein. Was den Amerikanern wohl schon längst bewusst war, denn sie glorifizieren den Kürbis während des Halloween-Festes zum Boten zwischen uns Menschen und dem Jenseits. Eine Sitte, die in Deutschland immer mehr Anhänger findet und vor allem bei zahlreichen Oberen der Kirchen auf heftigen Widerstand stößt. Was darin gipfelte, dass das bayerische Innenministerium als Wächter über Anstand und Moral im Jahre 2008 eine Anweisung an die lokalen Ordnungsbehörden erließ, für Tanzveranstaltungen von Halloween-Partys keine Ausnahmegenehmigungen mehr zu erteilen. Gott sei Dank sieht das unser derzeitiger Innenminister etwas entspannter. Kann aber auch durchaus möglich sein, dass die derzeitige politische Großwetterlage in Thüringen andere Prioritäten setzt.

Kürbiscremesüppchen

Rezept für 4 Personen

ZUTATEN:

500 g Hokkaido- oder franz. Muskatkürbis, 2 gewürfelte säuerliche Äpfel, 50 g fein gewürfelter frischer Ingwer, 2 EL Kürbiskerne, 2 gewürfelte Schalotten, 2 gehackte Knoblauchzehen, 50 g Butter, 100 ml Weißwein, 400 ml Geflügelfond, 200 g süße Sahne, 300 g Crème fraîche, steirisches Kürbiskernöl, Pfeffer, Salz, Muskatnuss

ZUBEREITUNG:

Das grob gewürfelte Kürbisfleisch ohne Schale und Kerne mit den Äpfeln, dem Ingwer, Zwiebeln und den Knoblauchzehen glasig in der Butter andünsten. Mit Wein ablöschen; etwas einreduzieren lassen und mit dem Geflügelfond und der Hälfte der Sahne angießen. Ca. 30 Minuten köcheln lassen. Die Suppe mit Salz und Pfeffer sowie einer Prise Muskat würzen, fein pürieren und durch ein Sieb passieren. Crème fraîche unterrühren und die restliche geschlagene süße Sahne unterheben. Mit in Butter gerösteten Kürbiskernen und frischer Petersilie anrichten.

Kürbiscremesüppchen

DREIZEHNTES KAPITEL

Kaltschale

Ein Kalk, ein Stein …
eine Kaltschale

Immer, wenn ich meinem Freund Edgar in Lengefeld einen Besuch abstatte, bittet der seine Frau Heidi als Erstes, seinem Gast und ihm doch eine Hopfenkaltschale einzuschenken. Womit er natürlich ein Bier meint und bevor nicht vor ihm ein Pilskrönchen erblüht ist, verweigert er hartnäckig jegliche Konversation. Steht es aber erst einmal vor uns, läuft alles nach einem festen Ritual ab: Er prostet mir zu, setzt das Glas an und jagt das Bierchen in einem Zug die Kehle hinunter. Also Ex und Hopp. Der Edgar ist Maurermeister. Da bekommt man im Laufe der Jahre Routine.

Auch sein nächster Satz ist so unverrückbar, wie das Amen in der Kirche: »Eigentlich kann ich das bisschen, was ich esse, auch trinken!«, stellt er dann jedes Mal fest. Solche Sprüche sind bei ihm Programm – keinesfalls Drohungen.

Eine Äußerung, mit der er die Ernährungsgewohnheiten seines Berufsstandes der letzten tausend Jahre auf den Punkt bringt, denn schon von den Maurerburschen auf den Baustellen des Mittelalters ist bekannt, dass diese einen nicht geringen Teil ihres Lohnes in Bier ausgezahlt bekamen. Eine Flüssignahrung, die nicht nur überaus gehaltvoll war, sondern obendrein die Zähne vor allzu schneller Abnutzung bewahrte.

Obwohl die Begriffe »Hopfen- oder Gerstenkaltschale« heutzutage eigentlich nur noch satirisch verwendet werden, entbehren sie also nicht eines ernsthaften Ursprungs. Immerhin erfreuten sich Bier- aber auch Weinkaltschalen als Spielarten der Suppen noch bis weit in die 1920er Jahre einer größeren Popularität, als ihre alkoholfreien Verwandten aus Milch oder Obst. Und das nicht nur beim einfachen Volk, sondern auch in den so genannten »feinen« oder »besseren« Kreisen, wie man in Carl Herloßsohns Damen Conversations Lexikon nachlesen kann, der Mitte des 19. Jahrhunderts schrieb: »Kalte Schale ist ein ächt deutsches Gericht, das in heißer Jahreszeit in vielen Gegenden die Suppe ersetzt, wird auf mannichfache Weise, doch öftesten aus gutem Bier, geriebenem Brod, Zucker, Citronenschalen und kleinen Rosinen bereitet. Hier und da pflegt man dieß Gemisch auch als kühlendes Getränk außer der Mahlzeit, doch nur in den Nachmittagsstunden, zu genießen, und vorzüglich berühmt ist in dieser Hinsicht die kalte Schale, welche die glänzenden Vergnügungsörter in der Umgegend Berlins den Spaziergängern bieten.« Im winterlichen Preußen servierte man übrigens den »warmen« Bruder dieser Kaltschale – die Biersuppe.

Da auch Nelly ein Fan dieses recht amüsanten bürgerlichen Bestsellers war, verwundert es nicht, dass es in meiner Kindheit kaum einen heißen Sommertag gab, an dem von ihr keine Kaltschale zubereitet wurde. Obwohl unsere Familie, wie Sie sich vielleicht noch erinnern werden, mit Bier handelte und meine Vorfahren mit dem Alkohol einen überaus freundschaftlichen Umgang pflegten, beschränkte jedoch sie ihre dahingehenden Aktivitäten glücklicherweise – entgegen dem Trend – ausschließlich auf die Zubereitung von Obstkaltschalen. Der übliche Schuss Weißwein, mit dem sie die Früchte ansetzte, diente ausschließlich der Geschmacksverbesserung und war

so alltäglich, dass selbst die anonymen Alkoholiker in ihren »Gebrauchsanweisungen für alkoholfreies Leben« dafür Absolution erteilten. Nellys bittersüßen Sauerkirschschalen aus Schattenmorellen mit Sago gehörten zu den nachhaltigsten Erinnerungen meiner jugendlichen Speisebiografie. Vor allem, weil meine kluge Großmutter richtig einzuschätzen wusste, dass ein solches Süppchen allein nicht ausreicht, um einen kräftig arbeitenden Mitteleuropäer über einen längeren Zeitraum zu sättigen. Deshalb gab's nach der Kaltschale fast immer eine kräftige Tellersülze aus einem zarten Tafelspitz, zu der sie eine unübertreffliche Joghurt-Mayonnaise mit frischen Kräutern und Bratkartoffeln aus neuen Kartoffeln reichte.

Vor allem dieser zweite Gang in der Speisefolge fördert noch heute unvermindert mein Verlangen nach Kaltschalen.

Und das nicht nur zur Sommerzeit …

Sauerkirschkaltschale mit Sago

Rezept für 4 Personen

ZUTATEN:

500 g reife, entsteinte Schattenmorellen
125 g Perl-Sago
Schale einer unbehandelten Zitrone
¼ Zimtstange
¾ l Wasser
¼ l Weißwein
75 g Zucker
25 g Speisestärke

ZUBEREITUNG:

400 g Schattenmorellen zusammen mit dem Zucker und etwas abgeschälter Zitronenschale und dem Zimt im Wasser nicht zu lange kochen und die Früchte anschließend durch ein Sieb streichen.

Diese gekochte Fruchtmasse zusammen mit dem Weißwein und dem Sago solange im Kochwasser erneut aufkochen lassen, bis dieser weich wird.

Mit in kaltem Wasser angerührter Speisestärke abbinden und für mindestens zwei Stunden in den Kühlschrank stellen.

Mit Zitronenmelisse und einigen Tupfen Schlagsahne garniert kalt servieren.

VIERZEHNTES KAPITEL

Marmelade

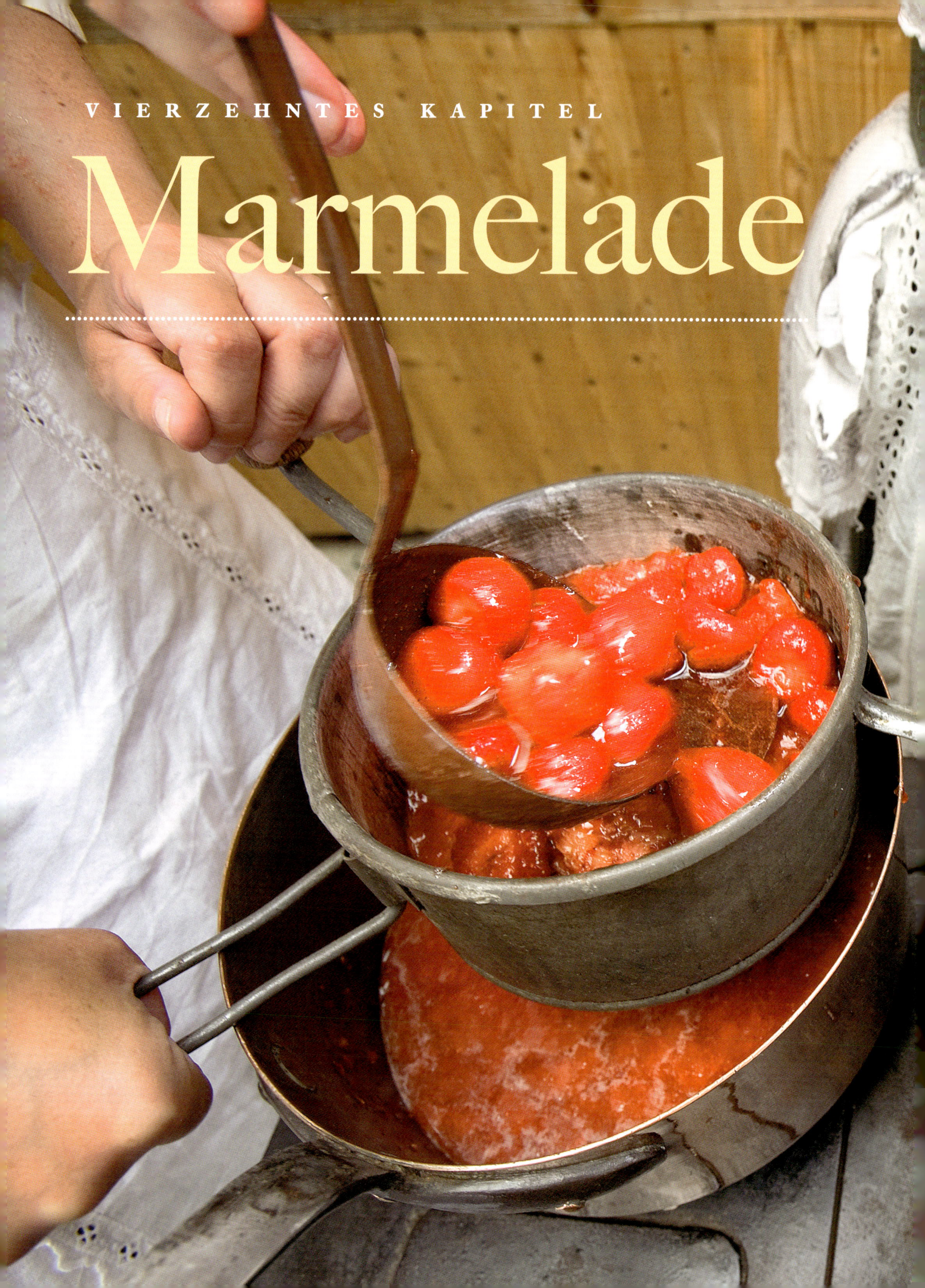

Von der Wohltat gemeinsamen Marmeladekochens

Es wird immer schlimmer: Vor lauter Stress und Hektik haben die Menschen vergessen, wie erholsam eine ungestörte Mahlzeit sein kann,« belehrte mich mein Freund Siggi und begrub bedächtig ein riesiges Stück Erdbeerkuchen unter einer ansehnlichen Portion Schlagsahne.

Für mich ist der Siggi einer der letzten stillen Genießer. Einer, der sich beim Essen durch nichts aus der Ruhe bringen lässt. Eine Verhaltensweise, die er sich in den vierzig Jahren unserer Freundschaft ebenso bewahrt hat, wie seine gewöhnungsbedürftige Angewohnheit, jede Abweichung des menschlichen Verhaltens von seinen konservativen Normen mit einer seiner tiefschürfenden Lebensweisheiten zu kommentieren. Woran sich auch zukünftig nichts ändern wird. Siggi ist 76!

Vor allem der negative Einfluss von Radio und Fernsehen auf das »vegetative Nervensystem während der Nahrungsaufnahme« ist eines jener Lieblingsthemen, über das sich Siggi stundenlang ereifern kann.

»Du kannst keinen Bissen mehr machen, ohne dass irgendjemand permanent dazwischen quatscht«, schimpft er. Berichtete dann von einer Einladung zum 80. Geburtstag seines ehemaligen Arbeitskollegen in ein Erfurter Lokal, bei dem er vorige Woche vom Mittagbrot übers Kaffeetrinken bis zum Kalten Büfett am Abend mit der Berichterstattung über die Hochzeit der schwedischen Kronprinzessin Victoria mit ihrem Märchenprinz Daniel berieselt wurde.

»Dabei hatte sich der Koch wirklich große Mühe gegeben. Das jedoch wurde angesichts des royalen Hofklatsches von keinem der Anwesenden gewürdigt.«

Übrigens: An dieser Stelle unterbrach meine Angetraute Siggis Redefluss und legte ein neues Stückchen Erdbeertorte nach; wusste sie doch genau, dass er einmal in Rage gekommen, spielend den Redefluss drei jener Radio- oder Fernsehkommentatoren ersetzen kann, über die er sich so ungeheuer aufregen konnte.

Außerdem neigt der Siggi, je weiter er sich in das Thema vertieft, wie alle älteren Herrschaften, die plötzlich ihr Langzeitgedächtnis wieder entdeckt haben, zur Romantik. Dann erzählt er so hanebüchene Schwänke aus seiner Kindheit, dass ich immer öfter an deren Richtigkeit zu zweifeln beginne. Und das, obwohl ich in der letzten Zeit bei mir ähnliche Tendenzen der Vergangenheitsbewältigung feststellen musste. Wofür ich mich auf diesem Wege bei meinem Freund Siggi entschuldigen muss, denn das Ergebnis unserer Reminiszenzen ist absolut deckungsgleich: Wir trauern beide um den Verlust der traditionellen Speisekultur. Wünschen uns die Rituale und Bräuche mit einer kindlichen Unschuld zurück, die fast schon zur Naivität tendiert.

Doch sehnen wir uns wirklich nach der verkleisterten Mehlpampe in der Omis Königsberger Klopse

wie in Flüssigbeton schwammen? Oder nach der essigscharfen Senfsauce, mit der unsere Muttis gezwungenermaßen den penetranten Geruch schlecht gekühlten Kochfischs zu übertünchen versuchten? Sicherlich nicht.

Was also, wenn nicht der vertraute Geschmack, was sonst lässt uns so sehnsuchtsvoll von unserer Kindheit schwärmen? Die Antwort wird kaum jemanden verwundern: Wir vermissen vorrangig die Gemeinschaft der Esser – das harmonische Miteinander von Familie, Freunden und Bekannten rund um einen großen Tisch. Denn der Mensch – obwohl von der Natur als Einzelfresser konzipiert – isst sein Brot nicht gern alleine.

Unter diesem Aspekt betrachtet, münden Siggis Klagen über die mediale Berieselung während des Essens plötzlich im Freud'schen Appell, dass uns irgendjemand beim Mahle Gesellschaft leisten müsste … und wenn's der Nachrichtensprecher wäre.

Besonders die älteren und allein lebenden Jahrgänge sehnen sich nach den großen und kleinen Festen ihrer Kindheit: nach dem gemeinsamen Stollen- und Plätzchenbacken in der Adventszeit; dem Trubel rund um die Hausschlachtung; dem gemeinsamen Kaffeeklatsch; aber auch nach der einfachen Aufforderung übern Gartenzaun: »Probier doch mal!«

Natürlich ist das Cross solcher Aktionen allein aus logistischen Gründen überhaupt nicht mehr realisierbar. Wer hält sich zum Beispiel angesichts von Dumpingfleischpreisen und fehlender räumlicher Möglichkeiten heute schon noch ein Schwein? Selbst die meisten Landbewohner kaufen ihre Wurst beim Discounter.

Sogar das gemeinsame Kuchenbacken verliert deutschlandweit an Bedeutung. Eigentlich bilden nur wir Thüringer noch eine rühmliche Ausnahme. In Thüringens ländlichen Regionen zählt selbst gebackener Kuchen trotz Backmischungen und Tiefkühltorten zu den unverzichtbaren Grundnahrungsmitteln.

Was also tun, wenn die Möglichkeiten gemeinsamer Speiseerlebnisse immer seltener werden. Nicht nur, dass damit über Jahrhunderte gesammelte Erfahrungen über das Zusammenspiel von Nahrung und menschlichem Wohlbefinden Gefahr laufen verloren zu gehen, geraten auch Geschmacksnuancen in Vergessenheit, die – flüchtig wie ein scheues Rehkitz – nur durch ständige Zuwendungen und Wiederholungen am Leben erhalten werden können. Von den schon geschilderten Auswirkungen auf die zwischenmenschlichen Beziehungen ganz zu schweigen.

Aber es gibt auch in heutiger Zeit der Ein-Personen-Haushalte und Kleinstfamilien Möglichkeiten gemeinsamer Aktivitäten. Eigentlich muss man dafür nur seinen inneren Schweinehund überwinden; vielleicht sogar mal Verwandte und Bekannte ansprechen, die man seit Jahren nur noch an Geburtstagen oder Weihnachten kontaktiert hat, um sein Gewissen zu beruhigen.

Und warten Sie nicht allzu lange, denn auch der Sommer hält einige Höhepunkte parat. Die erscheinen vielleicht auf den ersten Blick nicht ganz so spektakulär wie ein zünftiges Schlachtfest; belohnen jedoch später mit soviel Amüsement, dass sie oft als unvergessliche Kapitel einen Ehrenplatz im großen Buch unseres Lebens finden. Werden vielleicht so unvergesslich, wie unser kürzlich anberaumtes Familientreffen, dass wir in Ermangelung eines besonderen familiären Meilensteins – wie runde

Geburtstage oder erwähnenswerte Ehejubiläen – in Erinnerung an die alljährliche Einmachwut meiner Großmutter unter das Motto »Nellys Marmeladenschlacht« stellten.

Sicherlich eine recht eigenwillige Methode, mit Obstpflücken und Marmeladenkochen seine verwandtschaftlichen Gefühle wieder auf das Normalmaß wünschenswerten Umgangs einzujustieren. Noch dazu, wo ich alle Beteiligten bat, sich im Stile der Fünfziger und Sechziger Jahre anzukleiden. Die Erinnerungen an einige heiße Sommer, in denen meine Oma Nelly in Höchstform ihre unvergesslichen Marmeladen, Gelees und Konfitüren kochte, gehören zu den schönsten meiner Kindheit.

Erwartungsgemäß entwickelte sich unsere Zusammenkunft zu einem harmonischen Familientreffen und wir beschlossen, im Herbst gemeinsam Pflaumenmus zu kochen. Nicht ganz unwichtig bei der Auswahl des Events war übrigens die traurige Erkenntnis, dass man sich überhaupt nicht mehr darauf verlassen kann, dass handelsübliche Marmeladen und Konfitüren schon lange nicht mehr aus herkömmlichen Früchten hergestellt werden. Längst sind die Alchimisten der Lebensmittelindustrie in der Lage, beispielsweise Hobelspäne oder überlagerte Dachpappe so mit Aromen voll zu pumpen, dass sie ohne Beanstandung als Erdbeerkonfitüre durchgehen. Nur so ist es sicherlich auch zu erklären, dass die gesamte Welt-Erdbeerernte noch ausreicht, um etwa ein Fünftel des nordamerikanischen Bedarfs an Erdbeerprodukten zu decken. Doch das ist ein Kapitel für sich!

Die Harmonie unseres Revivals endete jedoch schlagartig, als meine Martina damit begann, einige Gläser mit Selbstklebeetiketten zu versehen, auf die sie das Wort »Erdbeermarmelade« und die Jahreszahl notiert hatte.

»Erdbeermarmelade gibt's nicht mehr«, polterte Onkel Edwin, ein pensionierter Biologielehrer und riss die Schildchen wieder ab. »Wohl noch niemals

von der Einführung der Konfitürenverordnung der Europäischen Gemeinschaft vom 26. Oktober 1982 in Deutschland gehört«, belehrte er uns mit einer penetranten Neunmalklugheit, von der scheinbar besonders solche Mitmenschen befallen sind, die über eine gesicherte Staatspension verfügen. »Marmelade dürfen sich nur noch solche Fruchtaufstriche nennen, die aus Zitrusfrüchten hergestellt werden. Aufstriche mit Stücken von Früchten nennt man übrigens Konfitüren.«

Dann erzählte er uns etwas über englische Bitterorangenmarmelade und ihren Einfluss auf das royalistische Lebensgefühl des englischen Bürgertums. »Damit haben die Engländer immerhin die halbe Welt erobert und zwei Weltkriege gewonnen.«

In Gedanken durchlebte ich plötzlich die absurde Szene, wie Sir Francis Drake die Küche meiner Großmutter Nelly entert und zwölf Glas Stachelbeermarmelade ... pardon, Konfitüre, aus der Speisekammer erbeutet.

»Als ob die Engländer beim Essen über Lebensgefühl verfügen«, konterte die handfeste Margarethe aus Bad Tennstedt giftig. Obwohl die resolute Dame nicht mit uns verwandtschaftlich verbandelt ist, verfügt sie seit Jahrzehnten über erhebliches familiäres Mitspracherecht. Was sie sich redlich verdient hat, denn bis zu ihrer Hochzeit arbeitete sie bei uns als Hausmädchen und war somit Nellys rechte Hand. Um des erwachenden Familienfriedens willen, ließen wir Onkel Edwin trotz seiner Impertinenz unsere Gläser beschriften. Doch schon auf dem Heimweg entwarf meine sonst so sanftmütige Martina wilde Umetikettierungspläne. Als ich am selben Abend meinem Freund Siggi von der Marmeladenaktion berichtete, riet er mir – wie ich immer noch hoffe im Scherz – das nächste Mal Edwin nicht wieder einzuladen, sondern als Ersatz für den Giftzwerg lieber... den Fernseher einzuschalten. Nachrichtensprecher sind wohl anonymer, aber sie rebellieren wenigstens nicht!

Marmeladen und Konfitüren entstehen durch Einkochen von zerkleinerter Fruchtfleischmasse. Sie gelieren durch den natürlichen Pektingehalt und durch Zucker. Früher, als es noch keinen Gelierzucker gab, mussten sich unsere Vorfahren noch nach verhältnismäßig strengen Regeln des Marmelade- und Konfitürekochens richten.

Als im Jahre 1965 die Kölner Firma Pfeifer & Langen erstmalig Gelierzucker auf den Markt brachte, glich das einer Revolution, denn für die Haufrauen reduzierte sich nicht nur der Zeitaufwand erheblich, sondern durch die Zugabe von Palmöl und Pektin als Geliermittel konnten jetzt auch sehr reife und sehr süße Früchte verarbeitet werden, die über eigenes Pektin verfügen und sich deshalb für die Marmeladenproduktion nicht eigneten. Darüber hinaus konnte das Mischungsverhältnis von Früchten zu Zucker teilweise um die Hälfte; bei Gelierzucker Extra sogar um zwei Drittel reduziert werden.

Mittlerweile sind sogar Gelierzucker im Angebot, mit denen kaltgerührte Fruchtaufstriche hergestellt werden können. Diese sind jedoch nur beschränkt – maximal 14 Tage im Kühlschrank – haltbar.

Erdbeerkonfitüre

1000 g Erdbeeren wiegen, waschen und sehr gut abtropfen lassen. Früchte putzen; Stielansatz entfernen. Vierteln und die gute Hälfte mit dem Zauberstab pürieren.
Früchte und Püree in einen großen Topf füllen; 1000 g Gelierzucker 1 plus 1 (1:1) hinzufügen; und auf höchster Stufe ca. 5 Minuten lang zum Kochen bringen. Ständig umrühren.

Kurz vor Ablauf der Kochzeit einen Kochlöffel heiße Masse entnehmen und auf eine Untertasse tropfen lassen. Wenn die Masse fest wird, Topf vom Feuer nehmen – sollte sie nicht gelieren, noch zwei bis drei Minuten weiter kräftig kochen lassen. Mit der Masse zügig heiß ausgespülte Gläser randvoll füllen und sofort mit Schraubdeckel verschließen. Gläser kopfüber auf ein Küchentuch stellen und in Ruhe auskühlen lassen.

Küchentratsch beim Marmeladerühren

SECHZEHNTES KAPITEL

Salate

Das Rapunzel-Komplott

Bis vor Kurzem terrorisierte Tante Rosalia – eine als Tochter eines Fregattenkapitäns in Stettin geborene Kusine meiner Frau väterlicherseits – mit ihren dreisten Selbsteinladungen unseren gesamten Familienclan, versetzte Gott und die Welt mit unverhofften Besuchen in Angst und Schrecken. Heimlich verglichen wir sie mit einer afrikanischen Wanderheuschrecke und da sie trotz ihrer knapp achtzig Jahre noch vor Gesundheit strotzte, bedrohten auch zukünftig ihre Gastspiele wie ein Damoklesschwert den familiären Frieden unserer Sippe.

Plötzlich jedoch löste sich dieser Terror sang- und klanglos in Wohlgefallen auf und Schuld daran war eigentlich nur … eine Palette frisch geernteter Rapunzel. Diese hatte uns nämlich unsere Freundin Brigitte vorbeigebracht, damit ich den leckeren Feldsalat anderentags fotografieren konnte.

Dass damit auch das Ende der Rosaliaschen Schreckensherrschaft eingeläutet wurde, konnte niemand ahnen. Alles begann damit, dass am selben Abend kurz nach sieben das Telefon läutete und die ungeliebte Tante durch den Hörer bellte, dass es ihrer Meinung nach wieder mal an der Zeit sei, »… ein/zwei Wochen in Erfurt zu ›schobben‹«. Deshalb sei sie, um nicht in die Fänge raffgieriger Taxifahrer zu geraten, umgehend am Bahnhof abzuholen.

Womit die nächsten Wochen gelaufen waren, denn wir alle wussten aus leidvoller Erfahrung, dass uns Käpt'n Rosalia bis zu ihrer Abreise keine ruhige Minute mehr gönnen würde.

So kam es auch – kaum die Wohnung betreten, übernahm die resolute Rosalia das Zepter. Befahl gleichzeitig, ihren schweren Überlandkoffer im Gästezimmer aufzubahren, unseren Dackel, den sie partout nicht ausstehen konnte, bei der Nachbarschaft abzugeben und ein »thüringisches« Abendessen vorzubereiten.

Abends saßen wir dann zusammen, lauschten andächtig einer ihrer Peter-Schreier-CDs, auf welcher der sächsische Maestro Schuberts Liederzyklus »Die schöne Müllerin« intonierte und applaudierten artig, als Tantchen so ergriffen in »… ich schnitt es gern in alle Rinden ein« einstimmte, dass unser Nachbar genervt mit der Faust gegen die Wand hämmerte. Denn Rosalias Stimme, von der sie immer behauptete, sie wäre in jungen Jahren von einem glutäugigen Musikprofessor geformt worden, klang dermaßen durchbohrend, dass sie eigentlich dem Kriegswaffenkontrollgesetz unterstehen müsste. Ihrem schrillen Stimmchen hatte es die alte Dame übrigens auch zu verdanken, dass man sie aus dem Seniorenzentrum des Marienstifts in Erkenschwick verbannt hatte, weil niemand dort gewillt war, weiterhin die Kostproben ihrer künstlerischen Begabung zu ertragen. Ein Glückstag für das Altenheim – ein rabenschwarzer für unsere Familie.

Da die Regie des Abends fest in Rosalias Händen lag, war es eigentlich nicht weiter verwunderlich, dass wir schon kurz nach dem Kulturprogramm in ein weiteres ihrer Lieblingsthemen verwickelt wurden – die Pflege des Körpers im Allgemeinen und ihrer Haut im Speziellen! Sie nervte uns mit Erläuterungen über Rapsöl-Massagen, Stutenmilchbäder und Schlammpackungen aus recyclebarem Klärschlamm.

»Wisst ihr«, kokettierte sie scheinfromm, »meinen samtenen Teint verdanke ich ausschließlich der Zuwendung zur alternativen Kosmetik. Schon meine Großmama lehrte mich beispielsweise, dass die Gesichtshaut durch das Auflegen von sanft mit Olivenöl bestrichenen Salatblättern jugendlich frisch bleibt.«

In der Hoffnung, endlich erlöst zu werden – immerhin stand ein anstrengender Tag bevor – kommentierte ich bärbeißig, dass kein Kopfsalat im Hause sei, erwähnte aber ganz bewusst das Vorhandensein der Rapunzel und verschwand in Richtung Schlafzimmer. Nicht ohne vorher einer inneren Stimme nachzugeben, die mir empfahl, neben dem

Rapunzelsalat ein Fläschchen Olivenöl zu platzieren. Wäre ja unchristlich, ließe man sie lange suchen!

Gegen drei Uhr in der Nacht weckten uns markerschütternde Hilfeschreie. Voll düsterer Vorahnungen sprang ich aus dem Bett und folgte dem lautstarken Wehklagen. Als ich jedoch das hell erleuchtete Wohnzimmer betrat, verwandelte sich meine tiefe Sorge um das Wohlergehen eines Menschenkindes in abgrundtiefe Schadenfreude. Auf dem Sofa lag Tantchens in geblümtes Frottee gehüllte zuckende Gestalt und klamüserte mit beiden Händen ölverklebte Feldsalatblätter aus ihrem dunkelrot angelaufenen Gesicht.

»Habe doch nicht geahnt, dass Feldsalat so brennt«, klagte sie Mitleid heischend. Natürlich wusste ich auf Anhieb, was geschehen war: In ihrem Schönheitswahn hatte sich Rosalia – wie ich irgendwie geahnt hatte – über unsere Rapunzeln in der Speisekammer hergemacht und sie nichts ahnend mit jenem Olivenöl beträufelt, dass praktischerweise gleich griffbereit daneben stand. Unglücklicherweise hatte sie die drei klitzekleinen giftigen Peperoni übersehen, mit denen ich das Öl vor Wochen aromatisiert hatte.

Rosalias Haut warf mittlerweile Falten und irgendwie konnte ich es mir nicht verkneifen, ihr mein Bedauern in jener spöttischen Art zu vermitteln, die wenig Anteilnahme vermuten lässt. Sie schaute mir ganz tief in die Seele und plötzlich schien sie zu ahnen, dass ich ein wenig nachgeholfen hatte. Drei Tage und zehn heilende Naturjoghurtmasken später verschwand Rosalia nächtens ohne Abschied.

Wir haben seither nichts von ihr gehört – essen aber Rapunzel ausschließlich nur noch zu ihrem Gedenken.

Rapunzel-Gedächtnissalat »Rosalia«

Rezept für 4 Personen

ZUTATEN:

300 g Feldsalat/Rapunzel
12 Scheiben durchwachsener Bauchspeck
2 Schalotten
80 ml Sonnenblumenöl
40 ml Himbeeressig
40 ml Balsamico
4 Scheiben Weißbrot
1 Knoblauchzehe
60 g Butter
4 Zweige Koriander
½ TL rote Pfefferkörner
Pfeffer aus der Mühle, Salz
½ TL Zucker

ZUBEREITUNG:

Die Bauchspeckscheiben in der auf 250 °C vorgeheizten Röhre ca. 3–4 Minuten cross rösten;

Für die Vinaigrette die Gewürze, das Salz und den Zucker so lange verrühren, bis sich Zucker und Salz gelöst haben. Dann das Öl und die fein gehackten Schalotten unterrühren.

Das Weißbrot in ½ cm große Würfel schneiden und in der Butter goldgelb anbraten. Zuletzt den mit etwas Salz fein geriebenen Knoblauch untermengen.

Den gut gewaschenen und trocken geschleuderten Salat mit der Vinaigrette marinieren.
Mit dem Speck und den Croutons anrichten und mit Kerbel garnieren.
Dazu frisches Knoblauch-Baguette reichen.

Querbeet

Vor einigen Jahren, als ich mir noch den Luxus einer barocken Figur leistete, hatte ich es mir zur Gewohnheit gemacht, auf die Frage, mit welchem Gericht man mir bei einer Einladung eine Freude bereiten könnte, stets geantwortet, dass ich gegenwärtig eine »Salatdiät« praktiziere und deshalb alles, außer Salat esse.

Worauf sich die meisten meiner Gesprächspartner zu einem gequälten Lächeln aufrafften und scheinheilig meine Standhaftigkeit gegenüber modernen Essgewohnheiten lobten. Ein Kalauer, mit dem ich im Grunde genommen – zugegebenermaßen in einer etwas gewöhnungsbedürftigen Art der humorigen Selbstdarstellung – meine Verbundenheit zur Thüringer Küche zum Ausdruck bringen wollte. Die pflegt nämlich von jeher vor allem mit Blattsalaten ein ebenso distanziertes Verhältnis, wie ein Vegetarier zu Fleischtheken. Ein Trend, der eigentlich für alle deutschen Regionalküchen gilt und beweist, dass der Germane seit jeher robuste und nahrhafte Kost bevorzugt.

So ist es auch nicht sonderlich verwunderlich, dass sich zum Beispiel in fast allen Kochbüchern bis weit ins 20. Jahrhundert hinein kaum ein Dressing mit Pfiff für den guten alten Kopfsalat findet. Der erste Gartensalat wird gegen Ende des Mittelalters in einigen Abhandlungen, wie beispielsweise im Kräuterbüchlein des pflanzenkundigen Mediziners Leonart Fuchs, erwähnt, der übrigens als Rektor in Tübingen einen der ersten botanischen Gärten der Welt anlegte. Damals von den Gärtnern der Renaissance aus einer Art des Lattichs gezüchtet, wurde er wie bis dato wie Eichblatt- oder Römischer Salat gehandelt; spielte aber in der Küchenliteratur nur eine bescheidene Rolle.

Löbliche Ausnahme bildete, wie so oft, die Grande Dame der deutschen Küchenkultur, Henriette Davidis, die im Kapitel »Allgemeine Regeln für Salatbereitung« immerhin die Grundsätze des französischen Gastrosophen, Jean Anthelme Brillat-Savarin, (1755–1826) ins Feld führt, der für die kunstfertige Salatzubereitung fünf menschliche Charaktere einfordert: einen Geduldigen, der die Kräuter verließt; einen Verschwender, der das Öl spendet; einen Geizigen, der den Essig zumischt; einen Weisen, der das Salz abwägt und einen Narren, der alles gründlich durcheinander mengt. Da die Urmutter der Deutschen Küchenkultur darüber hinaus einen Sechsten fordert, der die Blattsalate zuvor gründlich wäscht, wünsche ich mir in grenzenloser Anmaßung sogar einen Siebenten: einen Süßen, der das in Thüringen gebräuchliche Löffelchen Zucker zufügt. Doch selbst die detailverliebte Davidis arbeitet das Kapitel Blattsalate auf zwei Seiten ab, um sich über den ebenfalls recht bescheiden abgehandelten Umweg der Gemüsesalate auf des deutschen liebstes Kind zu konzentrieren: auf die Kartoffel-, Fleisch- und Fischsalate. Ein Kapitel, dem ich zu gegebener Zeit meine Aufwartung machen werde. Doch zurück zu den Blattsalaten.

Sie begleiten uns seit Anbeginn unseres Daseins und besonders in jener Epoche, als unsere Vorfahren sich vorwiegend von Blattwerk, Unkraut und Wurzeln ernährten, gehörten sie unbewusst und ganz ohne ernährungsphysiologische Hintergedanken zur täglichen Nahrung. Der Mensch aß damals also Salat wie heuer das liebe Vieh Gras; entwickelte aber schon in jener Entwicklungsphase so etwas wie ein chlorophylles Gedächtnis, das einzelne Sorten nach ihrem Geschmack oder ihrer Wirkungsweise unterschied. Was dazu führte, dass im antiken Griechenland dem Salat eine berauschende und deshalb schlaffördernde Wirkung zuerkannt wurde, weshalb sie ihn am Ende einer Mahlzeit aßen. Die Ägypter hingegen schworen auf seine liebesfördernden Eigenschaften.

Doch mit demselben Tempo, mit dem die Menschen ihre Fähigkeiten verfeinerten, größere Tiere zu erbeuten und später zu züchten, verloren sie die Lust am grünen Blattwerk.

Meine Großmutter Nelly baute Kopfsalat übrigens eigentlich nur an, um ihn an die Hühner zu verfüttern, damit diese Eier mit goldgelben Dottern legen.

Ab und zu verirrte er sich jedoch auch auf unseren Mittagstisch. Doch selten solo, sondern meistens als Bestandteil eines Salates, den sie stolz »Gartenspaziergang« nannte. Dabei packte sie alles, was sie querbeet greifen konnte, in einen verwitterten Weidenkorb, um es später mit einem für die damalige Zeit revolutionären Dressing zu kredenzen.

Nellys Frühlings-Gartenspaziergang-Salat

Rezept für 4 Personen

ZUTATEN:

1 fester Kopfsalat
2 Schalotten
1 kleines Bund Schnittlauch
1 kleines Bund junge Brennnesseln
1 Staude junger Löwenzahn
1 kleines Bund Bärlauch
4 Stängel Kerbel
1 kleines Bund Sauerampfer
50 g Brunnenkresse
5 Radieschen, 10 Gänseblümchen
1 TL Honig
frisch gemahlener Pfeffer, Salz
100 ml Sonnenblumenöl
1 TL Senf, 30 ml Himbeeressig
30 ml Estragonessig, vier Eier

ZUTATEN (VON MIR VERWENDET):

2 filetierte Tomaten
1 Knoblauchzehe
5 Basilikumblätter
30 ml weißer Balsamico

ZUBEREITUNG:

Honig, Senf und den Zucker glatt rühren und das Öl langsam einlaufen lassen bis eine homogene Masse entsteht. Alle Essige, die in Scheiben geschnitten Radieschen, die fein gewürfelten Schalotten, die Tomatenfilets und die feinen Schnittlauchröllchen darunter heben. Mit Salz und Pfeffer würzen. Zuletzt die nicht allzu klein gezupften Salate, die vorher gründlich gewaschen und geschleudert werden, miteinander vermengen und mit dem Dressing übergießen. Mit halben hart gekochten Eiern und den Kerbelzweigen garnieren.

Gemischter Blattsalat

Ob Frisée-, Kopf-, Eichblatt-, Römer-, Eisberg-, Endivien- oder Feldsalat, Lollo Rosso, Rukola, Löwenzahn und die oft zu Unrecht verpönte Brunnenkresse – ein mit Liebe angerichteter gemischter Salatteller bringt Schwung in Ihr Essen und ist noch dazu gesund. Jedenfalls der, den Sie auf dem Markt von solchen Erzeugern aus Ihrer Nähe kaufen, von denen Sie überzeugt sind, dass sie ihre Salatkulturen nicht heimlich der chemischen Industrie als Versuchsfelder zur Verfügung stellen.
Meine Familie richtet sich deshalb auch bei Salaten, soweit machbar, nach dem Kalender der Natur.

Natürlich glänzen Salate vor allem durch ihren Eigengeschmack und ich bemitleide sie, wenn Köche in Anfällen von verkappter Arbeitsverweigerung auf Fertigdressings zurückgreifen, die so mit Schadstoffen und Retortenaufputschmitteln vollgepumpt sind, dass man sie – natürlich anders etikettiert – problemlos bei der Unkrautvernichtung einsetzen kann.

Deshalb einige Dressings und Zutaten, die nicht nur schmecken, sondern den Salaten auch jene Vitamine und Spurenelemente entlocken, die sie für das Wohlbefinden so wertvoll machen.

Wie immer gilt auch hier Oma Nellys Wahlspruch:

Lass deiner Phantasie freien Lauf, wenn sie Hunger haben, essen sie sowieso alles!

Mit diesen Zutaten können Sie Ihren Salatteller aufrüsten:

Hartgekochte Eier
Croûtons
in Streifen geschnittener gekochter oder roher Schinken
cross gebratener oder gegrillter Frühstücksspeck
Räucherlachsscheiben oder -streifen
gebratene Geflügelleber
Hähnchenbrustfilets
in Streifen geschnittener Kassler
diverse Obstsorten, wie Ananas, Orangen, Weintrauben
gekochte oder gebratene Garnelen, Schrimps, Kaisergranat,
gekochter Hummer
geröstete Pinienkerne
Champignonscheiben – sautierte Pfifferlinge
diverse Käsesorten, wie Mozzarella, Gouda, Emmentaler,
alle Sorten Butterkäse und Edelpilzkäse

Einige Ratschläge:
Salat sollte immer gut gewaschen und geschleudert werden. Nur trocken nimmt er das volle Aroma eines Dressings auf.
Sollten Sie keine Salatschleuder besitzen, verwenden Sie ein sauberes Geschirrtuch, denn es erfüllt denselben Zweck.

Damit Ihr Salat nicht zerzaust aussieht, sollten Sie ihn nicht ganz so klein zupfen und Ihren Salat immer erst kurz vor dem Servieren mit dem Dressing vermischen.

Das Urdressing – die Vinaigrette

2 kleine Zwiebeln oder Schalotten
6 EL Öl
50 ml Geflügelfond
2 EL Obst- oder Weinessig
1 TL mittelscharfer Senf
1 Prise Zucker
schwarzer Pfeffer, Salz

Die sehr fein gewürfelten Schalotten mit dem Fond aufkochen und auf die Hälfte einreduzieren. Dann in einer Schüssel so lange mit dem Essig, Zucker, Salz und Pfeffer verrühren, bis diese sich aufgelöst haben. Nach dem Abkühlen vorsichtig das Öl einfließen lassen und so lange schlagen, bis eine sämige Konsistenz entsteht.

Senf-Vinaigrette

1 EL Senf nach Ihrem Geschmack
1 TL Schnittlauchröllchen
1 EL gehackte Petersilie
1 EL fein gehackte Kapern
frisch gezupfte Blättchen von zwei Thymianzweigen
Saft einer halben Zitrone mit der Grund-Vinaigrette vermengen.

Himbeervinaigrette

3 EL Traubenkern- oder Distelöl
1 EL Himbeeressig
1 EL Geflügelfond
1 Spritzer Zitronensaft
Salz, weißer Pfeffer aus der Mühle
frische Himbeeren

Die Zutaten in einen Becher geben und mit dem Zauberstab gut durchmixen. Die Himbeeren in die Vinaigrette legen und eine halbe Stunde ziehen lassen.

Frühlingsvinaigrette für Spargelsalat

150 ml Geflügelfond
2 Blatt Bärlauch
100 ml Spargelfond
1 Knoblauchzehe
2 Basilikumblätter
1 geschnittene Schalotte
Salz
1 Prise Zucker
frisch gemahlener weißer Pfeffer
50 ml weißer Balsamicoessig
50 ml Sherry-Essig
100 ml Traubenkernöl
100 ml natives Olivenöl

Den Geflügel- und Spargelfond zusammen verrühren, mit Bärlauch, Knoblauch, Basilikum, Salz, Zucker, Pfeffer und Essig 2 Stunden marinieren. Anschließend abseihen und mit den Ölen zu einer Vinaigrette aufrühren.

Joghurtdressing

250 g Naturjoghurt
3 EL Creme fraîche
1 TL Essig
1 Prise Zucker
Salz
weißer Pfeffer
1 unbehandelte Zitrone

Den Joghurt mit der Creme fraîche, dem Zucker, der geriebenen Schale und dem Saft der Zitrone glatt rühren. Mit Zucker, Salz und Pfeffer abschmecken.
Dieses Dressing können Sie vielfältig veredeln. Ob mit Curry, Käse- oder Tomatenwürfeln – Dressings bringen Pepp auf den Tisch.

Thüringer Kartoffelsalat

Nichts gestaltet sich oft so kompliziert wie das Einfache, was schon mit der Zubereitung eines einfachen Thüringer Kartoffelsalats zu beweisen wäre.
Immer wieder überschlagen sich nämlich selbsternannte Sittenwächter des Thüringer Geschmacks mit dermaßen abartigen Varianten dieses traditionellen Gerichtes, dass mir die Haare zu Berge stehen.

Einige von diesen verblendeten Irrläufern erschlagen ihn in Mayonnaise oder ersäufen ihn mit Aceto Balsamico und fein gehacktem Basilikum. Andere wiederum lassen ihn zu Kalorienbomben mutieren, indem sie Kochsalami und Ungarische Salami hinein schnippeln.
Völlig Durchgeknallte mengen sogar Heringsfilets, Sardellen oder sogar Schrimps unter die guten Thüringer Kartoffeln. Wissen die denn nicht, dass das Thüringer Becken schon in einer Zeit austrocknete, als hier noch gar keine Thüringer existierten?

Gut, dass es neben Oma Nelly, die ja viel zu jung verstorben ist, in unserer Verwandtschaft auch andere Traditionsbeseelte gab, die das geschmackliche Erbe meiner Ahnen unverfälscht an mich weiterreichten.
Ihnen sei mit diesem Rezept ein schlichtes Denkmal gesetzt!

Rezept für 4 Personen:

ZUBEREITUNG:

850 g nicht zu große festkochende Kartoffeln
4 EL Sonnenblumen- oder Leinsamenöl
2 Zwiebeln
¼ l Rindfleischbrühe oder warmes Wasser
3–4 EL Weißweinessig
½ TL Zucker
Pfeffer und Salz
½ TL Kümmel

ZUBEREITUNG:

Die Kartoffeln waschen und in Kümmel-Salzwasser kochen, abkühlen lassen, schälen und in dünne Scheiben schneiden.
Aus der fein gewürfelten Zwiebel, dem Öl, der Rindfleischbrühe (oder heißem Wasser), dem Zucker und dem Weißweinessig eine Marinade mischen, die warm über die Kartoffeln geschüttet wird. Mit Pfeffer und Salz würzen und vermengen. Mindestens einen halben Tag ziehen lassen.
Einzige Änderung gegenüber Nellys Rezeptur: Um den Kartoffelsalat bekömmlicher zu machen, gare ich die Zwiebelwürfel leicht in Öl an.

Für einen Thüringer gerade noch akzeptabler Komfort-Kartoffelsalat

Unter den Salat, wie oben beschrieben, menge ich ca. 150 g knusprig gebratene Bauchspeckwürfel, einige Streifen saurer Gurke und etwas grob gehackte Petersilie. Wenn ich Besuch erwarte oder am Heiligen Abend, bestreue ich ihn mit Schnittlauchröllchen.
Jede Zutat mehr ist dekadent und trägt einen anderen Namen.
Bestes Beispiel ist der Mayonnaisensalat, den ich übrigens gern zu einer Kochwurst esse.
Bei einem Grillfest hat er bei uns keine Chance.

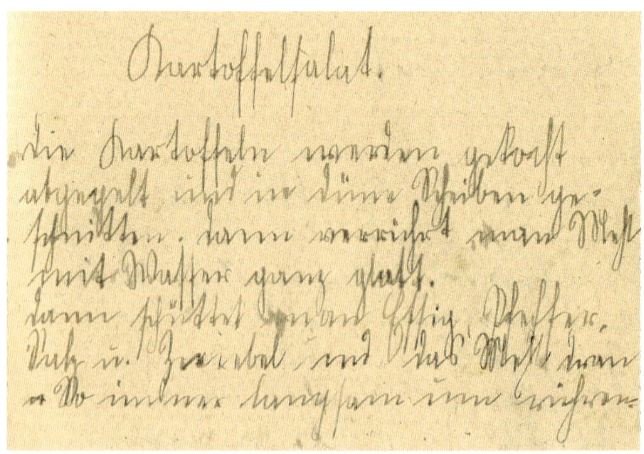

Gemischter Salat, angerichtet in einer Schale von Susanne Worschech

Take it easy Sellerie

Seit der Antike werden unsere Essgewohnheiten durch Erfahrungen beeinflusst, die sich im Laufe der Zeit als sinnvoll beim Umgang mit Nahrungsmitteln bewährt haben. Inzwischen ist bekannt, dass einige von ihnen sich als unwahr erwiesen; also reine Lügengespinste sind. Dass sie trotzdem wirken, verdanken sie hauptsächlich ihrem Placebo-Effekt. Der Glaube versetzt halt Berge. Deshalb aber generell solche Volksweisheiten zu verteufeln, wäre fatal, denn besonders in heutiger Zeit, in der die Forschung endlich auf den Trichter gekommen ist, die Innovationen der Schöpfung auszukundschaften, sind sie unverzichtbare Ingredienzien auf dem Weg zu einer nachhaltigen Lebensweise. Andererseits – und da muss man leider den Kritikern Recht geben – werden einigen Lebensmitteln auch heute noch immer Heil- und Wunderkräfte angedichtet, die sich trotz wissenschaftlich erwiesener Wirkungslosigkeit mit derselben Hartnäckigkeit in unseren Denkansätzen festgesaugt haben, wie Rotweinflecke in weißen Damasttischdecken.

»Möhren sind gut für die Augen – oder hast du schon mal einen Karnickel mit Brille gesehen?« »Kartoffeln machen dick«; »Spinat enthält besonders viel Eisen« heißt es da und eines der Parade-Beispiele: »Sellerie hebt die Potenz«. Doch ist Sellerie wirklich das Viagra unserer Ahnen?

Unsere Wissenschaftler jedenfalls beantworten diese Frage inzwischen mit einem knallharten pharmakologischen »Nein«; schlimmer noch – verbannen diese über Jahrtausende gewachsene Erfahrung nicht nur ins Reich der Mythen und Märchen, sondern warnen sogar dringend davor, sich bei nachlassender Libido durch den ungezügelten Genuss dieses Volks-Aphrodisiakums in die Hände heidnischen Blendwerks zu begeben. Doch hie und da trifft man immer öfter auf kluge Menschen, die behaupten, dass das, was schon den alten Römern geholfen habe und im Mittelalter als gängige Praxis sogar in die Lehrbücher einging, so falsch nicht sein kann. Überdies sollte daran erinnert werden, dass Sellerie nicht nur einen hohen Ernährungswert besitzt, sondern auch mit außergewöhnlichen Mengen von Eisen und Kalzium angereichert ist. Dazu geben sich im Sellerie – einer zweijährigen krautigen Pflanze aus der Familie der Doldenblütler – eine große Anzahl lebenswichtiger Vitamine, wie B 1, B 2 und B 12 ein Stelldichein. Nicht zu vergessen das Vitamin E, welches das Altern verzögert und das Provitamin A, das so ganz nebenbei bemerkt unter anderem auch für gutes Sehen verantwortlich zeichnet. Seinen dominierenden würzigen Duft verdankt der Sellerie hingegen ätherischen Ölen. Ob letztere Eigenschaft den Ausschlag dafür gab, dass Sellerie eine nicht unerhebliche Rolle bei Beerdigungsritualen spielte, dabei nicht nur als duftender Grabschmuck fungierte, sondern auch unabdingbarer Bestandteil des Leichenschmauses war, entzieht sich meiner Kenntnis. Bewiesen ist indes, dass schon um 1000 vor Christus den Toten in Ägypten Sellerie als Wegzehrung mit ins Grab gelegt wurde und man die Ruhestätten der geliebten Verblichenen mit Girlanden aus Sellerieblättern schmückte. Womit die Hinterbliebenen die Lebensleistung und den Erfolg der teuren Dahingegangenen würdigten. Eine Sitte, die auch den Lebenden angedieh, denn statt des Lorbeerkranzes wurde Olympiasiegern oft ein Siegeskranz aus Sellerielaub aufs Haupt gedrückt.

Ich vermute mal, dass dieser Brauch vor allem jenen Jungfrauen zupass kam, die dem Helden den Siegerkuss aufdrücken mussten – übertünchte der angenehme Sellerieduft doch wohltuend den strengen Schweißgeruch des triumphierenden Olympioniken. Die Liebe der alten Griechen zum Sellerie ging sogar soweit, dass sie die 628 v. u. Zeit auf Sizilien gegründete Stadt »Selinunt« tauften – die Sel-

leriestadt am Selleriefluss. So richtig wird die Bedeutung der in meiner Nordthüringer Heimat »Zelderie« genannten Pflanze aber erst deutlich, wenn man erfährt, dass die Griechen sogar Münzen prägten, die sie mit Sellerieblättern schmückten. Kein Wunder, dass sich selbst der alte Hippokrates schon vor rund zweieinhalbtausend Jahren als Sellerie-Fan outete.

Nicht nur, dass er die harntreibende Wirkung des Gemüses lobte, vertraute er vor allem bei der Behandlung von Patienten, die unter Nervosität leiden. Also: Nicht wie der Engländer meint: »Abwarten und Tee trinken«, sondern »Take it easy Sellerie«. Nur auf griechisch.

Schon der berühmteste römische Koch Apicius zählt den Sellerie zu den zehn wichtigsten Zutaten in der römischen Küche. Auch heute noch läuft ohne Sellerie nichts. Ob bei der Herstellung von Suppen, Saucen und Salaten ist er einfach unverzichtbar. Und auch seine aphrodisische Wirkung macht selbst vor den höchsten Kreisen nicht halt.

Ein Klassiker ist der am Ende des 19. Jahrhunderts vom damaligen Maître d'hôtel Oscar Tschirky im New Yorker Hotel Waldorf kreierte »Waldorf-Salat«:

»Waldorf-Salat«

ZUTATEN UND ZUBEREITUNG:

300 g säuerliche Äpfel schälen, entkernen und in feine Streifen schneiden.

200 g Knollensellerie schälen und ebenfalls in feine Streifen schneiden.

Zusammen mit den Äpfeln, 100 g Mayonnaise und 2 EL Crème fraîche sowie dem Saft von einer Zitrone glatt rühren. Mit Salz, Pfeffer und einer Prise Zucker abschmecken und grob gehackten Walnusskernen bestreuen.

Wintergemüse für Salate

SIEBZEHNTES KAPITEL

Kräuteressig

Die Herstellung von Kräuter- und Blütenessig

Ist es nicht langweilig, seinen Salat immer mit dem gleichen Essig, dem gleichen Öl anzumachen? Mit einem selbstangesetzten Kräuter- oder Blütenessig können Sie Ihre Salatsaucen individuell und auf den jeweiligen Salat abgestimmt zubereiten.

Als Basis sollten Sie stets Obst- oder Weinessig verwenden, den Sie mit Kräutern oder Blüten aromatisieren, zum Beispiel mit Schlüsselblumen, Veilchenblüten, Waldmeister, Bärlauch, Minze, Holunderblüten, Kleeblüten oder Fliederblüten. Die gewünschten Blüten oder Kräuter werden etwa 18 bis 20 Tage zugedeckt im Essig mariniert. Danach wird der Essig abgeseiht und gut verschlossen aufbewahrt. Mit Phantasie und Geschmack lassen sich nach dieser Methode zahlreiche interessante Geschmacksvariationen zubereiten.

Wie wird Essig hergestellt?

Dies ist das einfachste auf der Welt! Als Grundstoff benötigen Sie Apfelwein, Weißwein, Rotwein oder Beerenwein. In diesen Wein geben Sie eine Essigmutter (eine gallertartige Bakterienkultur), die Sie im Weinfachgeschäft oder in der Drogerie kaufen können und alles übrige wird in einem passenden abgedeckten Topf in 6 bis 8 Wochen von selbst erledigt.

Kräuter- oder Blütenessig

Rezept für 1 Liter

ZUTATEN:

100 g Blüten
80 g Kräuter
1 l Obst- oder Weinessig

ZUBEREITUNG:

Die gewünschten Blüten oder Kräuter etwa 18 bis 20 Tage zugedeckt im Essig marinieren. Danach abseihen und den Essig gut verschlossen aufbewahren.

Mamas Kräuteressig

Rezept für 5 Liter

ZUTATEN:

je 1 Tasse Minze, Pimpernelle und Brennnessel
je ½ Tasse Kerbel und Quendel
4 Bärlauchblätter
2 EL schwarzer Pfeffer zerstoßen
4 Schalotten, gehackt
5 l Weißweinessig
2 EL Meersalz

ZUBEREITUNG:

Die sauberen Kräuter entstielen und grob hacken. Mit Pfeffer, Schalotten und Weißweinessig vermengen, in eine große Flasche geben und für 1 Woche an die Sonne stellen.
Salz in einer Pfanne ohne Zugabe von Öl oder Fett gelblich rösten. Dem Essig beigeben und etwa 6 Wochen stehen lassen.
Nun den Essig durch ein feines Tuch abseihen und die Kräuter gut ausdrücken. In kleine Flaschen abfüllen und bis zum Gebrauch gut verschlossen kühl aufbewahren.

Liebespaar nach knapp 40 Jahren Ehe …

... und 20 Jahre später

Mein herzlicher Dank

- Ein besonderes Dankeschön gebührt den Mitstreitern dieses Buchprojektes, die jeden meiner Späße klaglos über sich ergehen ließen:
- Peter Sodann und seiner lieben Conni
- Dietmar Huhn und seiner charmanten Christel
- unserem hoch geschätzten Horst Krause – der sich ständig in meine Requisiten verliebte
- und meiner beratenden Freundin Heike Opitz
- meinem Bruder im Geiste NEL für seine feinsinnigen Karikaturen
- meinem Freund Marcel Mende, Geschäftsführer der Foto-Maxx GmbH, Dingelstedt für die hervorragende digitale Ordnung meiner wirren Phantasien
- meinem alten Weggefährten Karl-Heinz Vogeley für seine Aquarelle
- Annabell Frenzel und Luise von Hagen aus der IMAGO Kunst- und Designschule Erfurt für ihre Illustrationen
- Marion Walter aus Mühlhausen für ihre Keramiken
- Susanne Worschech aus Erfurt für ihre Keramiken
- dem Familienclan Fischer aus Bad Tennstedt
- Oma Anneliese Möller und ihrem Mann Alwin aus Herbsleben
- der Dorfgemeinschaft Lindewerra
- dem mdr-Thüringen-Journal und Benedikt Otto
- gedankt sei auch dem Thüringer Ministerium für Landwirtschaft, Naturschutz und Umwelt
- Minister Jürgen Reinholz
- dem FM Fleischmarkt GmbH Aschara und im Besonderen Geschäftsführer Ronald Fernschild
- Federn Oßwald Fahrzeugteile & Technischer Handel Mühlhausen
- Herrn Günter Oßwald und seiner reizenden Ehefrau Siegrid sowie ihrer rechten Hand Anett Morgenthal für ihre unendliche Freundlichkeit
- ADIB GmbH Bad Langensalza Dr. Klaus Kliem
- Neltner – Großküchen GmbH in Nordhausen, Claudia und Günter Neltner
- der Allgemeiner Anzeiger Werbe- und Vertriebsgesellschaft, besonders den Herren Geschäftsführern Wolfgang Bock und Joachim Zaumsegel sowie Emanuel Beer, Thomas Gräser und Sibylle Reinhardt
- der Karland Agrarprodukte GmbH & Co. KG Herrn Dietmar Barthel und Herrn Bernfried Schwarze
- der Villeroy & Boch AG
- der Pilsner Urquell Deutschland GmbH
- der Gönnataler Putenspezialitäten GmbH
- der Fleischrind GmbH Oberweißbach
- meinen Freunden,
- Küchenmeister Achim Köhler
- Küchenmeister Kai Heinemann
- Küchenmeister Klaus Alboth
- Küchenmeister Andreas Motter
- Küchenmeister Christian Heumader
- Küchenmeister Marco Lange
- Konditormeister Stefan Lobenstein, Erfurt
- Hendrikje Lüttich aus dem NT Weimar für ihre umwerfende Kostümgestaltung
- Lydia Keßner für die digitale Nachbehandlung meiner Speisebilder
- meinem unermüdlichen Grafiker Gerd Haubner
- Ernst und Gerda Walter
- Dr. Hartmut Blumenauer fürs Querlesen
- dem Druckhaus Gera GmbH
- und natürlich den Tausenden von Lesern, die mir seit Jahren die Treue halten
- und – last but not least – der gesamten Familie Kaiser, ohne die dieses Buch nie erschienen wäre;
- sowie den zahlreichen, leider unerwähnt bleibenden Helfern, deren Nennung sicherlich allein zehn Seiten füllen würde …